近代史资料

Sources in Modern Chinese History

中国社会科学院近代史研究所《近代史资料》编辑部 编

总132号

中国社会科学出版社

图书在版编目（CIP）数据

近代史资料．总 132 号／中国社会科学院近代史研究所《近代史资料》编辑部编．—北京：中国社会科学出版社，2015.6

ISBN 978 - 7 - 5161 - 6287 - 3

Ⅰ.①近…　Ⅱ.①中…　Ⅲ.①中国历史—近代史—史料　Ⅳ.①K250.6

中国版本图书馆 CIP 数据核字（2015）第 124855 号

出 版 人	赵剑英
责任编辑	李尔柔
责任校对	宗 合
责任印制	张雪娇

出　　版	中国社会科学出版社
社　　址	北京鼓楼西大街甲 158 号
邮　　编	100720
网　　址	http://www.csspw.cn
发 行 部	010 - 84083685
门 市 部	010 - 84029450
经　　销	新华书店及其他书店

印　　刷	北京君升印刷有限公司
装　　订	廊坊市广阳区广增装订厂
版　　次	2015 年 6 月第 1 版
印　　次	2015 年 6 月第 1 次印刷

开　　本	880×1230　1/32
印　　张	9.75
插　　页	2
字　　数	254 千字
定　　价	32.00 元

凡购买中国社会科学出版社图书，如有质量问题请与本社联系调换

电话:010 - 84083683

目　录

锡良函稿（三）

锡 良 著

叁、山西巡抚时期
光绪二十六年——二十七年

Ⅰ. 军务公函

1. 复吴匡①函
光绪二十六年九月初七日

顷接初四日惠函，承示前路各情形，剀切详明，了如指掌，足征卓识，佩慰莫名。井陉地处山中，车不得方轨，古称天险，又与晋唇齿相依，必须严为扼守，万不可稍有疏虞。严大令居心正大，届时果能照此婉导，以礼仪而化干戈，劝其不来，则晋民受惠无穷，可为朝廷庆得人矣。方镇扎营，总须择要而行，进战退守，处处留有余地步，方合机宜，弟决不为遥制也。万荣斋②一军昨已飞咨往调，俟其到省，再行相机办理。毅军既驻扎平定，应否开赴获鹿，以厚兵力，容商请宋、马二公③酌办可耳。

---

① 吴匡，字万年。时任太原府知府。
② 万本华，字荣斋。时任晋威新军统领。
③ 指宋庆、马玉崑。宋庆，字祝三，时任武卫军统领。马玉崑，字景山，亦作荆山，时任直隶总督。

至寿阳捐米可否停运，暨乐平节存兵米留济军食各节，应准
照办。

2. 复吴匡函
光绪二十六年九月初八日

昨复一缄，想已邀览。顷又接初五日所发手示，备悉一切。
各处隘口，细若牛毛，挑濠挖沟，堵截岔道，为防务中第一要
义。执事务商张观察，切实筹办，万勿稍有疏漏。各军布置井井
有条，果能联络乡团，非但可以御外侮，亦可以清内奸，诚善策
也。关上差遣需人，业已札调汾州练军马队一哨星驰来关，得此
当不复有鞭长莫及之患。方军饷银，昨由劲字右营解去一万两，
此时想可收到。曹州新招之勇，既皆精壮可用，并即转致张观察
留备边防，无庸裁汰。某军不能得力，且扰及地方，弟所深知，
容再熟商定夺。彰德寄存之饷，自当速筹办法，以免赍盗。惟张
观察昨日来函，谓闻诸该军营务处张镇系四十万两，先运赵州，
后运高邑，数目、地方，均与手示所云不相符合。既须电奏，必
应考究明确，方能于事有裨。乞速查明示复，以凭入告。现在军
情瞬息千变，今晨钦奉电旨，业已备牒分行，届时务望钦遵，妥
慎筹办。前敌有无消息，仍乞确探飞告为盼。

张静涵①兄函敬悉，惟有坚守云云，诚为确论。旧日炮台，
不甚可恃，宜如何办法方能得势，祈详细讨论，迅切赶办为祷。
附此复候。

---

① 张佑仁，字静涵。时任固关防营文案。

3．复升允①函
光绪二十六年九月初八日

顷奉惠书，并接来牍，展诵之下，一是祗聆。武卫中军吴守炳鑫所部，均系张军门旧部，尚称精壮，执事拟令留屯广昌，以资助守，自系为慎重防务起见，既已禀请荣相核示，一俟禀批至日，应否入奏，再行酌定。夏庚堂军门打仗勇敢，又有纪律，弟所深知，如能留晋，实足备折冲御侮之资，第不识果能来晋否耳？执事由广昌赴紫荆关预作准备，以顾晋疆后路，卓见甚合机宜。该处消息若何，尚望随时指示。五台县属之龙泉关，为由直入晋北路要隘，已派副将刘建东带抚标步队中旗、游击贾文瑞带晋威副后旗，前往该处，会同地方官查明隘口，择要扼守，以资堵御，限于兵力，尚嫌单薄。井陉、固关一带，现派方镇友升②所统之武功五营、张道成基③所统之勋字三营及晋军步队五营旗在彼驻扎，坚壁扼守，似尚敷用。惟毗连直境，小口甚多，节节可以阑入，几有防不胜防之虑，非得游击之师往来策应，难言周密。现已文催晋威新军统领万荣斋军门，迅速言还，再商布置。万君在河西务屡次接仗，虽未杀敌致果，实属勇敢有为，与商战守机宜，当有把握。如在途中遇见，务嘱其星夜驰回，尤为盼切。

4．复升允函
光绪二十六年九月初九日

今晨沤复一函，计邀青睐。顷奉九月初四日惠示并折稿读

---

① 升允，字吉甫。时任山西布政使，统领陕军。
② 方友升，字汉卿。时任武功营统领。
③ 张成基，字养田。时任固关统领。

悉。执事因洋兵阑入泰宁，督率马队驰赴紫荆关扼扎防守，并以备多力单，奏请武卫中军暂资协助，具见老谋深算，措置周详，深为佩慰。正定一带时有洋人来往，井陉、固关均已严密防堵，龙泉亦派兵扼守。惟晋北只有大同镇守所部营旗，地段太宽，兵力实嫌单薄，北门锁钥，全赖长城。紫荆为晋北藩篱，地方尤关紧要，务须加意严防，节节侦探，彼中举动，尚望随时密示，以慰殷盼。

5. 复张佑仁函
光绪二十六年九月初九日

昨奉惠笺，因军书旁午，未作报书，至以为歉。顷奉初六日手告读悉，橐笔从戎，英谋焕发，所示各节，皆中肯綮。战必用间，尤为相题有识，惜任此者难其人，故未敢率然入告耳。晋中防务，以东路为最要，北路次之。东路得湘、鄂、晋诸军同心协力，共作长城，或足遏敌锋而固我圉。北路则升方伯之军扼扎紫荆关及灵邱一带，大同练军分布于口之内外，余如五台之龙泉关亦已派队往堵。惟军情眴息千变，而兵力止有如斯，正不知能严密否耳。文旆赴黄泽关察看形势，未审卓见何如？

6. 复白昶①函
光绪二十六年九月初九日

叠接手书，备悉种切。固关防务最为重要，近得养田观察、书年太守审度形势，熟商严防，布置井井有条，较前已臻周密。今执事复饬民团固守其余隘口，长城屹屹，更慰远怀。昨奉电旨，业已分行，亦饬严防以待，设西趋则诘问之。总之

---

① 白昶，字永熙。时任平定州知州。

晋与直省情形迥然不同，贵治为入晋门户，必应竭力堵截，万不敢开门揖盗，上贻君父之忧。井陉供应差函，未曾转递下站，老谋深算，钦佩无涯。北路如灵邱一带，有升方伯之军驻扎，五台之龙泉关，亦派贾、刘两管带驰往扼守。敌谋狡诈，往往声东击西，尚望时派妥人常川确探，如有所闻，仍即飞示为感。

7. 复张成基函
光绪二十六年九月初九日

昨复一缄，亮邀签掌。顷接初七日所发手书，备悉种切。承示筹备情形，有条不紊，欣慰无似。晋威军饷，业已议定章程，即日备赀分行。尹参将所部左、右二营，军械缺少，诚难制胜，现饬军装局拨解抬枪二百杆并子药等件，应解交何处，请速派弁前迎，以免迂折。背枪既不合用，暂存附近州县，遇有妥便，再运省城。军中需用驮骡，自应赶速采买，以备缓急之需；惟省中价甚昂贵，一时且难齐集，拟请执事饬派妥员，就近采办，应用价银，并请先为挪垫。方军饷银，前已由劲字右营解去一万两，此时定已收到。万荣斋尚无信息，俟到晋后，再行酌量办理。某军扰累民间，弟所深知，如请其遵旨专顾北路，则省北同为晋地，滋扰恐仍如是。再四思维，实无善策，容熟商之。现在前敌消息如何？闻已北窜扰及易州一带，果尔，则灵邱、五台各隘口愈形吃紧，瞻望恶氛，忧心如捣。鄂省军火，前接正定戴冠英函称，业已南下，而岑云帅①信云尚未见到，不知淹滞何处。方汉卿兄知否？如能设法运回甚好，或催其速解西安亦属相宜。省中谣言四起，迁徙者甚多，近又有和议将成一说，人心稍为镇定。然细揣敌情，甚为叵测，"和议"两字，恐一时未必可恃。尚望

---

① 岑春煊，字云阶。时任陕西巡抚。

随时确探，飞函详告为盼。

8．复岑春煊函
光绪二十六年九月初十日

　　昨拜手书并抄录各电，读悉种切。备承关注，感不可言。冬、江两电均早递到，当经钦遵，分饬将地营事宜妥慎筹办。井陉、固关现有湘、鄂、毅、晋诸军择要防御，似尚严密。惟昨闻洋兵又窜易州，晋北边防尤形吃紧，紫荆关一带，虽有升吉甫方伯统领贵省之军驻扎扼守，而兵单地阔，岌岌可危。据禀适有武卫中军营务处吴守炳鑫，统率三营，驰至叩关，因即奏留，以助为急则治标之计。惟武威新军饷项待用甚殷，前月以贵省久未解来，详请由晋借垫，曾饬司在于地粮内暂借给银三万两；但晋亦支绌万分，司库日冀提还，务求迅赐饬拨，源源接济，感幸同深。洋军在正定者，闻仅二百余名，惟到保定后，将藩、臬、城守尉各官派员看守，似此猖獗情形，不禁令人发指耳。近事仍祈随时示知，尤为盼祷！

9．复董履高①函
光绪二十六年九月初十日

　　顷诵手书，备悉洋兵猖獗情形，不禁愤懑。贵属地方多与晋疆接壤，推辅车相依之义，自当同心协力，以遏凶锋。昨奉谕旨，饬令严密防守。如果西来，实不敢开门揖入，上贻君父之忧。闻正定城中有洋兵二百名，究竟作何举动？保定近又若何情状？仍望随时飞告，曷胜盼切！

――――――――

　　①　董履高，字仰之。时任直隶正定镇总兵。

10．致永德①等函

光绪二十六年九月十一日

顷接升吉甫方伯函称：洋兵分攻紫荆关，我军力战，因子弹告竭，致初七日巳刻失守，现在退驻浮图峪等语。查紫荆关离灵邱甚近。现在藩篱已撤，晋省兵力又单，情形危迫，非力筹守御，则全省震动。业已会商宋、马两军门，飞拨大队开赴助守。惟敌情叵测，防不胜防，务乞台端、执事飞饬各营严密防守，各属将境内要隘严密堵塞，勿任长驱直入，是为至要。一面多派妥实干练之人，查探敌情，飞函详告尤盼。

11．致张佑仁函②

光绪二十六年九月十二日

重阳日肃复一缄，计时谅已邀览。十一日接升吉甫方伯函称：洋兵窜扰易州，分攻紫荆关，我军力战两时，因子弹告竭，遂于初七日巳刻失守，现退驻浮图峪，请拨兵助援等语。查浮图峪系直隶广昌县所属，东至紫荆关六十里，西至广昌三十里，若由广昌而趋灵邱，亦仅九十里。晋北兵力甚单，现在愈趋愈近，设被阑入大同一带，势必全省震惊。当与宋、马两军门熟商，已飞拨大队前赴助守。并闻万荣斋之军指日可来，亦函嘱其择要扼扎，不必南下。一面飞咨转饬北镇练军，严密巡防。此皆急则治标之计，于事济否，尚无把握。至紫荆关到灵邱之路，崎岖难行，较获鹿山中为尤甚。敌军舍易就难，其心叵测，难保非声东击西，固关防务仍当格外严密，仍望阁下严饬各军，竭力防守为要。昨周委员来禀，据称晋见阁下时，有"奸细颇形棘手"之

① 永德，字峻斋。时任绥远城将军。

② 致吴匡函与此函同。

语。敌谋狡诈，往往如斯；且多教民，易传消息，我军前次失利，半由于此，还祈阁下不动声色查明拿办。① 湘军枪械等项，昨已运到三十余车，今日又到子弹六十车，晋中得此，藉壮军威。

12．致万本华函
光绪二十六年九月十三日

十一日接升方伯函，知紫荆关失守，晋防戒严，当经专弁赍函，飞告台端，无论行抵何处，即将所部择要扼守，计日当可邀览。顷接恩雨三②观察来函，请将贵部四营一扎广昌、灵邱一带，一扎灵邱、广灵、繁峙一带等语。查麾下止有四营，若分作两路，恐地阔兵单，转难策应，麾下骎轮老手，自能措置咸宜，究应如何防守之处，统由大才酌夺。近日消息如何？并布置情形，即乞飞示为盼。

13．复恩霖函
光绪二十六年九月十三日

十一日得升方伯函，知紫荆关不守，晋防戒严，当经由五百里飞致台端，赶紧饬属堵塞隘口，密为巡防。一面分咨永将军、杨总戎，飞札各营将备，一律认真扼守，不得稍涉疏虞，亮已次第递到。顷接十一日所发惠缄，备悉种切。晋北边防日紧，陕军兵力本单，现又失利，必力筹急则治标之计。昨商宋、马两军门，允拨大队驰往协助。并因万荣斋军门指日可到，亦函嘱其择要扼扎，不必南来。手告所云，可谓先得我心矣。惟万军止此四营，若分作两路，转恐于事无裨。荣斋久历戎行，必能妥为布

---

① 原注：已函请张观察严为查拿矣。
② 恩霖，字雨三。时任雁平道道台。

置。望即就近与之商榷，俾协机宜。现在消息如何？尊处既已派侦探，如有确音，仍乞飞示为感。

14. 致刘光才①函

光绪二十六年九月十六日

重九接奉复电，敬审大斾吉抵济宁，拟即取道黎城，闻之曷胜欣慰，行程屈指已入东阳关矣。

晋省沿边州县，处处与直境毗连，东北隘口如林，尤难防范。弟前月奉命抚晋，正值邻警频来，饷绌兵单，倍形棘手。升吉甫方伯向督陕军八营，遵旨驻守紫荆关，为直之广昌所属，广昌紧接灵邱，相距不及百里。本月十一日投禀，初七黎明，洋兵遽来扑关，该司督队力御，血战两时之久，精锐伤亡甚多，子弹又复告竭，遂致关隘失守，退至灵邱，请速拨兵协援等情。当与宋祝三宫保、马景山军门筹商，已由马军门亲率毅军马步十三营驰赴雁门，万镇军五营驻扎平型关，扼要严防。麾下现在无论行抵何处，务希督军兼程来并，俾商机宜，莫名盼幸！

15. 复李桂林②函

光绪二十六年九月十七日

十一日得升方伯函，知紫荆关已为洋兵所踞，晋北防务万分吃紧，当经飞告台端，饬属堵塞隘口，以防北窜，屈指已邀青察。接十二日所发手书，获悉种切。升方伯现已退驻平型关，防守更难，倍形焦急。马景山军门已于昨日起程，亲率马步十三营驰赴省北，力为堵截。晋省饷缺兵单，不得不藉重客军，以壮声威，亦急则治标之意也。贵属浑源州地方，系由灵邱北趋要路，

---

① 刘光才，字华轩。时任大同镇总兵。
② 李桂林，字子丹。时任大同府知府。

望即商请杨敬翁①军门，严饬绿、练各营旗，加意守御，万勿稍有疏失，至要！至要！现在消息如何？仍乞选派干练可靠之人，往探确情，随时飞示，尤深盼幸！

16. 复马金叙②恩霖函
光绪二十六年九月十七日

顷接十三、十六等日所发手书，备悉种切。洋兵闻又退回易州属之金坡地方。昨得升方伯来函，所述情形，亦与尊示大略相同。惟敌谋狡诈，更应密访。仍望两公随时确探，飞函详告，盼祷尤殷！

17. 复马玉崑函
光绪二十六年九月十九日

送别征轺，时萦梦毂，顷奉手简，益切心仪。敬审豹略宣威，蔚然载绩，遥瞻柳幄，曷馨菜铺。洋兵踞守紫荆，近忽退守易州，其心叵测，难得不声东击西。省北沿边一带，山路崎岖，隘口林立，原有兵力既少且疲，惟赖鼎力严防，不使越雷池一步，则保全三晋，虽走卒厮养，亦馨香以祝之者也。现闻洋兵在保定添运军火，其不轨之谋，显而易见。和局能否速成，此间尚无确耗。丽生总戎信所述颇详，布置亦已周密，更得麾下为之调度，长城屹屹，北顾无忧。嗣后如有闻，仍乞飞示为感。

18. 复升允函
光绪二十六年九月二十二日

廿一日夜，接十八日晨所发手示，获悉一切。洋兵退驻易

---

① 杨鸿礼，字敬亭。时任大同镇总兵。
② 马金叙，字丽生。时任武卫军统领。

州，声东击西，洵在意中，是以固关防军早经弟严饬扼守，不使稍涉疏懈；至广昌以吴守三营驻扎，是否可靠？如其前敌不甚相宜，或另安置一处，俟防务稍松，即饬其出晋赴直较为各得其所。执事以为何如？马、万两军共有十七营，现分扎于雁门一带，益以贵部，则北路兵力不为不厚。尚望确探严防，是为至要。前诵来函，有洋兵仍在金坡，离紫荆二十里，不进亦不退之说。今惠之书，又谓其盘踞易州。所探似皆不甚确实。銮舆驻陕，屡饬将东北防守情形随时由电奏闻，万不敢稍有歧异。且执事距关较远，全赖遴派诚实耐劳而又有胆识者，时时梭织探查，方能得有确音。尤望据实星飞见示，庶期转报，仰慰圣厪。至贺折等件，当饬缮办齐全，届时垫给川资，派弁代进可也。

19．复杨鸿礼函
光绪二十六年九月二十六日

隔昨肃复一缄，亮已上登记室。顷接二十三日所发手书，备悉一切。丰镇教民实繁有徒，久已跃跃欲试之意，现又有南壕堑教士为之倡率，地方不靖，自在意中。蒙执事饬令杨旗官率带马队前往弹压，于顾全款局之中，仍寓安靖地方之意，自当遵照办理。该厅为晋北边要，更恐该教民等勾结洋兵为患，尚乞转饬杨旗官严密防范，不可轻易撤回为要。

20．复李桂林函
光绪二十六年九月二十六日

顷奉华缄，所有筹备防饷事宜，具见擘画周详，诸臻妥协，实深欣慰。王巡检平砝不符之故，昨已札饬归绥道转饬绥远同知查明禀复，俟该道详复后，再行核夺奉闻。洋人回趋易州，取道居庸，肆扰宣、大之说，揆度形势，亦在意计之中。扼守两关，自属策出万全，力维大局，然其势有非弟所能专主者。宋、马两

帅，扈跸西狩，朝廷寄以干城，顷与会衔奏明筹办防守情形，奉
朱批，仍责成该提督等妥为经理。马军前赴北路，似只可听其相
机行止。然能者所见大略相同，果其事会当前，度亦必夺迅前
行，进屯要隘，而不至有需于弟之鳃鳃催促也。山西为长安屏
蔽，固亿万众所共知，太原有磐石之安，自行在无震惊之虑。昕
宵轸念，亦惟求尽其在我所当为，而权势有未能主持，则但望同
舟共济者之各副委任，并不敢稍存一毫诿卸于其间也。

21．致军机处函
光绪二十六年九月二十七日

　　久承樾荫，时切葵忱。敬维台座延厘，鼎祜笃祜，莫名抃
颂。渥蒙圣恩，畀以疆寄，苟有所见，不敢不据直陈，以效涓
埃之报。目下直隶所属各州县地方，大半先经拳匪蹂躏，继被
溃勇抢劫，洋兵刻复四出搜掠，生计萧然。小民何辜，遭此荼
毒。若再责纳钱粮，恐无裨正供，而徒迫其流离失所。可否转
垦代为奏请，分别豁免，以广皇仁而固民心。良因直督在京，
藩司遇害，忝在邻省，用敢越俎密陈，统希钧裁示复，无任激
切屏营之至！

22．复刘光才函
光绪二十六年九月二十八日

　　得探报，知贵部于廿四日在邢台起行，甚慰，甚慰。顷接平
定州电禀，固关统领张养田观察遽尔身故。养翁自到防以来，布
置井井，方倚为左右手，今忽失此长城，无任悼惜。其身后事
宜，业已派太原府吴守星夜驰往，会同行营文案张主政妥为料
理。第获鹿、固关一带为三晋门户，实为行在屏蔽，大局所关，
此着在所必争。第养田观察所统皆湘中子弟，而麾下系楚南宿
将，威望夙著，惟有藉重长才，驰来固关，将湘军五营即行接

统，并固关驻防晋军各营均归节制，以一事权而壮声威。至麾下所带之忠毅五营，即请查照前次专员密函，行抵获鹿，即扼要驻扎，力争上游，想麾下当必以鄙意为然也。除电奏并另备公牍外，专此邀驾，不胜迫切之至！

23．复升允函

光绪二十六年九月二十九日

顷奉琅函，藉悉筹议一应事宜，具征擘画周详，莫名钦佩。吴守所带三营，既属无益有害，惟有及早裁汰归并，钧论实为釜底抽薪之计，所拟办法，亦与鄙见不约而同。昨奉寄谕，该军归弟节制，已饬吴守等仍候阁下指拨，另备公牍，奉达左右。请即酌定章程，徐为遣散；其恩饷等项，自当饬司筹拨。陕饷日久不来，前致岑云阶中丞函内亦曾代为敦趣，迄尚未得复音，还望迅速咨催，以免延误。至台斾欲行来省，弟亦拟图快晤，藉聆尘教。但适得大同杨镇、李守来缄，北边防务又形吃紧，若非我兄在彼坐镇，恐致或有疏虞，屹屹长城，惟公是赖。总之，鸿猷硕画，弟既窃所服膺，则凡事一听卓裁，尽可放手做去，弟决不从中遥制。即偶有未尽，亦可往返函商，俟防务稍松，再图良觌。

24．复方友升函

光绪二十六年九月二十九日

顷奉惠书，猥以前赠羊裘，辱承齿及，甚愧！甚愧！再展副楮，具悉稽查严密，足以杜绝奸细之谋，至为佩慰。张养田遽尔作古，实深痛惜。麾下一军，实当冲要，晋东门户，惟期大力支持。寇势方张，务望坚韧慎密，以维大局。董镇履高之军，多有教民杂厕其内，不惟不可恃，兼恐为敌人暗应，务须阻其西来，不得令过我军一步，已行文知会矣。劲军已咨刘镇军兼统，务祈遇事会商，和衷共济，共挽危局是祷！刻下其军已抵何处，曾否探悉，伏希见示。

25．致吴匡函

光绪二十六年九月二十九日

顷接方汉卿兄来信，知正定镇董仰之军门所部练军八营，有进扎固关内外之说。查固关地方隘小，我军在彼驻扎已觉展布不开，若再任其驻扎，殊觉过于拥挤，更非兵法所宜。且闻该军其中教民甚多，倘令驻扎我军汛地，难保无意外之虞。业已函属仰之军门，饬令后营管带驻扎他处，或扎获鹿。又属汉翁及刘华轩军门力为阻止，勿令西来，庶足以杜奸细而昭慎重。务祈执事与刘、方诸君妥商，婉为遏阻，俾靖疆隅，是所至祷！

26．复万本华函

光绪二十六年九月二十九日

两接琅函，知全队已抵大营，并分驻平型关，布置诸臻妥协，实为欣慰。紫荆关一带洋兵，近日究竟如何？尚望时派妥靠干弁，驰往该处，侦探确情，示知为盼。至升方伯所云，分扎蔡家峪及东河南两处，似亦不为无见。若该处并无庙宇、客店可以栖止，或令勇丁挑濠筑垒，兼可习苦耐劳。昔曾文正、左文襄诸公所部各师，日令拔队开差者，亦在此耳。统希执事通盘筹画，但能联络得势，呼应较灵，即为万全之策。所需月饷，已饬司拨银二万两，派员前往解交矣，至日可照数查收。

再，正缄复间，得大同杨敬亭总戎来函，谓洋人已至延庆，有欲往归化城之说，现经分投布置，择要扼守等语。是北路军务处处吃紧万分，殊觉办理棘手。贵军甫经驻足，何忍使往来奔命而不得有一息之安？唯是该镇所部各营旗，虽训练有年，终恐兵力单薄，不足以资控御。现拟饬桂成鹏所部驻扎井陉之晋威新军一营，迅由北路前往，仍归执事调遣。敌警万一逼近，尚须麾下相助为理，以全同舟共济之谊。平型关一带，距宣化不甚辽远，尚乞遴派得力弁勇，勤加侦探，彼果有意肆扰，即飞函以达弟知，贵军就近应援，庶无虑鞭长莫及也。

27. 复李桂林函
光绪二十六年九月三十日

昨肃复缄，亮登签记。迳承惠牍，备悉目下情形颇觉吃重。宣府一路，已为彼族所掉臂游行，其传说欲往归化城，或实蓄有狡谋，抑或虚声恫吓，均属未可臆料。况隘口林立，彼既头头是道，我则处处堪虞，四顾踌躇，倍为棘手。现宜先就本省兵力尽心布置，严密筹防。各路客军，业与诸主帅熟商，彼若逼近边防，自当酌度情形，共力维持，以全大局。顷已函知万荣斋军门，令其勤加侦探，倘敌警渐近，尚可就彼军抽调，以作应援。此后续有所闻，仍望随时函告。

28. 复杨鸿礼函
光绪二十六年九月三十日

顷奉惠缄，备悉种是。敌人已至延庆。其欲往归化之说，虽系道路传闻，要不可不豫为防范。所有筹画扼扎地段，洵属布置得宜，现时兵力虽觉稍单，尽可早作准备。调拨客军一著，已与各主帅商榷，若敌警逼近，自当另有调度。洋兵如犯晋疆，总应恪遵谕旨，固不得卤莽开衅，亦不能任其长驱直入，只在相机办理，以图全大局，是为至要！

29．致升允函

光绪二十六年九月三十日

敬启者：

现闻顺德府驻有李成金马队，颇为骚扰。是否吴守所统？该守究竟统马步几营旗？某营旗管带某人？帮带某人？哨官某人？用何枪械？饷银发至某月某日？刻下实存勇丁、马匹若干？驻扎某处？务祈转饬，一一迅速开明示下。至此项勇丁毫无纪律，引入晋省，转为民害，虽大兵云集，不难遇事歼除，然其惩创于日后，何如防范于事先。究应如何淘汰，如何遣散，吴守仕晋有年，素著贤能，必能为晋省筹画妥善，俾免后患。更祈转饬妥筹办法，遴派得力之员，札委飞速来省，以便添派妥员，同往顺德，分别遣留，妥速办理；应需饷银恩饷，当力为筹垫。此事于该守关系甚重，顾全大局，即所以保全声名，固无须弟为之鳏鳏过虑也。

30．致吴匡函

光绪二十六年十月初一日

东事万急，刘军门驻获一着，已为外人占去。兹即照张养田遗禀，派后营张紫芙名德朝前往暂行统带劲字各营，即晋威各军亦须暂归节制，以一事权。第张君初来，该处军务以及部署情形，尚恐未知底蕴，务请执事会同张静翁极力和衷相济，以固军心而撑此危局，切要！切要！容即与宋、马两公妥商，火速往援，以厚兵力也。

再，洋兵如果前来，即请阁下仍照前议，与之舌战，先以礼义辩诘，并告知九月廿八日已开议，和局指日有成，如开衅端，中外大局，孰任其咎？看其举动何如，相机办理。总之，我省勿蹈直隶故辙为要。

31．致张之洞①函

光绪二十六年十月初二日

前因筹办赈捐，曾肃芜缄。交胡令元佐赍呈，计登座右。嗣奉来电，饬山西省各地方官代出赏格，寻获教士，护送至通商口案等因。业经分饬各州县一体遵办。兹有英国教士纪正纲、卫爱兰、邰秀凤三名，瑞典国已故教士能高仁之妻花丽山及其幼孩二名口，共计大小五名口，派委候补知县郑令绶，护送至湖北汉口镇，交汉黄德道点验，转照会该国领事等官查收。酬谢洋银，毋庸给领，一切盘费均已由晋筹发。以后各属再有送到教士，即当照此办理，冀彰睦谊而慰盛心。并乞转电英瑞两国领事知照为祷。晋省防务目下十分吃紧，敌人既极肆以罢我，多方以误我，而东、北两路隘口林立，在在堪虞。本省兵力过单，客军情形早邀钧鉴。强敌压境，既不可轻开衅端，致碍和局，又不敢听其长驱直入，贻君父忧。再四思维，实无善策。加以荒旱，遍野嗷鸿，库款将空，从何拯救？良之不德，丁此艰危穷迫，身不足惜，如大局何？如万民何？思之不禁汗流浃背也。凤承恩植，用敢缕陈。前承代办抬枪三百杆，已派员接递，至今尚未解到。其续办之后膛枪五百杆，尚祈饬令赶紧造成，即日电知，以便派员往领，俾付各军应用，则感荷挚谊于无既矣。至一切价银垫款，容后归还，合并陈明。

32．致郑才盛函②

光绪二十六年十月初二日

两地暌违，时深萦念。敬谂大军欲由保定西境取道，择要驻

防，具见忠勇性成，不辞艰险。惟是彼处远近地段均见敌踪，即欲设法绕越，恐难进止自如。现时晋省边防万分吃紧，而大同与宣府接壤，尤为紧要关键，亟须厚集兵力，以遏凶锋。昨据署北镇杨敬亭军门函告，已督率练军，分投布置，弟玉崑亦函致徹军马月亭军门带队前往，会同协守。麾下与其迂回取径，徒劳跋涉，不如径由宣化直抵大同，会同月亭、敬亭合军扼守北边，以成联络之势。倘彼族欲得步进步，直可以全力阻之。阻之不从，彼若轻动干戈，我即可还相攻击。如蒙诏旨诘责，弟等身任其咎，固于麾下无与也。总之，我辈保固晋疆，正所以扈卫行在，大局所系，不得不极力维持。况师直为壮，彼苟先自启衅，我则不患无辞。贵军饷项或有缺乏，亦可就近示知弟良，以便筹款垫解。无任盼祷之至。如蒙赐复，并祈饬交杨军门专差转达为荷。一俟麾下率军到晋，玉崑等即会衔具奏，合并附陈。

33. 致杨鸿礼函[①]

光绪二十六年十月初二日

迭接来函，具悉一切。现值敌氛告警，晋北防务戒严，只赖麾下督率营旗，严密扼守。惟兵力太单，不敷分布。昨由玉崑函致马月亭军门，迅率所部，由直北开赴大同属境，会同防堵，并肃缄奉告，计日想已邀览。月亭到后，望即联络一气，俾固门户。万一敌人阑入晋边，自当阻其前进。阻之不从，或首先开仗，则其曲在彼，断无束手以待之理。倘彼族将来有所借口，诏书诘责，则玉崑等力任其咎，决不累及麾下。总之，我辈固守晋疆，即所以拱卫行在，不敢不以全力争之，况彼来挑衅，师直为壮，不患无辞以对。月亭如有缺饷之处，望转商大同府李守，即于赈款内暂时借用，由玉崑在省拨还，再行解往备赈。另致郑春

---

① 此系与马玉崑合发函。

亭军门一书，乞即专弁飞速前往宣属蔚州一带探投，守候回书交下为荷。郑军现拟由宣化、蔚州绕保定之西赴直南防所，鄙意该处半是敌踪，师行有碍，进退两难，不若直趋大同，以与麾下暨月亭会办防务，兵力较厚，实为妥善。俟郑军门到后，再行会衔奏调，合并附陈。

34．致李桂林函

光绪二十六年十月初二日

前寄复函，计登签记。现在晋北边防极形吃重，镇标营旗兵力太单，不敷分布。省门既无可抽拨，只有调用客军，共相扼守，以期得力。查马月亭军门所统营伍驻扎怀来一带，已由景山军门函调来晋，驻守大同边境，与杨敬亭军门联络一气，庶兵力稍厚，俾固门户。彼族如侵占晋境，必须力为阻止。彼如首先开衅，我即还击，断不能听其直入，致大局益难收拾。总之，保固晋境，即所以拱卫行在，不敢不以全力争之。况彼来挑衅，师直为壮，不患无词以对。将来彼族或以开战借口，弟与景山军门自当力任其咎，决不累及各统领也。一切防守事宜，尚望阁下随时会商办理。如月亭需饷，准由赈款内借用，由马景山军门在省拨还，再行解往备赈。

再，刻闻郑春亭军门才盛在宣属，欲由蔚州绕赴保定以西，折到直南。敌踪遍于保、正，恐难进止自如。我处兵力正单，因与马景山军门会函，约入云中，帮同杨、马两军防守，诚为两益。郑公与敬亭军门至交，必能和衷共济。附此再布。

35．复永德函

光绪二十六年十月初三日

顷奉惠缄，备承荩注，循环雒诵，感悚莫名。紫荆关于前月告警后，敌人并未盘踞，旋即退回易州。兹又探闻已至宣化，并有向口北道要索皮衣、银两情事，前数日兼传有欲往归化城之说。晋省北边防务已属吃紧万分，先经飞咨署大同杨镇督带练军，前往天镇县属与直隶怀安县交界之枳儿岭等处扼要驻扎。昨又商允马景山军门，饬令所部马月亭军门迅带一军，会同杨镇分投布置，严密筹防。并闻统领盛军五营郑春亭军门，现在宣化属地，欲取道保定西路扼防，亦经商同景山军门函致郑军门，邀其移军大同，联络声势，保固晋疆。似此极意经营，自觉不遗余力。奈北路幅员寥阔，隘口林立，在在堪虞。本省绿、练各军，固属不敷调拨，万荣斋军门所统晋威新军，又须防守平型关一带，以杜紫荆关来路，兼顾龙泉关等处，宣、大接壤要害处所，不得不藉重客军。近又接探报，洋兵已至获鹿，固关门户尤须严防。处处受敌，处处需兵，捉襟见肘，焦虑莫名。且师旅云屯，饷项尤得妥筹豫备。南路平、蒲七府州各属，业经被旱成灾，省北又多被冻歉收，遍地哀鸿，嗷嗷待哺。库款既异常支绌，时局复倍益艰危，大兵加以凶年，几于无从措手。知关垂念，用敢缕陈。丰镇二道河教民滋事，闻杨镇已就近派兵弹压，目下能否粗定，尚未得有确耗。

36．致李桂林函

光绪二十六年十月初三日

昨初二日，肃泐寸函，计达左右。据阳高探报，敌人已至宣化，所有闭门搜括及向口北道要索情形，与保定各属大约不相悬远。晋北边防可虑，亦无智愚皆知。马景山军门已饬令所部马月亭军门带队前往，会同杨军门协力扼守。又有统领盛军五营郑春亭军门，现在宣化一带驻扎，亦经弟与景山军门函致郑军门，邀其移大同，以便与马军及杨军门声势联络。似此分投布置，庶不至尚有疏虞。特未识缓急之间，果能得心应手否？马军饷项若有短绌，昨已函请阁下就账款内提拨若干，借给应用。兹据拟将此银解往升方伯处，如尚未起解，务祈酌留数成，以备该军就近借用，免致有误要需。

37．致万本华函
光绪二十六年十月初三日

前肃芜缄，亮登签记。敌人近日有无动静？贵军一应布置，度必指挥如意，审慎周详，得便尚祈示知，以慰廑念。前因杨镇以北路防务吃紧，兵力较单，用特函告麾下，如大同一路有警，即乞酌拨劲旅，就近应援。昨经商允马景山军门，饬所部马月亭军门迅带一军，驰赴北边，会同杨镇协守。并因现在宣化之统领盛军五营郑春亭军门，欲绕赴保定西路扼防，复与景山军门公函邀其移军大同，以便与马军及杨镇联络声势。是此路兵力已为较厚。刻又据探报，五台县龙泉关防务极为吃紧，贵军即可在平型关一带择要驻扎，居中策应。各处情形，更祈派妥人侦探，随时示悉是荷！

38．复方友升函
光绪二十六年十月初三日

适奉惠缄，备悉种是。捱探法提督欧贝到获，举动与北路杨镇所探宣化近事大略相同。彼族凶狡情形，实堪令人发指。此时虽尚有井陉之隔，业已逼近肘腋，不可不加意严防。倘彼肆其鸱张，必欲阑入我境，惟有遵前次谕旨，固不可卤莽从事，致碍和局，亦不可听其长驱，致大局益难收拾等因。既不可听其长驱，则当力阻之。阻之不从，彼动干戈，我岂能束手以待，致令如入无人之境。请即传谕各营知悉，敢有放敌阑入，甚至畏葸退缩，贻误全局者，惟有军法从事，决不姑贷。盖师直为壮，彼先开衅，我实有词。各军竭力抵御，将来彼或借口，自有弟身任其咎，断不累及麾下也。刘军已驻赵州，既查有间道可至井陉，务祈遴派干弁前往，催其迅速到防，以期厚集兵力。此外无论何军，非奉公牍，不准过我军一步，办理极合机宜。鄂饷饬由间道赴晋，亦系一定不易办法。

查某军统领范天贵到处让敌，终被击毙；某公迎敌入城，仍被戕害。此眼前事，公所深知。窃维死生有命，与其退却未必得生，何如奋勇拼出一死，此中得失利害，不待智者而自明矣。第临机应变，贵乎审慎周详，守坚识定，不可躁率，尤不可游移。想麾下成竹在胸，自操胜算也。初四日。

39．复吴匡函

光绪二十六年十月初四日

接初二日惠缄，备悉一是。现在敌警逼近，人心自必惊惶，已会商宋、马二公妥筹布置。惟彼族如此凶狡，踪迹飘忽靡常，事机之来，间不容发，不能不严密防范。倘欲恃强阑入我境，须遵前次谕旨，不得听其长驱，致大局益难收拾等因。既不得听其长驱，则即当力阻之。阻之不从，彼动干戈，我岂能束手以待，任令如入无人之境。请即传谕各营知悉，敢有放敌阑入，甚至畏葸退缩，贻误全局者，惟有军法从事，决不姑贷。盖师直为壮，彼先开衅，我实有词。各军竭力抵御，将来彼或借口，自有弟身任其咎。电线关系紧要，已飞饬各属派人看守，如有毁坏，严拿惩办。并会知姚司马，将平定分局应用物料即日备齐专送矣。雇觅驮驼，既经议定价值，应须添雇若干，并祈酌量办理。

再，前因北路防务吃紧，杨镇兵力较单，昨已商允马景山军门，饬所部马月亭迅带一军驰赴北边，会同杨镇协守。并因现在宣化之统领盛军五营郑春亭军门，欲取道保定西路扼防，恐其徒劳跋涉，即与景山军门公函，邀其移军大同，以便与马军及杨镇声势联络。此路布置，似觉兵力稍厚。龙泉关一带亦有警报，已函知万荣斋军门在平型关等处统筹兼顾，择要扼防。并闻固关防所拿获有夜间偷上炮台奸民，务即讯明确情，就地正法，以昭炯戒。此时人情浮动，不得不从严惩办也。

40．致万本华函
光绪二十六年十月初五日

顷接旗官刘建东禀报，龙泉关已经失守，洋兵占据长城岭，若再西趋，即系五台县境，事势甚急。现经景山军门函嘱孙余三①统领，派拨队伍前往接应，并派马丽生军门就近调度。该处隘口最为紧要，万一阑入，则头头是道，更觉难防，思之极为焦虑。务祈麾下探明路径，能否策应，不致顾此失彼，察酌情形办理。如遇洋队相距较近，亦可从旁雕剿，出其不意，以挫凶锋，决不可任其长驱，致大局益难收拾。平型关亦系要隘，贵部扼扎于此，仍须严密防堵，不可稍有疏虞。麾下成竹在胸，豹韬默运，定能筹画万全也。现在军事情形及所部驻扎某处，仍祈随时惠示，以慰企盼为祷！

41．致马金叙函
光绪二十六年十月初五日

久疏笺候，愧歉殊深。顷据探报，龙泉关业经失守，敌踪将至长城岭一带，敝标刘旗官现在亥处抵御，并请兵救援。已商蒙景山军门函致孙余三兄，即派得力营官，督带两营，迅往五台各处，以为声援，如遇敌兵，即可合力迎击。彼族似此凶狡，往来慓忽，无非欲牵制我师。麾下筹画北路一应边防，自当指挥如意。倘别有警急，务祈及早飞报竟帅，遴选劲旅，共保危疆，则裨益大局，实非

---

① 孙多庆，字余三。时任武卫军分统领。

浅鲜，感甚祷甚。并乞将现在军事情形，随时示知为荷。

42．致孙多庆函
光绪二十六年十月初五日

久疏笺候，愧歉殊深。顷据探报，龙泉关业经失守，敌踪将至长城岭一带，敝标刘旗官现在该处抵御，并请兵救援。前经忻州徐直牧商请台端，派队前往接应，顷复商蒙马军门函致麾下，再派得力营官，督带两营，迅往五台各处，以为前队声援，如遇敌兵，即可合力迎击。当此凶锋孔炽，晋省防务吃紧万分，所赖虎威得以式遏寇虐。务祈早遴劲旅，共保危疆，则裨益大局实非浅鲜，感甚祷甚！饬乞将现在军事情形，随时示知为荷。

43．致吴匡函
光绪二十六年十月初六日

初三日接初二日惠书，当即肃复，谅邀台览。获探俱已回井，近日消息若何？省电局忽接获电，谓洋人尽数退回正定，不知是否属实，有无诡计，祈派妥人时时密探飞报。洋兵已至阜平，龙泉关迭次告警，商经马军门拨队前往策应。倒马关又见敌踪，升方伯连函告急，万军虽在平型，人数太单，不敷分布，前派劲字后营赴井陉，原为接替晋威前营，嗣恐敌兵压境，猝然更换，彼此迁移，队伍错乱，于防无益，是以面嘱张德朝与阁下熟商办理。刻如前敌稍松，即祈饬令潜移暗转，运动无形，抽出桂成鹏一营，立即开赴平型。万军得此，兵力较厚，即可接应升军矣。转运军火帐棚，可以新雇驼只载之速行。统希酌办，迅复为盼。刘华轩军门初三日已到栾城，几时入晋？获鹿能否驻扎？所驻之处，须加意防查。谨防洋人暗用地雷等物，祈转致之。

再，劲军归化采办皮衣已到，请速派骆驼五十只来省为要。

44．复升允函

光绪二十六年十月初七日

顷奉惠缄，备知敌耗，再三循绎，焦灼殊深。迩来烽火屡惊，羽书旁午，阁下与诸将士日劳瘁于严寒边塞之间，弟辈安坐省垣，实为愧歉。亟思束装北出，趋诣柳营，藉以抒写夙怀，兼可拊循士卒，奈百凡牵缀，兼顾未遑，安得大局敉平，昕夕聚晤为快。敌人多端窥伺，无非欲我疲于奔命，以藉遂其凶狡之谋。相机设伏一层，自是制敌要着。弟亦函知万荣斋军门，先拨一两营，进驻灵邱，与阁下商酌，择要扼守，以期周密。现在晋中劲旅，仅有晋威新军五营，荣斋自带四营，驻扎北路，其桂成鹏所带一营，尚在东路前敌，急切不能抽调，只得如此就近筹画，竭力经营。吴守所部武卫军既经饬令认真淘汰，严加约束，自必壁垒一新。惟行军贵在志气奋发，兴会淋漓，不以为苦，庶可振作有为，务祈鼓舞而振兴之，俾同乐于从事。至彼军饷项，须为随时妥筹。传闻贵军粮台移驻应州，该州地既辽旷，兼无守备，若有巨饷存留彼处，似觉不甚相宜。又据大同李守函称，将大、朔赈款四万五千余金，解往贵军应用。且行营存饷不宜过多，想阁下自必斟酌妥善也。武卫军饷若缺乏，弟已函嘱吴守，令即先在尊处支领，俾免迟误。敌踪如果进犯，前已奉有谕旨，不得听其长驱，则是力阻不能，即须大动干戈，以遏凶焰。彼先开衅，我实有词，谅亦无可借口。若阜平、涞水诸君，买日为活，非我辈所忍出也。

45．致吴丽泉①函

光绪二十六年十月初七日

久违尘教，渴慕殊深。近因督率雄师，扼屯边塞，虽事权归

---

① 吴丽泉，时任武卫军分统领。

弟筦摄，而棨棨大才，久为众寅僚所共知。况当日同事晋垣，周旋无间，此时敌警逼近，尤冀力维大局，共济时艰。夙谂阁下办事认真，不辞劳瘁，升方伯若有调拨移驻等役，务祈严勒部伍，申明纪律，以期众志成城。至贵军饷需，业经函致升方伯，就近在彼营中支给。所有紫荆一带宜如何相机设伏，整饬防守，想吾兄荩筹周密，必已布置井井有条，无庸弟琐琐哓渎也。

46. 致万本华函
光绪二十六年十月初七日

昨初五日，曾肃寸函，谅邀珠记。顷得升方伯来信，传闻泰宁镇又来一洋酋，并到紫荆探望，倒马关亦有敌踪。彼族原系牵制我师，而防范又不容松缓，现时本省兵力，实系右绌左支，不敷调拨；而且相距较远，呼应亦觉不灵。计惟麾下各军，扼驻大营平型，尚可就近移动。务祈大才酌度，先拨一两营进扎灵邱，与升方伯会商，择要防守，以遏敌冲。既可与陕军声息相通，又可与大同诸防营遥为策应，似乎较有把握。缘敌踪飘忽靡定，不得不多为之防也。

47. 复俞恒①函
光绪二十六年十月初七日

接读十月初四日惠书，备聆种切，具见运筹决策，计虑周详，甚为佩慰。前闻洋兵阑入阜平，知龙泉关、长城岭等隘口极为吃紧。刘副将兵力甚单，不敷堵御，当即商请景山军门函嘱孙余三分统，饬令贾朝栋、曹敬山两营官，带队四哨，前往为刘副将接应，又派得力营官，督带两营，迅赴五台各处，以作贾、曹声援，倘遇敌兵，即可合力迎击。似此分投布置，兵力不为不

---

① 俞恒，字久甫。时任署理山西代州知州。

厚，但能加意防守，似可不致疏虞。务望阁下函嘱王令、刘副将，昼夜提防，不可稍有松懈。并派妥靠人役，侦探确耗，随时具报，尤为切要。

北路洋兵既到张家口，则大同一带亦须严防。北镇兵单，已托景帅函招马月亭、郑春亭两军门，率领所部，协同北镇在彼防堵，不知马、郑两公已否来到？

48．复马金叙函
光绪二十六年十月初八日

昨奉惠缄，备闻谠论，激昂愤发，具征忠勇性成，循诵之余，无任钦佩。方今时局，固不可轻于言战，亦未敢狃于议和。敌情凶狡异常，彼惟窥我欲和之速成，而不能显与为敌也，故亟肆以罢我，多方以误我，声东击西，旁见侧出，显以为条约要挟之地，实阴以遂狡焉思逞之谋。我若防范偶疏，彼即长驱直入。晋省为长安屏蔽，东、北两路谥口林立，在在堪虞，一有震惊，大局何堪设想。弟保固封疆，责无旁贷，惟藉虎威震慑，得以转危为安，是则私衷所昕夕盼祷者尔。至马队利于驰骋，雁门至大同一片平川，正李牧当年捍边之地，至今父老犹有传闻。麾下将略恢张，将后先媲美焉，钦佩奚似。

49．致杜玉山①函
光绪二十六年十月初八日

径启者：

省南东杨关地方，防务极为紧要，以焦游击仁常所领一营与耆副将庆原有之绿、练各兵，力过单弱，分布难周，曾经咨请冰案速派一旗，前往助守在案。惟迄今尚未接准咨复，倍深远系。

---

① 杜玉山，时任山西南镇总兵。

究竟所派一旗已否到防？何人管带？如尚未起程，务乞飞催该旗官，迅即拔队前往，勿再迟延为要！

50. 复吴匡函
光绪二十六年十月初八日

顷奉惠缄，备悉种切。张观察灵榇棺木既系薄劣，若用骡脚驮运，于路恐有疏虞，即请商同白永熙兄，就近在平定雇觅人夫，或抬送省垣，或在平定加漆，均无不可。

拿获之奸细袁帽儿，前经函嘱就地正法，何以未办？所有出力弁勇，先赏银一百两，俟发下功牌，填给五张，用示奖励，其姓名仍烦缮具清单，以备查考。吴牧立达所带振远军三营，并其余七营，前经该牧禀请核办，业已据情电奏请旨，饬下河南巡抚转饬叶道元琦带银前往，酌给恩饷，酌量汰遣，尚未奉到训示。

武卫中军后路军装，饬缴存劲字营，并练军左营存款，处置均极妥协，即乞酌办。

法夷在东天门左右游弋，据探不过数名，即欲占踞此山，堵我冲要。我军前敌约计不下万人，何至恇怯无能，遽形惶惑？务祈传谕各营哨，以千百当什一，彼即万分凶炎，岂能不慑我声威！但须严密扼防，自觉气壮。刘华轩军门现抵何处？前据方汉卿函称，已派弁由间道前往敦促，弟处亦经着人飞催，刻下若能到防，兵力更足敷分布。遴派精锐前进，来往梭巡，以为疑敌作用，亦兵不厌诈之意。统希阁下相机筹画可也。

51. 致岑春煊函
光绪二十六年十月初九日

叠奉初三、初七日电示，命将赈捐请颁实职空白部照章程并抄案排寄，当即饬司检查。兹许方伯将光绪三年晋省赈捐实职章程检送前来，由驿加排赍呈一份，伏乞察收。

　　窃思贵省被灾情形与晋省事同一律，而赈捐之在今日已属势成弩末，仅恃虚衔封典，万不能踊跃输将，似非量为变通，无从积成巨款。台端若将此案实职章程奏准，仿照办理，洵系因时制宜，救急良策，曷胜钦佩。惟晋中郡邑，自去冬至今，麦禾无收，哀鸿遍野，灾区既广，时日又长，虽蒙圣慈发帑截漕，并允开办赈捐，以资抚恤，而库款奇绌，早已罗掘一空，各军防饷，又复纷至沓来。正苦束手无策，幸得阁下特开生面，实获我心。务恳入告之时，容弟附列一衔，俾晋省得以同时照办，则是唐魏百万生灵，俱被大君子无量之福，其为感戴当何如也。奏折请由尊处主稿，会衔缮递。应如何立言之处，均乞卓裁是荷。

　　再，空白部照原奏虽已议准，嗣后仍未颁发，合并附闻。

52. 复万本华函
光绪二十六年十月初九日

　　顷奉惠缄，备悉一是。敌氛虽渐远徙，而巡防布置，要不敢稍为松懈，缘彼族异常凶谲，恐其蹈瑕抵隙，猝肆狡谋也。彼如恃强阑入我境，前经奉有谕旨，固不可卤莽从事，致碍和局，亦不可听其长驱，致大局益难收拾等因。既不得听其长驱，则必须力阻之。阻之不从，彼动干戈，我岂能甘心退避，任令纵横蹂躏。请即传谕各营知悉，敢有放敌阑入，甚至畏葸退缩，贻误全局者，惟有军法从事，决不姑贷。彼既首先开衅，我即不患无词，曲直攸分，彼更何所借口。设有诘责，弟当自任其咎，断不累及麾下也。

　　统领淮军盛字五营郑春亭军门，因伊在蔚州，欲取道保定西路扼防，弟与马景山军门熟商，现在北路兵力觉单，伊与其向西迂回，终难绕越，不如移军大同，与我军声势联络，彼此均为有益，遂公函邀其来晋。务祈麾下不必少着行迹，致令事有参差。并转致升方伯，将此事原委达知为荷。

53．致万本华函

光绪二十六年十月初十日

前曾肃函，请拨一两营前往灵邱驻扎。兹得升方伯来信，以吴守炳鑫所带石光贤、李学文等营，遵旨调赴陕省，广昌一带，仅止升军五营，不无空虚之虑。务祈麾下迅令两营，即日拨队前往填扎，幸勿刻延。何日开拨，何日到防，望随时示悉是祷。

54．复刘光才函

光绪二十六年十月初十日

前肃芜缄，荷登签记。顷奉初五日惠牍，欣悉大部日内于栾城启行，绕由元氏，前赴井陉驻扎。旌麾所莅，壁垒自焕然一新，私衷曷胜快慰。现据北路探报，敌兵忽有掣回张家口，忽有窥伺倒马关及龙泉关之说。总之，夷情诡秘，侦探不尽足凭，只有严密巡防，无使稍形疏漏。东路敌人现亦时有动静，井陉、固关防务，尤晋省第一紧要关头，张营官只能暂令代权，惟盼麾下即日贲临，统筹布置，俾各军有所遵守，边圉借以敉宁，是为至祷。另缄所示各节，尤觉钦佩难名。再俞廙帅来电，湘省今岁秋旱歉收，宝庆府及保靖各属为甚。尚乞垂念桑梓，倡率湘籍诸君筹赈，以惠灾黎，无任恳企。廙帅电照抄呈阅。

再启者：

东边防务，经弟派委太原府知府吴守匡、前监制同知赵丞尔丰先后赴关，会商筹办。缘该守、丞等在晋有年，情形熟悉，相助为理，藉以为集思广益之用。麾下即日莅防，所有号令指挥，自应听主帅进止，赵丞到后，即令吴守回省供职。合并附陈。十月十一日。

55．致刘光才函

光绪二十六年十月十一日

昨初十日曾肃芜缄，亮登签记。顷奉初八日惠牍，并接固关来电，欣悉旌麾刻已临莅，快抃莫名。李临淮之代郭汾阳，壁垒旗旆，定当风云变色也。敌兵占踞获鹿，举动叵测，其西犯之意，固未尝一日忘。所赖我军严密防维，毋俾稍有侵轶，大局所系，自不得不以全力争之。行在之七鬯无惊，必右辅之藩篱永固，惟藉虎威远慑，庶使鲸波不扬，焦灼私衷，实深企祷。贵部长途跋涉，轸念勤劳。尤望与在防各军一气联络，同仇敌忾，如子弟之于父兄，则扞御之功，策勋饮至，与扈卫者无分差等矣。

56．复杨鸿礼函

光绪二十六年十月十一日

昨午接初五日惠缄，知敌兵于初二、初四等日陆续东还口北，则近边形势似觉稍松。而升方伯来函，仍有至倒马关及窥伺龙泉关之说，归化郑观察亦来告警。总缘彼族性情凶谲，其出没无定，意欲使我受彼牵制，遂其狡焉思逞之谋。务祈麾下严谕各营旗，整饬戎行，申警军实，周密防范，不得稍涉大意，以期保固边疆。

二道河滋事教民经杨旗官代为解散，相安无事，办理尚见妥速。隆盛庄逃勇，既为郭令带往归化，自不至别生事端。前敌行踪，仍望遴派诚实耐劳之弁时往确探，飞速示知，曷胜盼祷。

57．复万本华函

光绪二十六年十月十一日

昨初十日曾肃寸缄，亮登签记。适奉初九日惠牍，知敌兵至龙泉关窥探，因安子岭要隘难越，业经折回。该处一带，现有马景山军门派贾、曹二营官带队前往，扼要驻扎，并函知马丽生军门续拨两营，以为应援，即会合刘旗官所带练军一同协守，此路隘口，似可不致疏虞。白坡头既系由阜来晋之坦途，则防范尤关紧要，现经麾下移营扼御，务祈饬令勤加侦探，严密巡防，毋稍松懈。（白坡头即吴王口，前承马景山军门云，已派马丽生拨营防守，究竟派何人赴防，抑未派，务祈示知。）探报步卒若觉延缓，业饬营务处札派管带抚标练军马队旗官魏光玉，由繁峙县至沙河分设马队六名，由沙河至平型关分设马队五名，专备接送紧要公文探报之用。省城马队已属寥寥，尊处如必须马队，或向升方伯借用，或自募十名，照二步一马饷章，由截旷项下支给。升军与我军无分彼此，应无不可通融也。统祈酌办示悉。各路敌踪与前数日所闻大略相似，仍望加意侦探，务得确情为要为祷。林革镇志魁昨经来省，既承鼎嘱，拟即奏调来晋差遣。

58. 致马玉崑函
光绪二十六年十月十一日

顷据归绥道禀，洋兵现在张家口，遣人四出窥探，意在何处兵单，即往何处窜扰，是以丰镇厅所属之二道河一带，最为吃重，防兵只有一旗，恐兵力太单，难免乘虚而入，请调万荣斋一军前往驻扎，免致西窜等语。弟思荣斋所部现驻平型关及灵邱、广昌等处，地方紧要，势难抽调。顷接大同李守来函，知马月亭兄军已到天镇，该处离二道河甚近，如移月翁之军前往扼扎，实于边防有益。用特奉商台端，如尊意谓然，请即函致月翁，请其移扎。可否之处，统候卓裁示遵。

59. 复李桂林函
光绪二十六年十月十二日

接诵初九日惠函，祗悉一一。承示二道河设防，可以绝教民之生心，禁游勇之轶入，杜彼族之窥伺，持论极为有见。得马月亭一军开往驻扎，亦足建威而销萌。顷与马军门商之，以为月亭甫到天镇，与杨敬翁所部会合，声威稍壮，若遽令移开，则兵力既分，设敌队谋扰大同，转不足以资策应。天镇去二道河尚近，已由马军门飞饬月亭，如果二道河有警，即令赶速派兵前往援应，不得有误。自可照此办理。

马军饷项，留存一万，足资接济。其买米之价，应即在赈款内提用，以符原拨之意。

60．致华诏衔[①]函
光绪二十六年十月十二日

昨接署太义同知陈润生来函，据称潞城马厂有洋人五名，伊等情愿回国，恐路上有变，不敢起程等语，并未开具该洋人姓名，及系何国人氏。查马厂教士，前据泽藩卿等禀报，有布厚德、安守仁、翟守信、潘树德、申承福五名，另有不知姓名三人。其申承福一名受伤甚重，泽牧曾经谈及，恐性命未能保全。今陈丞所称马厂洋人五名，与泽牧等所报八人颇有歧异。查马厂虽系潞城所属，与府治相距甚近，请即饬派妥员迅速前往查明堂内教士现在究竟有若干名，是否均愿回国，务须探问确实，尤须不著痕迹，详细示知，以凭核夺，是所企祷。

61．复刘光才函
光绪二十六年十月十二日

昨初十、十一日连肃两函，想次弟已邀珠记。顷复奉初七日惠翰，筹商防军驻扎处所，具征虚怀冲挹，钦服莫名。弟既谨以阃外相推，岂复从中遥制，然以管见所及而论，固关为后路，井陉为前敌，非有麾下声威，不足以资镇慑。惟固关山径崎岖，地

---

① 华诏衔，时任署理潞安府知府。

隘水缺，欲于此星罗棋布，恐饱腾士马，或苦展布不开，不若井陉地势较宽，可以指拟如意。同一择要扼守，则前进一步，似觉尤为操胜算也。鄙意如此，尚乞麾下卓裁是荷。

62. 复俞恒函
光绪二十六年十月十三日

屡奉惠缄，详明切当，具见躬亲庶务，巨细靡遗，曷深快慰。顷得十一日来牍，敌踪既有全行回京之说，目下虽可无虑，然和议一日未成，则我晋边防断不敢稍为松懈。忻州、五台一路，客军声势联络，庶可不致疏虞。平型、灵邱、大同亦经商饬各军，分投布置，严密筹防。但望大局早为粗平，俾焦灼私衷，得以专筹赈抚，庶晋疆黎赤，不为师旅饥馑所交困，则藉手以报国恩者，亦可与我僚友同为少释责负矣。

63. 复陆叙钊①函
光绪二十六年十月十三日

接初九日惠笺，备悉一是。彼族举动叵测，其开具路程单等事，无非欲我惑于狐疑之说，以得遂其豕突之谋，惟有严密防维，令彼无间可乘，是此时第一要著。李外委绪办防出力，现当鼓励人才之际，自未便没其勋劳，准以把总记名，俟大同李守禀到时，即行批示行知，或由尊处径禀亦可。

64. 复万本华函
光绪二十六年十月十三日

顷奉惠缄，备悉种切。贵部拟拨左营一军，往东河南驻扎，俟有警再行进发，自系为兼顾白坡头一带防务起见。惟武卫军吴

---

① 陆叙钊，字磬之。时任灵邱县知县。

守所部石光贤、李学文两营现驻广昌，昨十二日奉旨饬令速行赴陕，经弟电请军机处代奏，俟庵下所拨两营前往填扎，即令石光贤等拔队启行。务乞照弟前初十日寄函，迅拨两营开赴广昌，俾该军不至再有延误。事关奏案，似未便稍涉通融也。至严缉匪首并官弁兵夫清册，查系该房漏未照会尊处，现饬赶紧补咨，到日并祈查照办理。

65．复徐桂芬①函
光绪二十六年十月十四日

顷接初十日两次惠牍，具悉种切。昨据刘副将、王令等来禀，语亦相同。

安子岭敌兵退后，教民奸匪胆敢布散流言，则各路巡防更不得少有疏忽。所有拿获之奸细，讯明即行正法，办理尚为妥速。其白书春及引路人等，形踪诡异，既搜出隐语符书各样，断非安分良民，务望转致五台县研讯确情，分别惩办，并详报查改。缘敌人凶狡，非内地莠民阴为向道，决不能冒险深入也。长城岭所有前明大炮，实足以壮声威，景山军门所派贾、曹各军，已到五台，请即函知王令，商令分路赴防，与刘副将、王都司互相联络策应。现时敌兵究在何处，进退行止究竟如何，仍乞饬差探明确情，随时布告为荷。

66．复吴匡函
光绪二十六年十月十四日

顷展十一日所发惠书，具聆种切。承示各件，逐复列后，即祈查照，分别办理为荷。

一张镇德朝，忠勇可用，固为诸将之冠，惟劲字五营现归刘

---

① 徐桂芬，字友石。时任山西忻州知州。

镇军统领，军旅之事，权贵专一，应否添派分统，应由刘镇军自行酌夺，鄙人未便干预，掣其肘也。请转致张镇，益加奋勉，以待将来可耳。

——补用巡检鄘宽，应否委派管带中营，亦归刘镇军办理。盖湘军旧制，凡营官由统领挑选，可期指臂相联也。

——顷接咸电，昨与刘镇军等面商进扎东天门等隘，留方营游击，今勘地进扎等语，甚属妥协。

——拨去汾州练军马队四十八名，应统交防军营务处赵季和①兄调遣。其哨官杨福胜既不可用，即由季和兄撤换，分别报闻，知照南镇。其饷项应照湘军行营饷章支给，由司请领，查明起支日期，由司在于原营将其原饷扣存备放，不敷之数，另再由司筹加。除分行外，望告知季和兄照办可耳。

——晋威副右营管带李高升，现已撤差，咨由刘镇军遴员接带矣。

——雇用长驼一节，请与赵季和兄熟商妥办，如何定议，望复。

——张观察灵柩回籍，原定助其千金，并送旅费三百金。今营中既有亏项一千四百五十余两，当设法为其如数弥补。前拟千金之助，晋库筹款万艰，力实未逮。惟长途盘费，除现剩一百三十余金外，下短实需若干，祈酌定示知，以便筹发。

——张观察幕友罗、宋两君，当分别给札，委其护送回籍，每人各给川资五十两，饬司筹发。

——所需沿途要车传牌，即当办给。

67．致秀昆②函

光绪二十六年十月十六日

前勒复函，并附羊裘等件，专差奉寄，谅荷莞存。每有自关

---

① 赵尔丰，字季和。
② 秀昆，字俊卿。时任龙泉关都司。

来者，辄道执事督率所部，联络民团，慎守疆圉，以御外侮，其不辞劳瘁，勋绩卓然，至为可佩。又闻贵营缺饷已久，士卒困苦异常，不胜驰念。兹措备百金，专差送上，即希查收散给。明知蹄涔之水分润无多，不过聊尽寸心，藉资糊口，幸鉴纳之。现在关外究竟有无洋踪？在于何处游弋？尚祈饬弁确探，随时见告。遇有警信，会同晋省所派营旗，严为之防，是为至要！

68．复升允函
光绪二十六年十月十八日

顷展十二日手书，知奉上孤脊袍已蒙哂收。承示吴守所统中、右两营，其分统营官，人既猥鄙，兵尤扰民，殊堪痛恨，虽经调陕，而一路商民岂堪受其滋扰？弟已严札该分统营官谆谆申戒，并牌传沿途各州县查报，或可稍知敛迹。吴守所带步队一营，俟抵省时，或商令一并赴陕。至行抵顺德之李成全马队两旗遗留事宜，已委辽州周署牧克昌，会同吴守派来之章都司玉春往办矣。前龙泉关之说，的系传讹。顷据五台令报称，阜平情形亦多不确。鄙人颇怪近来探报多以影想之词上达，总缘无得力探卒，亲至其地调察实在耳。故军营侦探一事，最为要紧，不妨悬重赏以物色其人也。公以为何如？万军填扎广昌两营，昨请公就近节制，已备公牍。毕竟其队伍是否足恃？有无习气？幸察之。

再，又奉十五日惠复，悉万军十六日可到广昌倒马关等处。拨哨梭巡，不便分扎，诚恐兵分力单，洵为阅历之言。郑春亭昨有回书，因奉李傅相檄赴河间剿办拳匪，不能来晋。

69．复徐桂芬函
光绪二十六年十月十八日

昨今叠展两书，转述五台王大令暨马丽生镇军所报各情均已聆悉。本省派往军士，御寒无具，亟须皮衣，现已饬发千金解往，令其就近制买。秀都司处寄去赏犒百金。惟据王大令另报到院，自初七起，日有马统领所带马步各营，由阜平南下，绕至灵山镇，将教堂、教民房屋一律烧毁等语。不知所谓马统领是否武卫前、左两军之人，抑另有一起？因何烧毁教堂、教民房屋？究竟确否？此则亟须考查也。阁下办事素极精详，望选派妥人密往确探，飞速具报至要！

70. 复王德润①函
光绪二十六年十月十八日

顷展十五日惠书，具悉种切。承示阜平现无敌警，自初七起，日有马统领所带马步各营，由阜平南下，绕至灵山镇，将教堂、教民房屋一律烧毁。不知此起究系何军队伍？所谓马统领系属何军、何名？究竟因何烧毁教堂、房屋？尚祈确切查明见复，勿涉影响为要。尊处密迩龙泉，侦探最关紧要，必须遴派得力之人，亲至其地，方知确切消息，断不可如刘副将前报失实，徒乱人意。军事贵脚踏实地，幸慎重之。马营官、曹营务处，当系马军门派往贵治与忻州同一驻扎，似驻于五台，距边较近，遇警接应较便，应否回忻，应听其禀命本军统领而行，鄙人未便越俎遥制也。秀都戎信件，承加函饬交马拨递往，取有回信，速寄省垣。

71. 复升允函
光绪二十六年十月二十一日

顷奉十八日密书，承示广昌令种种挑衅兵民情形，阅之令人发指，无怪公欲严劾也。继而思之，彼究系隔省人员，即令劾之，而我不能派员摘印，直省大宪又未能立时委人接替，彼仍在

---

① 王德润，字泽生。时任署理山西五台县知县。

任，积怨愈深，设竟显然抗拒，勾敌引匪，又将何以处之？敌不可树，鱼不可驱，似不如以忠义激之，以情谊联之，或可感动万一。方今世道人心尚可问乎！将帅以逃走为能，士卒以抢掠为事，文武守土各员，献城郊迎、弃甲曳兵以为得计，甚至媚洋人受辱犹荣，视中兵有逾仇寇。阁下耿耿丹心，看若辈焉得不赫然奋怒。然其中亦有不能专责一面者。即如兵差到境，百般需索，驻扎到处滋扰，鞭差骂吏，种种无礼，地方官真奴隶不如。吴军即犯此病，所以令人增厌也。万军接替，纪律严明，主客自必水乳，加以阁下督率有方，盛德所至，应可潜移默化。近如井陉严令，始亦深恶官兵，何尝不欲效牛酒相迎故事。及张观察、刘镇军先后到防，与之联络，兵力既厚，又不扰累，有恃无恐，彼亦欣然乐为我用。惟望执事暂为忍耐，整治军旅，力捍晋边，朝廷赖之，岂惟弟一人之拜赐。如谓不见信阁下，彼此同肩重任，谊共桑梓，何至如是耶？幸祈鉴之。唐县洋兵有何消息？既经唐管带派精细弁勇扮作百姓在彼坐探，如有动静，尚乞随时急示为盼。

72．复万本华函
光绪二十六年十月二十一日

顷奉十五日惠牍，敬悉一一。贵部左、右两军开赴广昌，其后营移防坡头，又抽拨中营两哨往平型驻扎，具见悉心筹画，布置得宜。马丽生军门所派胡营务处管带之马步两哨，据署繁峙王令十八日禀称，现在该县城内，尚未开往坡头，既经景山军门谕令回扎代州，自当就近启行也。宣化何镇军所称情形，直省各路防军及各地方官大约均以借口有碍和局为词，遂致糜烂不可收拾。我晋防务，惟当殚竭心力，以期保固疆圻。郑军门淮军已奉傅相檄调开往河间，协防大同一层即作罢论。桂成鹏一营已于十六日自井陉开拔。添募马勇饷项等件，即请照办。

73．复李桂林函

光绪二十六年十月二十一日

诵十三、十六两次惠缄，备悉种切。彼族虽确于初四日拔队
回京，我晋防务仍不敢稍形松懈。防军之无纪律，万、杨两部系
本省兵勇，自然易受范围，其各客军小有参差，只可告之主将，
时加约束。马月亭已经撤差，另易李统领，或可差胜。其聂汝康
马队向归马丽生，即开赴代州，天镇自无拥挤之虑。郑舜廷军门
淮军开赴河间，来晋协防一层已作罢论。俄国情事，似难骤信，
然彼族尤为叵测，亦不可不留心侦探，以便先事豫防。马军饷需
就近提解，宜取文领申报，以便知照拨还。

74．复王德昭①函

光绪二十六年十月二十一日

得十八日惠翰，藉悉一是。万军赴扎广昌系属奏明派遣，其
武卫军马步两哨本系客军，业经马景山军门调回代州，尤非可任
意位置。白坡头各隘口关系紧要，现据万荣斋军门将后营移驻彼
处，又抽拨中营两哨扼守平型，亦可不致疏虞也。紫荆关情形，
与前叠次所查不相悬殊，即可毋庸置议。其阜平、唐县等处，望
派妥人确实侦探，飞报查考。

75．致吴丽泉函

光绪二十六年十月二十二日

顷展惠书，藉聆种切。承示沿边一带险要情形极其详晰。本
拟藉重贵部，仍驻广昌，严为防守，惟自石光贤两营调陕后，业
经檄饬晋威新军两营前往填扎，两军同驻一地，究恐彼此或有为

---

① 王德昭，字子良。时任署理山西繁峙县知县。

难。且荣相函令查开饷数以及汰留事宜，均必与台端熟商，方能定局。除于公牍批答外，即祈拨队速来，曷胜盼切！至军行所过地方，总以爱民不扰为主。执事既能自信，知必纪律严明，无俟再嘱也。

76．复赵尔丰函
光绪二十六年十月二十四日

昨奉十六日惠书，聆悉种切。书年太守回省，复询悉周览边防，贤劳懋著，至为佩慰。防军营务，华轩镇军书来，意欲添汉卿总戎、井陉严令为会办，取其彼此融洽，已分别给委。遇事仍祈阁下总持一切，会同商榷，期于防务有裨。其在防马队四十八名，并望拨给华轩镇军若干名，俾作递文、侦探之用，是所至幸。承示各管带优劣具悉，仍望随时密察见告可也。

再，忠毅军借用银一万七千两，系湘军之饷，祈转致华轩镇军出具文领，以便拨还是荷。

77．复刘光才函
光绪二十六年十月二十四日

昨奉十九日惠书并舆图一纸，承示勘办防务情形，条分缕晰，擘画精详，棋布星罗，处置周密，信非忠勇冠时、老于军谋者，莫能犁然有当于斯也。佩慰奚如。惟彼族时来游弋窥伺，且复施放枪炮，其为有意尝试，可想而知。深赖严饬防军，坚持不动，彼遂慑于声威，亦气阻而退矣。顷蒙电旨，饬勿孟浪从事，恰与此间因应相符。汉卿总戎、井陉严令均经麾下咨委办理防军营务处，并商令赶办民团，藉壮声势，想见联络筹画之苦衷。闻严令强干精明，颇以守疆效忠为务，视他之优礼相迎者，殆不可同日语。似此深明大义，沆瀣一气，其于我军裨益良多。尚祈晤时代道鄙怀，是所盼荷。

贵部向食白米，嘱于截留江漕项下拨发万石。昨张仁甫观察书来，亦尝筹议及此。惟道途梗阻，转运维艰，不如尚有间道可行，以免疏失否？仁甫刻驻临清，乞即专函与商，或由彼处委员押运，或从尊处派弁迎提，斟酌行之，庶期妥速。至嘱拨马队一哨，充递文、侦探之兵，查前曾饬调练军左旗马队四十八名，交赵丞差遣，闻现在井陉，应请商赵丞酌分若干名，专归麾下驱策。又劲字、晋威副两军，奏归台端并统，昨已刊就关防，另文递送行辕，计已察收。其办公一切，不可无资，拟月加统费三百金，亦另备牒知照。惟两军须各设分统一员，究应遴派何人，统希酌夺示知，以便分别给委，勿涉客气为幸！

弟才本迂疏，忝膺艰巨，师旅饥馑，会萃一时，库藏久空，支持乏术，实不知何以为计，焦灼殊深。所幸东路边防，麾下同心共济，长城屹屹，鄙人拜赐多矣。北风多厉，珍重起居，握手何时，不胜驰企！

78．复刘朝阳①函
光绪二十六年十月二十五日

鳞壤相联，未亲尘论，顷披惠翰，謦欬如闻。就谂新政罩敷，循猷卓著，如颂为慰。承示布置扼守各节，缕晰条分，细察地图，大有聚米为山，指画形势，令人一目了然之概。具见究心时事，熟考方舆，披诵之余，尤为钦佩。武卫中军各营，纪律本欠严厉，吴守又非善于治军者，自难免扰累地方。现两营调赴西安，一营已饬来省。万镇戎所部士卒，尚能遵守营规，填扎之师，已抵防所，当能与执事和衷共济，相与有成。近关一带，隘口繁多，若处处设防，兵力实有未逮，择要驻扎，凭险而守，应可巩固藩篱耳。

---

① 刘朝阳，字仁甫。时任直隶广昌县知县。

79. 复万本华函

光绪二十六年十月二十六日

顷奉惠楮，藉聆种是。贵部两营开赴广昌，既经到防，布置自已周密。至如何兼顾无遗之处，麾下虽相距较远，但得运筹帷幄，仍可指挥如意，一气呵成。升方伯驻军灵邱，系奉旨控扼直、晋边防，如专令填扎平型、坡头，尚须良奏明办理。其坡头关系紧要，得麾下在彼处一带坐镇，当可不致疏虞。若将全部开往广昌，转恐顾此失彼，非十成胜算也。桂营官到后，尚可通盘筹酌，应令驻扎何处，以便联络策应，兵力似亦不嫌过单。敌兵在保定各处者仅德法两国，本属无多，其英意各部之师擎回京师、天津，前后侦报，传说均系如此，似尚确实。惟我处防务，断不可因此稍涉大意。敌兵在唐县、灵山、阜平等处情形，仍须确实探明，飞报查考。

郑军沿途骚扰，势所必然，幸未在晋境逗留，省却多少口舌。吴守往西进发，系札调来省，饬令经理该军裁汰归并及饷项各事宜，与石先贤等两营不相关涉。知念附闻。

80. 复升允函

光绪二十六年十月二十七日

昨奉廿三日惠缄，敬悉一是。陕军饷项，云帅处弟亦曾经电致，并为函告，迄今未奉复音，不知其中有无隐衷，实未敢臆为揣测。紫荆一役，纵有烦言，执事所推原，要系持平之论。至谓湘军为不可用，发逆平后，曾文正即有澄浊取清之喻，汰其骄惰，留其精强，百战之余，究与漫无训练者有霄壤之别。执事现时所部，自多慓锐健儿，但虑及后来位置一层，藻虑诚为周密。惟和局尚未露有端倪，则边隘更宜加意防范。

顷有保定商人由下关口骆驼岭入至山西，据称伊等因龙泉关难过，是以绕至此处入境。该处极为险要，未见有兵防守。若如所说，则亦是一关系紧要之区。祈即迅派得力弁兵，查明该处道路情形，酌拨队伍，前往扼扎，免致百密一疏也。企切，盼切！

81. 复恩霖函
光绪二十六年十月二十八日

接廿六日惠缄，备聆一是。李教谕饬令办理团练，此亦当今要务，御外侮虽不足，卫乡里则有余，但须实力讲求，不可稍滋扰累。张未入所解饷，令其径交万军，指拨极为妥速。荣斋分拨两营往广昌移扎，系因吴守所部石光贤等征调赴陕，恐该处少形空虚，不得不变通办理。其桂成鹏所带一营，现已由固关调回北路，平型、白坡头一带仍有三营扼防也。阜平既无敌踪，何以王都司定邦又有洋兵在唐县、灵山等处之说？可见各路侦探，率多不实不尽。阁下现有练勇二百，务即遴派一二得力健步，前往阜平、唐县左右，探明确实踪迹回报，以释廑系，较之彼此传说，自有把握，乞速酌行之。

82. 复赵尔丰函
光绪二十六年十月二十九日

顷奉廿六日惠书，详示种切。藉谂布置防守，楙著贤劳，至为慰念。民团原以藉壮声威，非能杀敌致果。贾庄一带村庄，均各齐心，即属难得。晋威左营所安炮位，复经执事指拨，自必合宜。凤凰山既应添扎一营，北与玉峰犄角，南联横涧一军，即祈会商华轩军门，斟酌匀拨。何令所部三营驻扎地段，适足固我边防，自未便拒而不纳，所虑者饷仍无出耳。容当奏明调归晋省，并请饬豫中拨给直库运去之饷，第究竟能否济用，直无把握。即如东省军火，曾经电讯慰帅及德州牧，均以并无取存空言回复，将来缺乏殊可虑也。至徐德标一军，并不知其来历。现当防赈交乘，库空如洗，岌岌不可终日，万无余力瞻及此军，应从舍旃，未可再事延揽也。其太原镇练军左旗马队一哨，先拨尊处，嗣华轩镇军欲作递文、侦探之用，复请台端与之商酌，今来示欲统归前敌调遣，甚善。惟月饷前已行知司局，应仍由尊处赴司代领，未便更易，又添周折。哨弁杨福胜，华轩镇军既谓尚能改过思奋，不复更换，应从其便操纵之。总之，防务机宜，弟实鞭长莫及，全赖华轩镇军主持，而执事左右其间，调和将领，乃能相得益彰。至敌人窥我虚实，只宜静守，不必妄动，卓论洵为不刊。愿各营奉以周旋，勿稍逾越，想华轩镇军老成持重，亦必以为然也。

　　再，顷有人自东来，据称洋人十九日开炮，距关仅廿五里耳，我军未伤，只伤百姓数人。惟山头满扎帐棚，并未挖窑铺板，非特军士寒冷难当，且恐为敌炮所专注，大大非法。嘱转致前敌，赶将山上及外露帐棚一律改扎山坳之内。其防关各军，应靠山挖窑，口须向内，或左右开，不可向外，上盖木板，以防炮子炸落。与洋人对垒，须善庀避炮之法等语。似均有见解、有阅历之言，不无可采。祈转致刘华轩军门、张子芙分统斟酌办理，为要为祷！

83．复升允函
光绪二十六年十一月初二日

　　顷奉十月廿九日赐书，备悉种切。员弁请恤履历清册，必须详细，方免行查，应俟送到，即行核办。广昌刘令既经陆令寓书相劝，谅可和衷共济，不致再与营官龃龉。赈款李守请发还二万，盖因大、朔两属均值待放之时，自当先其所急。至唐县、广昌交界地方，忽有拳匪窜入，大肆抢掠，查如属实，亟应严密防范，勿令阑入晋境。如果该匪西窜，请即严饬各营官相机剿办，勿任蔓延，是为至要。泰宁洋兵，如有动静，尚祈随时示及为盼!

84. 复杨鸿礼函

光绪二十六年十一月初二日

顷奉惠书,知洋兵回京南口一带,现无变动,仍派贵部马步三旗,分扎枳儿岭、天镇,严密巡防。执事已返郡垣,良以为慰。尚祈饬令严加侦探,勿涉大意为要。管带三旅马队旗官杨副将洪发,弟前见其年似渐衰,诚恐缓急难恃,嗣闻近赴二道河弹压教民,尚能相机解散,因暂缓而未加商榷。第当兹整顿戎政之时,必年力精强者方能胜任,麾下近临咫尺,自早在衡鉴之中,如果人不相宜,正亦未便迁就。兹查怀仁城守备黄义迁、左云千总唐文林均久隶树军,人尚明白果健,可否擢用,即祈裁酌示复。总之,但期有裨军务,鄙人亦初无成见也。

85. 复王德润函

光绪二十六年十一月初二日

得前廿三日惠缄,备聆种是。前因道出阜平之马步统领马姓,省中并未闻有此一枝兵勇,是以欲探明该统领究系何人。兹据函称,初系行人传言阜平过兵,嗣探卒回报,亦系铺户传说,该统领尚在城外居住,并未亲见其人,亦未悉其名字,从何而来,向何而去各等语。迷离惝怳,几于海市蜃楼。若军情俱如此闪烁支离,则居中筹画者,将何从臆度耶?可见悉由彼此传讹,并无一人认真料理耳。白书春等七名,既系台山进香,各有确实籍贯,兼台山僧人保状,自当讯明开释。此时中外交讧,莠民甘为敌用者,固不可不严加惩办;若审系无辜,即不得滥行波及也。

86. 复刘光才函

光绪二十六年十一月初八日

顷奉初四日惠书，聆悉种刃。承示晋威一军分统，原拟两人均难胜任，当即电嘱季和转达台端，谅邀鉴察。缘尹参将过于软弱。傅副将仅一差官之才，昨与黎参将金宝自告奋勇，欲赴前敌，弟以志尚可嘉，是以令其诣营，用供驱策，非欲畀之重任。今黎已委营官，究恐难资得力。抑或果有长处，失之子羽，尚祈再加体察，总期有裨防务，万勿迁就为幸。又黄益泰前在汉口曾经因事责惩，后经张统领派委劲右营；傅宗寿亦系张统领临终密保，是以派委劲前营。弟均无成见，既不可用，望即遴员更替，以免贻误。兹有林镇志魁者，曹州人，打仗素称勇敢，惟须听人指挥，恐难当一面，盖营官才，而非分统选。前因事遣戍，今经弟奏请释回留营，特令趋叩台端，尚祈察度量才委用。所需分统关防二颗，容当饬刊寄去。晋威副军分统，仍望于贵部下另行拣人为盼。

东漕米石，尊处已函商张观察，此间前次去信，亦经提及，容再转致。至敌兵仍于附近窥伺挑衅，实属居心叵测。前奉电旨，饬勿孟浪从事，盖恐我先启衅，有碍和局，须善体会，万一直扑来攻，我军岂有束手之理，诚如来示"不得不以全力争之"。特界限则不可不认定划清，免其借口。此中轻重缓急，全在临机因应，高明自有权衡，无待预定也。另承大旆开示布置情形，均中肯綮，佩佩！

敬再启者：

前以贵部勇丁远来防守，值此严冬，御寒无具，极为可念。当饬解去皮衣若干件，分给各队。此项在湘、鄂两军，尚扣饷作价，以其曾领有赏银也。今贵部到防在后，未得与恩赏之列，所有前项皮衣，应请毋庸再扣饷银，即与赏项无异，庶昭平允。即晋军亦照办。尚祈传谕各营共知此意为幸！

87．复赵尔丰函

光绪二十六年十一月初八日

顷奉初五日手书，读悉种切。近日敌情无甚动静，我军惟有镇静处之、严密防范之一法。劲字后营及晋左营各获奸细，如果讯实毫无疑义，台端拟令军前正法，极为正办。振远军既系四营，自当更正。惟该营饷项，晋中万无力筹。昨接于次帅来电，所有库存直饷，已由叶观察携往大名。当经弟札饬该道酌发饷银，解交振远军以资接济，一面咨明傅相。均未接回文，不知果能照办否？至曼利夏子弹，局存无多，容拨万粒，解往济用。所有江南拨给该营军火，两接袁慰帅电，以并无此项答之。究竟此项军火详细情形，请转致何公，切实开示，以便再电商设法通融也。武功军原扎各营，仅能自守，伊何可擅行调动他营？至乏驴岭地方紧要，原驻一营，本形不足，诚如卓论，既经函告华轩镇军，谅不至有更动也。东天门难挖地营，自系为石所限，但总须别思能避敌炮之法，庶驻兵方能稳固。地雷知已收到，火药向系临时再装，办理极易，各营中当有谙习之人，可试为之。如缺火药，容饬局员连量土盘解往。又接刘镇军函，拟派傅开成分统，已委黎金宝营官，不胜诧异。此两人本差官粗才，并非真能做事之人，前因其求赴前敌，志尚可取，是以派往差遣，非欲畀以重任，此必该将等到营妄自夸张，以致华轩镇军因而误会。尹太清人亦软弱，难胜分统。当于接信后，电请阁下转致华轩，当有以另行遴选也。兹有林镇志魁者，曹州人，打仗勇敢，缘事遣戍，兹甫奏准释回，留晋差遣，亦营官才，而非分统选。特令前往，可请华轩委用，较之傅、黎均优也。

再复者：

展诵副笺，具征擘画，用逐条发答于后，幸垂览焉。

一湘、鄂各军，因领恩赏，是以皮衣扣价，而忠毅与晋军无恩赏，故皮衣即作赏项，无庸再扣兵饷，所以昭平允也。容于致刘镇军函中分晰言之。

一刘镇军朴实耐苦，晋防倚为长城，鄙人早所心折，亦极系念，赠以衣物，藉表殷勤，义所应尔。容购皮小袄、长袖马褂等件寄去。

一振远军军火，已详前函，不赘。如饬叶道拨解之饷，竟成无着，则应再为奏请。祈转致何大令，可由渠派员前往迎提，以看如何。

一库空如洗，而待用甚繁，筹饷其亟矣。潞盐如能销及豫省之芦岸，诚为至幸。即当函商于次帅妥筹办法。至本省名为官运，实则商办行之已久，一旦更张，安能筹此运本？即能筹矣，如果不得其人，恐非徒无益而又害之矣。其北路大青盐，本抽厘金及地亩税，均可无须再加，只在核实稽征，不使偷漏，不使中饱，当有起色，容当严札整顿。至酒税，自今年起，业经奉文加抽。与各卡厘金，亦均在得人而理，自当利归公家。特自京、津失事以来，商贩寥寥，收数较之往年顿减，实亦无可如何也。至于煤厘，省北间有抽者，全作地方之用，能否行之通省，藉充饷需，容再图之。其节流办法，绿营裁之已不止一次，势难再裁。民壮并州县以上养廉，如概议裁减，缺苦地方，即有不能办公之处，殊多窒碍。尚待徐商绅富捐输，已委员分赴著名之处劝办。票庄现已在省劝令输捐，成数多寡，尚在未定。

一阁下力辞统领之任，反复剖论，极佩所见之远，所虑之细，自当不复相强。

一黄益泰前在汉口曾经因事责惩，即甚不以为然，后经张统领派委管带劲右营。又傅宗寿亦系张统领临终密保，是以派其帮带劲前营，续充管带。此间初无成见，既不得力，可请刘镇军另行遴员更换，此处则无人可委也。

一李玉山，派人遍查，并嘱书年切实搜索，据称实不在省西关，或已回南省。西关寥寥数家，似非藏匪之地。仍当留意密拿，惩究示儆。

一劲前营拟令赴防，当遣之以去。

一皮货销售不多，暂留数日，不必急于带回。实在销售不了，再行运回，或俟有便脚，省得又增运费。今年天气不冷，营中不肯置买，一旦朔风凛冽，又将求之不得也。

88．复王德昭函
光绪二十六年十一月初八日

得初四日惠缄，备悉一是。地方民情静谧，最为边防切要之图，军民果能相安，尤赖贤有司尽心调剂，览之实为欣慰。万军留一营在平型驻扎，彼处一带即可无虑空虚。德兵至龙泉关，固因山路难行折回旧路，而秀都司能誓与战，彼即不敢直前，可见我军但戮力同心，彼族亦何能决荡纵横如入无人之境。我晋防军均能如此，庶可阴折其眈视之谋。阜平等处既无敌踪，何以又有洋兵由唐县来五虎岭？务即一一探明，随函达知，以释厪念。

匪类滋事，虽在直隶地方，距晋究不甚远，升方伯既派人前往，自能妥速办理。北路近日有无雪泽，未据各州县具报。繁峙天气晴暖，即须于日内祈求。昨据南路电称，潼关、侯马初五夜得雪三寸，平遥得雪寸许，而省垣于初六、七两夜，亦连得雪二寸余，从此渥沛祥霙，人心自当大定。

89．复升允函
光绪二十六年十一月初九日

顷奉初五日惠缄，敬聆种切。龚营官既在下关村驻扎，其于骆驼岭但能呼应灵通，策援迅速，自无须挖断路径，免致有碍行商。蔚州西河营教民，竟敢暗制号衣，难保无冒充营兵之事，且行踪诡秘，尤须慎密侦防。该处近接广灵，为晋边吃重之处，务祈阁下传知各营，一体加意防范，毋或稍涉疏虞。顷并已函告万荣斋，分饬该军严密巡察，勤加侦探，倘偶有蠢动，统乞大才酌夺行之。

90. 复万本华函

光绪二十六年十一月初九日

顷奉惠缄，敬悉一是。德兵在大阳一带搭桥，该处系何县所辖？距晋边各县道路远近若干？务即一一探明，随时函告，以慰悬念。所需毛瑟枪支，候饬军装局查有合用者即行拨给。晋省人弱，添募较难，贵部各营，尽可暂从缓补，盖将来大局定后，晋威副、左、右，皆曹州人，颇多精壮，足敷拨补也。兹得升方伯及灵邱县陆令来信云，蔚州西河营教民，因该州陈牧于上月廿七日病故，遂有蠢动之势。探得制造号衣至一千五百件之多，且皆其妇女自缝，并未雇工匠制作，行踪诡秘，亟应先事豫防。况该处与广灵毗连，尤为晋边切近之患，务祈麾下严饬各营官，随时侦探，加意提防。弟已函致于方伯一体申警各军，毋稍疏懈。缘此种既甘为敌用，其鬼蜮情状，不同内地良民，不得不严以备之也。

91. 复华诏衔函

光绪二十六年十一月初九日

径启者：

前因调赴东阳关之太原镇练军步队中旗管带官李公献身弱多病，难期得力，当经咨请南镇速行更换，据报改派刘永泰接带。现闻该员从前曾带省标中旗为佐帅所撤。当此边防吃紧，全在营官得人，方免有误事机，故不得不格外加慎。计该旗早经到防，密迩尊处，究竟刘永泰其人何如，有无习气，能否胜任，务祈密查，从实速示，以凭核夺，是所至盼。

92．复李桂林函

光绪二十六年十一月初十日

顷接初五日惠牍，聆悉种切。李统领纪律严肃，军民彼此相安，则敬亭军门暂回大同，亦无不可。聂妆康马队过境，既极安静，尤为放心。蔚州西河营教民有制造号衣一千五百件之事，初五、初六两日，升方伯及灵邱陆令来信，均如此说。该处与广灵接壤，不可不先事豫防，已函复升方伯，并告知万军门勤探行踪，妥筹布置矣。俄人来张家口之说，明知必系讹传，该国贸易向在恰克图一带地方，则其护送茶商，自属照常行事，我处何得遽涉张皇耶？马月亭所借饷项万金，业经景山军门于省城就近归款；升方伯处四万两，闻已于阁下处还二万两。此时大、朔两属惟石玉、平鲁最重，亟须赶办冬赈，余处尚轻，或留为春抚地步。缘库空如洗，款项至艰，不得不权衡缓急。务祈督饬各地方官及派委各员斟酌情形核实办理，未可存宁滥无遗之见，致令后难为继也。

93．致升允函

光绪二十六年十一月十三日

顷接万荣斋来牍，据其驻扎广昌之左右营张、周两管带禀称：杨、刘二匪，占踞云盘、朝阳两洞，妖言惑众，为害闾阎，业经禀明台端，相机剿办等因。据此，查此匪为害平民，自必神怒人怨，似应用计诱擒，讯明正法，或设法解散，以免滋蔓而害地方，无庸大张挞伐，殃及池鱼也。况刻下和局未定，洋人时来窥伺，只宜严加防堵，冀免疏虞，岂可再添蛇足。且胜之不足为武，不胜愈行鸱张，为害滋甚。洋人奸细极多，倘闻我此举，暗派骑兵，风驰而来，因鹬蚌之相持，作渔翁之得利，则我军兵分力单，势必顾此失彼，若误事机，悔无及矣。特祈阁下函商万公，速饬所部，扼要防堵，断不可抛弃正文，而肆旁支。至如何诱擒解散，或虚张声势，驱之远飏，此中操纵缓急，想阁下必已熟思审处矣。闻骆驼岭一带又有敌踪，务祈侦探确实，与万荣斋联络一气，严密防守，勿稍疏懈。究竟如何情形，飞速示悉，不胜跂盼之至。

94. 复万本华函
光绪二十六年十一月十三日

月之十三日，接十一日所发大牍，具悉一切。杨、刘二匪，占踞云盘、朝阳二洞，妖言惑众，杀掳平民，实属令人发指。第刻下洋人时来窥伺，正宜严加防范，以免疏虞，不应分兵进剿二匪。缘胜之不足为武，不胜益鸱张，且距洋人不远，万一彼族乘此机会，批亢捣虚，岂不因小失大，贻误事机。拗下久历戎行，素娴韬略，务祈速饬该管带等，遇事禀承升方伯相机办理，但能将二匪驱散最妙，千万不可舍我防地，穷搜远追。至要！至要！

以后须勤派妥实侦探，务将洋人之行动探得确确凿凿，好作预备。尤须与升方伯处消息通灵，各军官弁勇丁以及民团，更要联络一气，共济时艰，是所切祷！如前敌紧亟，尚求拗下亲往一看，指授机宜为恳！

95. 复杨鸿礼函
光绪二十六年十一月十五日

得初七日惠缄，藉聆一是。杨副将既经撤换，饬委黄守备接替，必令其认真整顿，勤慎巡防。当此时事多艰，一兵须得一兵之用，一将尤须得一将之用。果能同甘共苦，壁垒一新，不但可

坚士卒之心，亦且可寒敌人之胆。此外有未能得力者，统在麾下
斟酌办理，万勿因循迁就，或致贻误事机也。李登元接统驻扎天
镇，前李子丹来信，亦称其纪律甚好，足见兵之可恃与否，全在
将领得人。宣府若有近闻，尚乞随时函告为荷。

96．致各统领函
光绪二十六年十一月十六日

径启者：

　　刻下和局未定，强敌压境，正在乘此时光，严谕各管带等，
督率勇丁，认真操练，以备折冲。若过尔优游，则筋力疲软，一
旦有事，持枪则心慌手战，难期命中，且步伐不明，进退无节，
安望大破凶锋？况兵勇群居间处，无所事事，势必非嫖即赌，为
害闾阎，不得不预为防。想执下久历戎行，素明韬略，当不以鄙
言为河汉也。

97．复万本华函
光绪二十六年十一月十七日

　　昨十六日接奉惠缄，敬悉一是。德兵查探安子岭形势，虽仍
回唐县、曲阳等处，大约注意总在窥伺龙泉关、长城岭一带地
方，其在唐县度岁之言，度亦乘间抵隙之诡计。大阳为曲阳属
地，距晋境在二百里外，相去较远，不难从容布置，无须稍涉张
皇。黄山麇聚之教民，并蔚州西河营之教民，究竟作何举动，务
乞随时侦探明确，以释悬崖。毛瑟枪现饬军装局查明，只实存七
十杆，不敷应用，刻下又无处购办。贵军各营缺额，既经麾下择
取南人之投效精壮者陆续补充，此外无论缺旷若干名，暂时可不
必挑选，枪械缺乏，操练亦恐有未娴也。

　　再，正函复间，续奉十六日来牍，知洋兵在蔚州与民团开仗

之说系属讹传。张营官现驻广昌，十二日禀中，并未言及洋兵有窜至蔚州情事，其为固电误报可知。不过军情所关，弟既所闻，不得不飞告麾下，以便侦探防范。敌人踪迹远近，尚望随时勤加蹦访，俾免疏虞。云盘洞拳匪负嵎死守，各营断其水道，自无难克日歼除。振远军苏青云所带两营，溃至广昌，大约因饷需匮乏所致。何人商令分扎浮图峪、王安镇二处，若军饷不给，恐终不免有瓦解之虞，其足恃与否，固未可豫料也。十九日。

98．复杨鸿礼函

光绪二十六年十一月二十日

月之廿日，接十五日所发惠函，具悉距下道河四十里榆树窊地方，有逃溃马勇四五百名之多，且有号衣、枪械，沿途无大骚扰，甚属可疑。缘敌谲诈异常，前闻制造各军号衣多件，原期鱼目混珠，倘一时真伪莫分，势必中其鬼谋。今此溃勇，不知究系何军何营，何以由独石外突然而来。果系溃勇，必自七月间被人击散，岂有五六月之久尚有银钱而不沿途抢掠乎。揆情夺理，种种可疑，焉知非敌人在独石口外西湾子地方，将教民装作溃勇，欲行混入晋境。即祈执下飞调各营旗速往该处，设法阻拦，无论何军，非问明切实凭据，不准阑入我疆，即果系华军，亦应由弟处奏明朝廷，候旨遵行，千万不可大意也。

99 致秀昆函

光绪二十六年十一月二十日

昨接谦函，欣悉执下业经接带中旗，则兵力稍厚，自必布置更严。顷接万荣斋军门月之十八日所发之函，言据该营侦探禀称：本月十三日，阜平地方有拳民三百余名，携带老幼妇女，言系红灯照，假道赴五台山，适遇镇远营，登时用枪轰毙十余人，余皆四散等因。查龙泉关为入晋要道，兵力稍单，而敌人不时窥伺，难保非因执下防范甚严，不得已令教民装作拳民，携老抱幼，使人不疑，欲行混入晋境，急应严为之防。尤望执下选派妥人，四处侦探，如得确情，一面知会升方伯、万军门一体严防，一面告知弟处，好作提防。并祈执下将接营后如何布置，及直隶一带现在敌情，一一示知为盼。

100．复刘光才函

光绪二十六年十一月二十日

月之二十日，奉十八日兰笺，辱承藻饰，感惭感惭。就审大旆亲履固关，察看形势，勋劳卓著，欣感无量。承示分统晋军，急切无人，仍祈执下随时留意耳。统领之选，总须于战胜攻取之道具有心得，以静制动，以预应猝，以我料敌，以经行权，更能于进退奇正，通其变而得其机，斯可谓之将才矣。质之高明，以为然否？

彼族丧亡相继，亦甚惊慌，岂苍苍者心欲厌乱耶？纵彼不犯，而防范不敢稍松。务希严饬各军，慎亦加慎是祷。我公东方保障，当此边防要紧，千万不可远来，容俟防务肃清，则畅领教言，实所至愿。弟处无需保护，第到处出防，须人差遣，即祈转饬尹太清带队前来可也。

101．复升允函

光绪二十六年十一月二十日

顷展十五日惠书，读悉种切。前因岑云帅来函，催询贵军饷数，故一再转告。今尊处既备文具复，自可奏请改拨，部中当有的款指定也。广灵、灵邱地丁、厘税两款，当初原非执事提取，乃该县等一则以敌氛紧逼，虑有差池，一则以免解司库，藉省耗费，为卸责便己地步。殊不知展转拨兑，胶葛难清，无怪子纯署方伯之仍令该县解省也。至大同之四万金，既已领回两万购粮，该处灾本不重，库款又万分拮据，未便任其觊觎多金，全数领回，见好百姓。况事急则推出，事定又夺入，揆情度理，诚有令人难堪者。若李守具领时，即请驳饬不准可也。至阵亡员弁兵勇请恤，既请午帅嘱陕西善后局筹款速发，弟仍当一面入告，一面咨陕饬局核办，俾若辈得以早沐恩施为慰。

102．复杨鸿礼函

光绪二十六年十一月二十一日

昨晚排递一缄，不知何日方尘英览。廿一日复奉十八日手翰具悉。续据杨洪发禀称：十四、十六日，有武卫前军靳管带等，带领溃勇马步二千余人自古北口来，声称投效马军门。该溃勇人马既多，器械亦利，入境以来，未甚骚扰，未便阻其前行，致激争端。业经函商李统领相机弹压，复饬三旗官会商妥办，务使沿途安分，不生事端。足征硕画荩谋，至深佩服。弟今日会晤马公，谈及此勇，言非前军，或系中军。是马公并不认该溃勇为其部下也。即使前来，亦必推而不管。拟往代州，意欲何为。况晋省既办防务，又值荒年，库空如洗，粮价奇昂，本省防军，尚难免于饥馁，势难供应客军。纵该勇行至代州，马军门决不收录，更不知遑遑何之。务祈麾下飞饬该旗官，将此情告知该管带、营务处等，仔细商酌，筹一善策。如系武卫中军，似应在直隶境内暂为驻扎，或禀请李中堂，或禀请荣中堂，自必妥为安置，断不令其到处奔驰，无所归宿，无须定往代州，徒劳往返也。并望迅饬该旗官，将此勇人数问明若干，究系何军，其统领管带是何姓名，详细示悉为要！

103．复赵尔丰函

光绪二十六年十一月二十一日

昨接十四、十五两次惠书，读悉种切。南北各属均报得雪，殆已普遍，民心大定。前敌近颇安谧，深以为慰。振远四营，待饷甚殷，鄙人亦颇焦念，不识往提何如？能指望否？此间则早已分别奏咨，想李傅相接文后，不能置之度外也。至拟由晋先借，原无不可，惟库空如洗，自顾不遑，商之子纯署方伯，实周转不来，爱莫能助，尚祈婉复前途为荷。至该军军火为东省截留，只好随后再议。抄寄和款已阅悉，惟究未闻定局准信，晋防犹难松劲也。

104．复秀昆函

光绪二十六年十一月二十二日

径复者：

月之廿一日接十八日所发来牍，具悉一切。灵山、唐县、贾口等处，既有敌兵占踞，则防范不容稍松。以后无论拳教溃勇，一概不准入晋，冀免疏虞。尤望执下等时存戒心，轮流派勇，日夜巡防，改装易服，到处侦探，如得确耗，赶紧飞致左右各关隘营盘，一体严防。当此时事弥艰，惟赖二三豪杰同心戮力耳。

105．复升允函

光绪二十六年十一月二十三日

昨奉惠书，以谭其祥等三营由固安到防，拟分别遣留，嘱电商陕省等因。当即电知岑云帅。今接回电，拟令全裁，饷赏即由尊处给发，并称前带陕饷十五万，又借晋、直饷两万，余计截至年底，尚应余银十余万，嘱即飞致资遣等语。用特飞布，即祈查照办理。惟遣散地方，似须带赴远处，庶免潜回滋事，想执事智珠在握，必已妥筹及此矣。仍望将遣散竣事情形飞函见告为盼。

106．致秀昆函

光绪二十六年十一月二十四日

顷恭奉谕旨，以麾下防堵出力，仰蒙赏给副将。钦此。为之喜不可言。从此帝心简在，建功立业，自不难直上青云也。贺贺。第受恩既重，报称益难，转为麾下兢惕耳。

兹有应商之件，开列如左，望查照办理，见复是荷。除另牍恭录外，祗贺大喜。

一功牌五十张，无论团练、汛兵，务须查明尤为出力者，方准发给，以资鼓励。缘功牌乃名器，不可轻易假人，须使得者不惭，不得者不怨，则庶几矣。现在共发出若干张，务将年贯团名，及如何出力，一一声叙明白，以便造册咨部。尚存若干张，务封固缴辕，如后有出力者，再行备文请领，以昭慎重。

一前发白面一万斤，务望赶紧分给出力之民团，以资糊口。总须细加访察，勿使有功者啼饥，无功者中饱，赏罚分明，以后人人感奋矣。

一民团保卫身家，稍有识见者，必同舟共济，胜于兵丁。况山西库款空虚，实无钱养勇，和局一定，势必至去弱留强。以后边防，全藉民团，急应加意联络，极力抚循，使兵民一心，扼要防御，方能得力。

一标兵、练勇、民团既隶部下，均应视同一律，勿分畛域。风闻吴外委智勇俱优，亦应格外奖励，给予功牌。

一练军、标兵分扎处所，务要周履巡查，哨弁兵丁须严加约束，照常扼守，断不可因敌人稍松，遽尔疏懈。尤不准扰害乡民。倘有不遵营规者，查出重办。

一侦探之人，须挑选诚实不欺、熟悉地里者，四处探访，一有警报，赶紧飞告左右各关隘，加意防维。出力者随时赏赉，懒惰妄报者立即革除。

107．复赵尔丰函

光绪二十六年十一月二十四日

月之廿四日，递到廿一日所发双鳞，敬承种种，具征思深虑远，佩服莫名。续到之卫慎堂马步二千余人，当即商诸马景山军门，言派马丽生兄迅速前往料理矣。其靳名声之四百余人，既情殷报效，未便听其流离，且该溃勇等所持均属快枪，若水尽山穷，难免不挺而走险，自系一定不移之理。无如晋省库藏如洗，加以荒年，急应设法赈济，愧无杨孙点金之术，空画监门流民之图，五夜思维，万分焦灼。承示晋省军械苦窳，兵勇疲癃，弟亦早有所闻。当此无可如何之时，权作割肉医疮之举，此弟万不得已之苦衷，亮为我兄所原宥也。务望麾下不动声色，将所部各营旗，咬定牙根，严加淘汰，革除我军之孱弱，选补彼卒之精强。其中老弱思归者亦必不少，届时留其军械，酌与川资，默运潜移，消患无形，晋之幸繄大局之福也。不胜翘跂拜祷之至。

108．复杨鸿礼函

光绪二十六年十一月二十六日

月之廿四日，递到廿二日正副两函并清折乙扣，敬承种种，具征思深虑远，筹画精详，感佩！感佩！振远军业经弟据实陈奏，奉旨准行，饬傅相派员往查，点名发饷。奈傅相不遵何，晋又无力奏留，只好任其云散耳。本拟假彼四竿，暂行接济，今彼军既去，我饷难筹，惟念其固我藩篱，其劳可念，勉赠两竿，以壮行色，想何君亦原谅也。惟此军既去，而敌人添兵辇炮，其心叵测，诚有如我兄所虑者。窃恐乘此机会，豕突而来，不得不速为之防务。祈婉商刘、方、张三公，迅即选派队伍，前往填扎，互相策应，冀免疏虞，是所切祷。弟明知兵分力单，将分谋寡，然当此猰㺄孔棘，无可如何，故求诸公鼎力维持耳。原折附还，望饬交照办是荷。

109．致升允函

顷据灵邱陆令禀称，月之八日，有振远军刘管带带队而来，肆行不法，闻平型大营均有防军改道南下。又苏长庆亦带两营，欲假道该县，以致山僻小村，惊慌不堪。业经面禀台端，饬令上跕地方竭力阻拦等因。查振远一军，业经李傅相札饬遣散，并令其速赴大名府找领欠饷遣费。该统领、管带等应如何约束兵丁，岂可毫无犯律，抢劫乡民。务祈台端飞饬各关卡将弁等，整队严防，免致阑入晋境，扰害我民，至要！至要！并祈函致该军统领等，严加约束将弁勇丁，万勿滋事，自取咎戾，则幸甚矣！

110．复王德昭函

先后两展惠书，读悉种切。承示阜平拳匪被击四散，唐县洋人尚未退去，广昌、阜平敌踪忽往忽来。查阜平究竟如何，虽难逆料，而广昌驻有万军两营，未闻其说，大抵转相告语，多半道路谣传。以故鄙人屡饬各处，必须慎选侦探。尚祈拣派妥人，前往确探，务得实信见告，慎勿吝惜小费。缘总计所禀侦探情形，并无确实事迹，徒钞浮词，殊无谓也。

111．致刘朝阳函

昨复乙缄，谅尘丙鉴。犁邻花县，军隶棠阴，载听循声，莫名钦感！敝省灵邱县与贵治毗连，值此时事孔艰，急应同舟共济，辅车相倚，唇亡齿寒。重以两宫西幸长安，晋乃关中屏蔽，严加防堵，势所必然。又以贵处为晋省东北门户，奉旨派员统兵驻守。闻武卫军无犯律，骚扰闾阎，弟业经设法调开，饬晋威军前往填扎，不审稍愈于前否？倘有扰害于民，务望示知，弟必尽法惩治也。

正拟和局定后，凡驻军处所各牧令均属有功边防，自当恭疏陈奏。不图刻接月之初五日升方伯来禀，洋兵忽由五虎岭而至，欲到广昌，嘱请晋军退扎晋境，免开兵端云云。查和局既定，均应撤兵。况泰西各国素著信义，岂可定约之后，又复进兵？公法俱存，能不令人窃笑！且我军系奉旨驻防，不敢擅离汛地，而贵部亿万生灵，亦不免又受惊恐。务祈阁下婉劝洋人，共保和局，而救生灵，不必急切惠临也。不胜拜托之至！

112．复升允函
光绪二十六年十二月初八日

昨复一函，度邀青及。今接来示，以系德国兵百余，止到广昌边界，并不远犯，已由广昌令馈以银两等语。究竟系何国兵，其带兵官何人，尚祈派人确探。顷奉电旨，已另备公牍行知台端，即祈查照办理。如须照会该国兵官，即由尊处就近照会可也。惟广昌所驻陕军、晋威各营，已退至四十余里之艾河地方，不知确否？切嘱稳慎扎守，万不可再退一步。如有违者，请即以军法从事，并转致荣斋镇军为要！仍将如何情形飞速见告为盼！

113．致杨鸿礼函
光绪二十六年十二月初九日

顷据广昌防军及升方伯处禀牍，德兵七八千名，带领教匪二三百名，突于十二月初四窜至广昌属之五回岭（即五虎岭），欲到广昌。因升、万二军屹然不动，并出队前迎，是以退回该岭，并有在岭险要处所安放大炮六尊之说。居心叵测，已可概见！踞获鹿之法兵亦不时到处分犯，赖我军防御谨严，未能阑入。查广昌毗连晋疆，如敌人到彼，北可犯蔚州，西可犯广灵、灵邱，倘险要一失，无可扼堵。现下和局大纲已定，而细款尚待磋磨。今敌人忽然到处进兵，而两宫驻跸长安，晋为关中藩篱，不可不严加防范，冀免疏虞。务祈执下速即札调雄部迅赴广灵，周历各隘，相度形势，扼要驻防，并随时侦探，示知为盼！

114. 复升允函
光绪二十六年十二月十一日

十一日早，曹县丞来省，奉初三日惠缄，并面谈一切，敬悉苦衷。深识阁下以忠爱之挚，竭扞御之诚，手无斧柯，动形掣肘，然事关大局，不得不委曲求全。岑帅之或失于偏，或邻于刻，当亦盛气所致，未能审慎权衡。我辈欲报君父之深恩，勉时艰于宏济，则不特阁下所谓"非意气用事"，即武侯言"成败利钝非所逆睹"，亦且有不暇计及也。阁下欲乞闲养疴，荐贤自代，当此国家多故，边患正深，而悆然遽为引退之谋，于贤者自为计则得矣，其如时局何？如众望何？弟非不谅阁下隐衷而强为此劝驾也，但以和议已有定局，志士务竟全功。阁下坐镇将及半年，隐然为北边长城之寄。此时欲行告退，微独九重未必俞允，即揆之当日勤王入卫之本心，亦岂甘有始无终也哉！恋恋之言，尚祈垂察！严观察相助为理，阁下能勉肩此任，自必不肯南旋。万军门凤与阁下和衷，亦惟彼此相与有成，而必不肯涉喧宾夺主之形迹。总之，愿阁下以国事为重，以边防为先，念同舟共济之难，体相忍为国之义，则弟之卷卷挽留者，执事当不以为不入耳之谈来相劝勉也。

再，正封信间，连奉初八、九日两次惠函，悉洋兵已退情形，我军仍宜加意严防，设法扼守。更祈选派有胆有识之人，妥密远探，务得实在踪迹，究系为何而来，为何而返，确探明白，飞速示知是盼！塞垣寒重，伏祈加意珍摄！

再启者:

　　广昌所驻振远军两营,前赖贵部阻拦,未入晋境,然其沿边久驻,无饷可支,终必饥哗,为地方害。因思昨准李傅相来咨,该军本在裁汰之列,岂该营官尚未奉文,逗留不去?查原扎井陉之该军分统何令厚吾、望游击云亭所部四营,均已遵照开赴大名,就饷遣撤。如驻广两营仿照办理,较之坐困,不犹愈乎?尚祈执事迅以此意告之。该营官倘愿率队驰去,不妨由晋量助川资,数约如千,并乞卓度。弟为遣溃军以弭边患起见,亮尊意亦必云然也。附此奉商。

115. 致升允函

光绪二十六年十二月十二日

　　顷据陆令文治禀称:月之初八日,探得云盘洞拳匪刘俊得等既散复聚,贼心未除,时久不图,终恐滋蔓等因。据此,查此匪既然投诚,何复纠聚多人复回兹洞?殊属可恶!尤恐洋人将来借口击拳,又生枝节。务祈遴派妥员,前往广昌,会同该县令派人确查该匪等究有若干,及应如何办理之处,并盼详示,以便转咨傅相。一面我军会同该县迅速剿办,以免后患。

　　闻振远二营奉文遣散,去一大害,快极!如有逗留落后滋扰,即请饬各营照游勇例就地正法,以示儆戒而安民生。不妨先将此意示谕,该勇畏法远去,则善之善者也。是为至要!

116. 复刘光才函

光绪二十六年十二月十三日

　　十二奉初十惠书,并接张镇德朝来禀,阅悉一切。除将张镇禀批另备公牍咨达台端外,弟非怯也,只以大局所关,屡奉朝旨及庆邸、傅相来电,现正议和,万勿别生枝节,故鄙人电复电奏，均以仍饬各军稳慎扼守，勿与相争为言。是此时认定地段，勿复远涉，彼自无从借口。如其开炮挑衅，度其不至中我，仍惟坚忍固守为宜，况彼止二三百人，何敢冒险深入？张镇勇气可取，而轻率不可不防。执事老于军谋，自能仰体朝廷不得已之苦衷，相与镇静处之，以待和局之定，大局幸甚！鄙人幸甚！尚祈熟筹审处，严约各将，悉遵指挥，勿稍逾越，是为至祷！

117．复杨鸿礼函

光绪二十六年十二月十四日

得初八日惠缄，藉悉种是。收抚溃勇，赖麾下与丽生军门不动声色，处置合宜，实深欣慰。靳姓所为不法，若留在部内，自必格外操心。今经丽生军门带往随营，则其余勇丁可徐为归并安插，自无意外之虑，以梗指执。若办有头绪，即乞随时示知。

再，现据探报，洋兵至广昌之浮图峪游弋数日，已全数退回矣。

118．复赵尔丰函

光绪二十六年十二月十四日

月之十二日，由书年电达并排递一函，谅均尘览。十四日奉到十一日正副两笺，敬悉种种。当此防务吃紧，刘、张二公同抱采薪，至深悬系。幸台驾亲莅井陉，调度指挥，私心稍慰！总宜严加防守，使勿度越，以不战而屈人之兵最为上策。缘和局将定，万莫轻开兵端，上贻两宫忧悸也。承示电致庆邸、傅相，先占脚步，诚为善策，似不如请严大令函致获鹿谢大令婉告法酋，较为直截。

阵亡勇丁，弟已批饬恤赏矣。至拿获奸细出力勇丁，并求酌赏，以资鼓励。其赏给忠毅军皮衣不敷遍给，弟的非吝啬，因买来者原不足用，除酌予他军外，所剩者尽数送与该军。刻下虽欲采买，而噬脐莫及，只好照价折给银一千两，交华轩酌量搭散，以免向隅。并其垫办修工经费酌付千金，同交忠毅军领饷员弁带回归垫，祈致之是荷！日内二公清恙霍然否？

119．致刘光才函
光绪二十六年十二月十四日

昨复一函，亮邀丙照。续接季和兄来信，得悉璧体违和，紫芙亦抱采薪，至深驰系。刻维吉人天相，早占勿药矣。昨得季和来电，言敌兵已退，虏去勇丁一并放回。岂和局已定耶，抑奉到庆邸、傅相照会，该酋令其退兵乎？弟正以彼族性情坚韧，日前深入晋边，被我军击退，必不甘心，辇炮添兵，定报东门之役，忽接电报，彼竟退兵，喜惧交加，不能自己！总之，敌兵退亦不远，两宫尚未回銮，无论有无诡谋，则边防不容稍懈。质之高明，以为然否？

120．复李桂林函
光绪二十六年十二月十四日

奉初七、八、九日惠缄，备悉一是。敌人在宣化、阜平游弋，既无侵犯边界情势，则惟申警我军实，慎固我封圻，彼此相安，保全大局。

现时要务，自以筹赈为先，宁滥无遗一言，原不过推广皇仁，使饥民均沾闿泽，亦犹刑书与其杀不辜宁失不经之意。当时者须识此意，不得谓必应如此办理也。此中要著，惟在严户口之浮冒，杜吏役之侵渔，极贫、次贫量为区别，而灾区之轻重，与赈款之分摊，得阁下与印委各员体察情形，妥筹布置，无一夫不获其所，即足以拯生民于沟壑，而藉觇仁人君子之尽心。政不必虑两属有轩轾之分，致款项之或疑畸轻畸重也。所论大、怀、山、应各属情形，及一应擘画区处，均极周详审慎，无滥无遗。

屠水部致盛京卿募赈书，已加封转寄矣。

收抚溃勇一事，昨得马丽生军门初八日来函，知已安插妥帖。此次不致滋事生患者，颇得卫游击解散钤束之力。弟已致书丽生军门略加奖藉，以慰其心。靳姓所带二百余人，已归杨军门，亦必有一番整顿。顷接其初八日信，亦言靳姓所为多不法，已商归马军门带去，随营所留勇丁，徐图归并。阁下议论，深有见地。马、杨二公，亦断不至卤莽从事也。

陕军饷需掣肘，饥溃堪虞，升方伯亦屡以为言。奈晋库过于空虚，实在无法筹垫。若谓和议将定，可以代筹一月之饷，令其遣撤归秦，坐消隐患，则此军系奉特旨控扼燕、晋两省边防，遣撤之权，不特弟不能操，即陕抚恐亦难参末议。缘和局虽有成说，未必能尽去藩篱，筹及万全，当俟廷议，岂为虑灰任事者之心，而一切隐忍迁就哉！顺笔觊陈，不尽缕缕。

121. 复升允函
光绪二十六年十二月十七日

月之十七日递到十四日惠书，并致高方伯信稿一纸，敬悉种切。此令任性妄为，声名狼藉，弟早有所闻。惟以我军驻防彼都，若势成冰炭，必至如裹絮棘行，动辄窒碍。又以隔省不便越俎奏参，如阁下所论者。且直隶自保定陆沉，不惟上游无人，即候补人员，亦必四处窜匿，到处隔阂，更替亦恐无员，凡百为难。是以弟极力笼络该令，一禀与函，大加奖藉，冀其天良发现，免掣我肘。况人而不仁，疾之已甚，乱也。当此敌兵孔迩，倘一击不中，该令必倒行逆施，勾结外人，悍然不顾，岂不因去一疮转发大患乎！今该令既与我军遇事龃龉，阁下已函高方伯，有无复函，念甚。云盘洞匪，几成欲罢不能之势。我兄责承龚管带设法诱擒匪首，余皆不问，最为上策，即饬善办可耳。至贵部遣散三营，一切遣费，弟已电奏岑云帅，亦慨允归陕拨选。李洪太已至祁县，辜、谭两营先后到省，弟委营务处、首府督同曹鑫办理各事宜，数日内即可一律遣清。复加给营哨官薪水，令其随同委员前往蒲州、泽州二府散给恩饷，经予护照，分起遣散，可纾绮念！其应给欠饷、月饷，均由省垣筹备银两，斟酌办理矣。

122. 复赵尔丰函
光绪二十六年十二月十九日

月之十七日，递到十五日惠缄，并探电一纸，敬悉种种。我哥餐风冒雪，备历艰辛，授将士战守之机，挫彼族披猖之气，回环细绎，钦佩良深！晋东一带，自入冬后频闻防务戒严。我哥征辕莅止，两月于兹，卒使边圉无惊，外人折服。指踪悉当，确有明征，引领东瞻，未始不嘉念诸军镇懾之劳，深幸长城有恃而弥服运筹之略也。奸细二名放回，尤见远识宏谟。古名将于邻境操纵机宜，皆以审所因应为主。我哥者此番举止颇得古人遗意，彼族虽称狡谲，而驭之以理，备之以严，亦所谓以忠信可行蛮貊也。辰下无论退兵与否，防守之要，洵仍未宜少疏。我哥成竹在胸，晋边其有豸已。快枪军火一层，已饬军装局赶紧核发。寿阳所存土药，亦由局札知就近拨解矣。东路驿站一疲至此，屡经严饬，竟置罔闻，自非略予儆戒不可，容即查明示惩。

杜至德系何国兵官？尚希探示。

123. 致灵椿①函
光绪二十六年十二月

计别卿辉，屡更岁琯。只以倥偬戎马，梗塞征鸿，幽雪燕云，徒劳梦毅，想台端亦同此惓惓也。近维勋业宣昭，苫劳楙著，北门锁钥，西鄙钦迟。弟承乏晋疆，适逢师旅，愧难报称，

---

① 灵椿，字寿芝。时任口北道道台。

祗惕渊冰。兹有干者，自拳匪肇衅，群夷内犯，升吉甫方伯龚命防堵，驻扎广昌。后以兵单，敝省复派晋威新军五营前往声援。时武卫中军后路数营亦在彼驻防。佥谓广昌刘令任性妄为，遇事龉龂，荒唐形状，实不忍言。弟因系邻封，屡劝吉甫兄及各将领等加意联络，务须水乳交融，方与防务有裨。弟复一再致书该令，勉励奖藉，共济时艰，断不可稍有町畦，令人谈笑。今吉甫以该令万分荒谬，竟欲勾引外人。查晋为秦之藩篱，广又晋之门户，万一沦陷，其祸曷可胜言！不得已，伊径函致高方伯迅赐委查，另委贤员。弟本拟隐忍不言，今成欲罢不能之势，用特函恳台端，如有分道能员，望即札委往替，晋之幸即大局之福也。若有为难之处，即请秘而不宣，免生枝节。以后总祈格外关垂也。不胜跂祷之至！

124. 复赵尔丰函
光绪二十六年十二月二十日

月之二十日奉十八日惠书，敬承一切。自洋兵战败之后，该处绅民恨之入骨，故造谣言使之惊恐，以博一笑。三人市虎，弄假成真，既无益于毫毛，恐有损于细款，诚有如我哥所虑者。拟函转告，令释疑团，洵为目下第一要著。材大心细，钦佩至不可言！某巡检既不可用，即来省垣，弟定婉词以谢。知人则哲，惟帝难之，千古有同慨耳！想吴、张二君与此人既未共事，且无交情，断难知其底蕴，不过养田在日，极力游扬，故道人善耳！东方防务不容稍松，相机因应，全仗台端。惟祈遇事与刘华兄熟商妥筹，斟酌办理是荷！

125. 复刘朝阳函
光绪二十六年十二月二十日

顷接复函，如闻笑语，具征刚柔互用，化险为夷，亿万生灵，同蒙普渡，佩服至不可言！承示云盘洞匪散而复聚，时久不除，诚恐外人借口，攘臂复来，节外生枝，乃意中事。弟已虑及于此，日前已切实函致升方伯选派妥将，设法诱擒，以免后患。无须小题大做，使该匪有所提防，负嵎自固，搜捕为难。务祈台端鼎力赞襄，速除此匪，万勿株连，则幸甚矣！

126．复陆叙钊函

光绪二十六年十二月二十一日

月之廿一日，接十九日惠函及抄稿一纸，具悉种种。前闻振远两营业经开行，何以尚在广昌一带与洋人几开兵端，殊不可解！既洋帅误以振远为武威，须更正明白，释其疑团。请阁下拟一复稿，设法投递；并望迅派妥人潜往广昌，查看振远两营现驻何处，曾否骚扰居民。一面禀商升方伯转致万统领，严约我军，谨守边界，不可再与洋人开衅。至振远两营迟迟不行，久必饷绝生变，须求升方伯酌给该军川资，令其速赴大名就饷，以免后患。所费若干，即由弟处饬司发还也。至奖励马队统领一层，容通函即照办也。

127．复万本华函

光绪二十六年十二月二十一日

月之二十日戌刻，递到十九日卯刻惠书具悉。接得东面探报，眼见洋兵马队百余名，步队不知其数，到处游弋，住宿浮图峪东十里之铜橡地方。左右两营相隔弯远，若不策应，恐有疏虞。拟下拟亲率中营驰往前敌，与吉甫兄商酌办理。甚是，甚是，佩服！无如查刻下和局大纲已定，而细款尚待磋磨，彼族似不致再开兵端。然谲诈异常，好动恶静，听信教匪，到处搜击溃勇拳民，藉以抢掠，乃意中事。且振远两营久在该处盘桓，无粮无饷，终必生变，为害生灵。且洋人闻知，必思剿击，震惊边防。再三筹画，焦虑殊深！务祈拗下商之吉甫兄，饬谕各军坚韧严防，纵彼族前来，可请该处地方官设法阻拦。当此和局将定，理宜各守各界，不可再行进兵。想彼族百数十人，亦断不敢深入其阻，冒险出奇。惟振远两营为目前之患，须派员告其管带，大名府现有存饷，其统领何君业经统兵前往，其两营亦当迅速前往大名就饷，不可逗留。如缺少川资，需用若干，即请台端商诸吉兄挪款办理，了此隐患。将来共用银若干，请其开报，由弟处饬司拨还，决不致令其为难也。切切！此托。

128. 致马玉崑函

光绪二十六年十二月

敬启者：

叠据朔州、崞县以驻境溃勇日需供应，无力垫办，恳请发款等因。查北来芦台武卫前军溃勇，本系奏明由尊处派员押赴直境遣散，资由晋给。今若日久逗留，不但地方难以供应，抑且与原奏不符。还祈老哥迅饬原派之员及早妥为办理，以免窒碍，是所至幸！

129. 复赵尔丰函

光绪二十六年十二月二十三日

昨奉两函，当即作复，计今次第尘览矣。廿三日递到廿日午刻所发惠笺，并刘、严二函，敬悉种种。刻下和局既定，自当恪遵谕旨，化干戈为玉帛，断不可再开兵端。务祈阁下转致前敌各将官，一体钦遵，务要约束兵勇，谨守边防，照常训练，不可结党成群，擅离防所；倘有私自远游，或得罪客军者，除将滋事勇丁重办外，该营哨各官亦定惩以应得之罪。惟两宫尚未回銮，则边防不容稍懈。想洋官素讲信义，亦必约束其兵丁、教民，不致无故犯我关卡。至内地坏民最多，专好捏造谣言，并望阁下函托严大令，将鄙意转达获鹿谢明府，婉告洋兵官安稳无疑，共保和局，伊兵不西进，我兵断不东攻，不可听信坏人之言疑惧也。

130. 复升允函

光绪二十六年十二月二十三日

叠奉华缄，备悉种切。即维宣劳保塞，勿药占祥为颂！承示代请开缺一节，详绎来缄，情词肫挚已极，何忍过为拘执，仍事挽留，惟筹思至于再三，实有难为上达者。

现值时局艰危万分，即如弟之忝绾疆符，每深愧材轻任重，恒拟上章解绥，冀免陨越之讥。无如款局虽已有成，防务究未大定，若竟遽谢挚维，毅然引疾，深惧以避事之嫌，见非清议，致身之谊，或庆古经，夙夜徬徨，罔知攸措。执事又曾钦奉特旨，驻守晋边，锁钥北门，任寄实重，如议更代，仍非奏请特派不可。晋防尚未解严，尤难冒昧从事。弟前此不惮烦渎，殷殷勉留者，正所谓爱人以德之意也。执事素怀忠爱，必能洞达行藏。剿清恙虽未就痊，有营务处严观察襄理一切，分统周玉堂兄亦能晓畅戎机，控驭得宜，万镇军相距较近，所有洋防边务，且可商同布置，相机因应，祭征房雅歌投壶，羊叔子轻裘缓带，执事但雍容坐镇，边方受福即匪浅矣。至陕军饷项，明春如有应须通融之处，尚乞酌数示悉，以凭饬司力为预筹垫办。朔风凛冽逾常，诸祈格外珍摄！

再，正封间，又奉二十日手示，藉悉云盘洞先后详细情事。刘俊得既系望都廪生，悔过于前，余众早散，洞内皆其眷口，人且不多，自无再派队兵小题大做之理，应如执事办法，仍以抚局了之，并令迅速出山，庶免又生波折。

至于某之居心行事，种种谬妄情形，弟亦早深知，奚待再访，徒以严疆密迩，诡计难防，小人行险侥幸之机辟，决非君子所能测度。矧值漫无考察，权属诸人，故不能隐忍牢笼，待局定而除之务尽耳。密陈衷曲，幸乞心藏，万弗稍露端倪，或为他人道也。

振远分统苏长庆与望云亭均经傅相劾参，奉旨革职。王快镇所驻之队，是否溃散无存？抑或陆续归来，又复逗留不去？届计尊处探卒回营，早得确音，若再不力筹遣之，恐将来终为我患。务宜妥速办理，不妨酌予川资，一面严谕各营，勿任其一骑一人入晋，尤为切祷！各函附还。

131. 复杨鸿礼函
光绪二十六年十二月二十四日

奉二十日惠缄，祗悉种切。处置溃勇，深合机宜。麾下所留一起，先遣七十余人，迅速筹谋，且使桀骜远去，尤非浅识者能见及此。所给川资，共需多少，请即照数开报，以便拨款归还。其余二百人，可俟明正察看情形，凡各练军之疲弱有当裁汰者，即以此中精强奉法者补之，既可敛其涣散无归，又可省我另行招募，洵属一举而两得也。惟现需口粮，不能不就地筹办，将来应准各案作正核实开销。

洋兵来至岔道地方，其意何居，未能臆料。当兹和局既有定议，我军只宜严密巡防，不可少著痕迹，致滋口实，是为至要！

132. 致各统领函
光绪二十六年十二月二十四日

径启者：

敌人辇炮运雷，忽来忽去，其心叵测，焉知非乘机深入，批亢捣虚，亟应严加防范，以逸待劳。除夕、元旦、元宵，更宜留心，以免疏忽。即祈台端严饬各营哨弁勇丁等，一体周密防守，慎益加慎。况和局指日大定，彼族将退未退之际，肆虐逞贪，千金一刻，边防尤不敢稍形松懈也。

133．致万本华函
光绪二十六年十二月二十四日

径启者：

　　洋人忽去忽来，其心叵测，应即以逸待劳，严加防范。除夕、元旦，更当留心。即祈麾下督率中营在广昌、艾河险要之区坐镇调度，以免往返奔驰，备劳驺从。且广昌距大营镇三百余里，山路崎岖，甚不易行，万一前敌吃紧，则鞭长莫及，恐误事机。麾下即暂行移驻广昌、艾河等处，俟洋兵全退后，再行凯旋可也。卓见以为何如？

134．致杨鸿礼函
光绪二十六年十二月二十五日

　　刻接升吉甫、万荣斋等来函，月之廿一日下午，突有洋兵马步二百余人至浮图峪，并有到广昌、蔚州之说。查和局指日大定，而彼族辇炮运雷，到处游弋，其心叵测，不得不严为之防。即祈挚下仍照前议，速派队伍，驰赴广灵一带，择要驻防，以免窜入晋疆，是为至要。

135．致吴廷斌①函
光绪二十六年十二月二十五日

径启者：

　　昨接来文，以灾广赈繁，款难接济，拟于年内应解三成甘饷内截留银一万两，俾资赈用等因。弟当以司库应解前项饷银甫经奏免，未便一再渎告，批局移知冰案。因思此等之事，不妨由外

---

① 吴廷斌，字赞臣。时任河东道道台。

自行通融。查原定章程，解足则请奖叙，不足则应议处。似通年少解八万两亦在八成以上，并无大碍，不过不得保案。而留此饷银，藉资周转，未始于赈务无裨，想执事亦乐为也。如果明岁转歉为丰，丁赋照常征足，或捐务踊跃，再行拨还批解。计期一年之久，自可从容料理耳！

136. 复升允函
光绪二十六年十二月二十五日

顷奉惠书，具悉洋兵二百余名，于月之廿一日下午突至浮图峪，有到广昌看我过年之语。查和局指日大定，而彼族犹复到处游弋，殊不可解。业经电达庆邸、傅相照会德法公使，令其速饬撤兵矣。驻广各营，似应稳慎防守，以理阻拦。如彼坚不肯听，必欲到广，我惟有约束勇丁，严阵以待，不必与之开衅。彼区区二百余人，谅亦不敢长驱直入，腹背受敌。若遽行西退，则险要既失，扼守颇难，且被人窥破黔驴技穷，势必得步进步，后患靡涯。如各营业经退守艾河，务祈二公严饬各管带等设法据险苦守，倘以后再有西退者，定以军法从事。若广昌各营屹然未动，即照鄙议办理，是为至要！弟屡次拊循广昌刘令者，盖有深意存乎其间，并非不知其声名也。噫！

137. 复方友升函
光绪二十六年十二月二十七日

奉廿三日惠缄，并扎营舆图，祗悉一是。敌情叵测，东、北两路时加窥伺，以冀逞其凶锋。麾下布置分防，添修壕沟，实为守险要著。目下和局定而未定，固不可轻启兵端，惟加意严防，庶几有备无患。德兵亦在宣化相近岔道一带往来游弋，蓄意不善可知。惟望麾下与诸统帅戮力同心，倚重长城，固我边圉，匪特晋省之幸，抑亦全局所关。贵部饷需既经由司拨领，马腾士饱，将卒防守，尤可饬其尽心。敌情倘续有所闻，尚乞随时示知为盼！

138．致赵尔丰函

光绪二十六年十二月二十七日

顷接陕电，抄呈省览。似此举动，和议究恐难成。务祈台驾面见刘、方、张诸公，密饬各营营官哨弁等一体严加防维，不可稍涉大意，又不可遽开兵端。尤望面致华兄等，以后如赴各关卡查看形势，务须装作兵勇模样，不可标新立异，使人望而知为将领，以防意外。此系慎重之意，千万千万！

139．致升允等函

光绪二十六年十二月二十七日

昨匆复一缄，计邀丙鉴。顷得陕电，抄呈英览。似此举动，和议纵成，后患靡已。然当此将成未成之际，既不可衅端自我而开，又不可望风而退，失陷险关。此中因应机宜，全赖二公公忠体国，坚忍支持，严饬各营官弁勇丁等扼要严防，昼夜勿懈。年前浮文一概免除，想二公亦以为然。

140．致刘光才函

光绪二十六年十二月二十七日

月之廿六日，奉廿四日所发复笺，辱承谦注，就审壁躯痊愈，欣慰无如！紫葑恙亦小瘳，并深欢忭！敌人增兵窥伺，辇炮运雷，包藏祸心，显然可见，麾下饬除年节浮文，不分昼夜严守，洵属识深虑远，钦佩无量！

弟尤有干者，无虑和局成与不成，则后患弥大，全仗麾下与季和四哥及紫葑诸公同舟共济，力持艰局。务祈凡百珍卫，"子之所慎：齐，战，疾"，乞麾下三复焉！

141. 复杨鸿礼函

光绪二十六年十二月二十七日

　　昨廿六日接奉惠缄，藉悉敌兵又添步队四百余名，均在岔道驻扎，且有抢劫行人牲畜情事。据说欲查勘各处地理，其蓄意不善可知。和议虽传闻将成，顷得刘华轩军门函，法人仍在获鹿一带，率领教民，往来挑衅。北路德人又复随时增置。我兵此时固不可轻开衅端，而防范要须倍加严密。除夕、元旦等日尤为吃紧，恐彼族狡诈，乘此时不备，肆其凶锋也。既经麾下函知李统领预为布置，若有变动，即望督队飞往天镇，扼要堵御，以固边疆。东路各军，弟已函致华轩军门及方汉卿总戎等一律加意防守。敌人如续有动静，并乞迅速示知为盼！

142. 复赵尔丰函

光绪二十六年十二月二十八日

　　前接惠函，均立即肃复，何尚未递到耶？廿七日曾飞递一缄，附去西安电音一纸，计日内即可尘览。

　　今晨奉到月之廿五日手书，并薛绅禀函，严、戴信稿及执事答严大令之件，词严义正，曲折详明，其忠愤之忱，豪迈之气，尤足以慑夷氛而寒奸胆，钦佩至不可言！敌人所以恫喝阃茸、令我退兵者，不过因和局变幻，欲得地利，万一兵端复开，则我军无险可守，故下此先着之棋，那知早被高明窥破乎！至遣散溃勇，祁副将昨来禀函，原议由乐平一路分拨而行。敌人疑惧，何妨请严令函致获鹿谢君，刻因和局将成，故将新来溃勇遣散，非添兵也。渠不妨派人探询耳。余详。廿七日之函不赘。

143．复万本华函

光绪二十六年十二月二十八日

昨寄芜函，并附去电报一纸，计邀荃照。顷接月之廿四日惠函，具悉德兵马步数十名，业于月之廿二日赴易州而去。彼族诡谲异常，往来无定，诚有如拗下所虑者。严饬所部，加意探防，以免疏虞，尤见思深谋远，佩服殊深！刻值和局变更，彼族思犯，尚祈台端驻节艾河一带，就近指麾各营，相机因应。容俟元宵后，看和局如何，再定凯旋，不必遽回原防也。

吉甫兄贵恙霍然否？念念！

每有自广昌来者，佥称拗下纪律严明，即广昌刘令亦言贵部极有规矩，并不扰害闾阎，闻之至为欣感！

144．复刘朝阳函

光绪二十六年十二月二十八日

昨布芜函，度邀荃照。顷披惠翰，并禀稿一纸，具审循声卓著，实至名归，信及远人，尤深钦佩！弟前闻敌兵又至，故函托台端设法拦阻，以免进犯，惊我黎民。果然未逾边墙，改道而去，真可谓不战而屈人之兵矣。莫名忭慰！至上傅相禀牍，尤具长吏贤明，顾全大局，更为感泐。以后遇事务望竭力维持。至赳赳武夫，倘有冒犯之处，惟祈大度处之，不必介介于怀也。

145．致马金叙函

光绪二十六年十二月二十九日

遥企英晖，时殷葵向。即维豹韬树绩，雁塞宣劳为颂！此次北路收遣溃勇，仰仗大力，俾得帖然过境，无犯秋毫。边方蒙福，殊匪浅鲜！方事之始，弟深虑各军以饥溃之众，值风雪交迫之会，诚难必其就我约束，静谧无哗。及详为探防，乃知执事相机操纵，条理井然，先有以安其心，继复有以分其势，遂听之下，窃服策画之精，而深幸长城之有恃也。嗣后戎机边要，烦指踪者正复良多，北望滹川，无任延企！

146．复万本华函
光绪二十六年十二月三十日

小除夕接月之廿六日子时所发手书，具悉一切。彼族既去复来，以剿办拳匪为名，包藏祸心，显然可见！扨下驻扎彼都，督饬各营相机因应，按口设卡，以理阻拦，最为得体。弟已函嘱该县令设法阻拦矣。当此时势维艰，不得不从权办理。并电致驻京委员即速转陈当道，照会德法公使，迅饬撤兵，共维和局。务祈扨下与升吉甫兄熟商妥筹，谆谕各营，坚忍维持，则幸甚矣！

147．复赵尔丰函
光绪二十七年正月初一日

元旦奉小除惠笺，凡十一页，页八行，敬承种种。药方一纸，亦附到，感感！各营犒赏，所办甚好，晋威副前旗已由盂县赏赐矣。副右营快枪已解往，其枪子劲军所存尚多，祈饬该军就近酌给若干可也。公费银两，弟已告薇垣赶紧措发，以济尊需。查获教民既非奸细，岂可嗜杀！我哥之论极是。即望速致云斋兄斟酌为之耳！贱恙风证无疑，左眼胞时常跳动，不仅口唇，承赐药方，谢谢！元旦夜。

再密启者：

划界委员，闻系直隶办铁路带洋兵查街道者。其人能通外国语言文字，敌人所最喜欢倚仗者，在保藉势作威，无恶不作。将来划界时，乞留心处之。严竹生处弟亦与函，然断不可作心腹看也，只好羁縻之而已。新正二日。

148．复万本华函

光绪二十七年正月初三日

奉去腊廿八、廿九日两次惠缄，祗悉种切。所云内不负守土之任，外不搆他国之衅，具见度德审时，非卤莽从事者可及。振远两营溃散后，虽苏长庆迟延逗逗，谅亦难纠聚乌合，别滋事端。若能拦阻不令西来，办理尤为周妥。云盘洞拳匪，洋兵既未得志，其复攻与否，虽不能逆料，而我要不得不加意严防。至总要到广一次之传言，或系恫喝虚声，抑或别有诡计，应如何审处布置，惟在麾下相机因应而已。

再，正封函间，接到初一日亥时所发惠书，敬悉种切。洋兵时来时往，其情叵测，复信何如？示知是盼！

149．复升允函

光绪二十七年正月初五日

本日巳刻奉初三日先后惠函，具悉敌忽开衅，荣斋力御情形，为之骇然！今既分扎艾河一带，尚祈严饬各军会同荣斋所部，务须坚守固防，万弗任其长驱，致大局不可收拾。近日前敌究竟若何，彼族共有若干，均系何国，现驻何处，还乞派弁确探飞示，盼切祷切！

邸相处弟已电恳，请致公使迅饬撤兵。一面派队速往平型关防堵，并请马景山军门遴拨劲旅迅往堵御矣。荣斋所部前后两营，亦祈转致即日调赴前敌，后路有弟派去之营，可令填扎。

150．致杨鸿礼函

光绪二十七年正月初五日

顷接升吉甫兄正月初三日来函，言初二日洋人分扑广昌，万军门赍函以理阻拦，置之不答。两军见面，彼先开枪。万军门适当其冲。持之傍晚，广昌城内伏兵窃发，万军门两面受敌，坐营伤亡三百余人，不得已退扎艾河一带，后路空虚，请速派兵接应云云。弟一面电致全权大臣，一面由省拨队两营前赴平型关一带应援。即祈拚下速派雄部驰往广灵扼要防堵为要！

151．致马金叙函

光绪二十七年正月初七日

久耳英姿，莫由把晤，搏髀嗟叹，推毂徒殷。刻下洋人无故开衅，分投西犯，东北边防岌岌可危。顷闻马景帅谈及麾下慨然选派精锐两营，迅往灵邱、长城岭一带扼要防堵，救援敝军，足征义气凌云，同舟共济，感慰交萦！第晋军向来疲弱，此番新败，伤亡颇多，更恐望风披靡，彼族阑入，震惊行在，忧悸万分。务祈麾下饬令遄征，缘雄部兵精，敌人所惮，大旆一到，定可固我边圉也。不胜拜祷之至！

152．复赵尔丰函

光绪二十七年正月

八日巳刻奉初五日亥刻惠函及副笺，敬承一切。广昌初二日失守，鞍子岭初三日陆沉，万军中营阵亡哨官两员，右营阵亡哨官一员，凡阵亡勇丁百数十人，受伤者数十名，中营居多。实因彼族居心西犯，无故开衅。是日敌人分三路直扑广昌，万军闻信列队以待，一再派人持函阻拦，该县刘令亦差人赍函理阻，彼置之不答。两军相见，彼先开枪，万军坚忍不动。持至傍晚，彼以钢炮由沟窜入伏击，城内伏兵亦发，两面受敌，其左右两营被人冲断。荣斋率领亲兵攻出重围，且战且退，退守晋边之腰跕地方。此升方伯与灵邱陆令并侦探委员所禀之大略情形也。

鞍子岭之失，总因疏于防范，洋兵突至，受伤兵民亦复不少。刻下退守长城岭。奈晋中兵力太单，不得已求马帅拨勇四营分赴灵邱、长城岭两处应援，能否得力，不可知也。弟已据实电奏，奉旨严斥。据驻京全权大臣奏，皆我防军有意阻挠和局，实堪痛恨！饬即恪守疆界，严密防守，断不可使人藉口，再行开衅，贻误大局等因。钦此。钦遵。现正复奏，容暇恭录寄往也。

刘、方、张三公处并望告知，慎益加慎。如能托严大令函致获鹿谢明府婉达彼酋，勿听浮言，以维和局，则更幸甚盼甚矣！

153．复俞恒函
光绪二十七年正月初八日

昨得初五日惠缄，藉悉一是。洋兵犯安子岭情形，曾据该守将等禀报。秀副将所带之队伤亡较多，移扎长城，恐难足恃，弟已派营飞往接应。紫荆关之德兵，顷据升藩司来禀，均于初三日退出广昌矣。来书谓繁峙之白坡头、吴王口一路须认真防范。查荣斋军门本有一营分驻于彼。或云白坡头即是吴王口，尚望执事先将地段查清。一面就近函商万军门妥筹布置，并派妥实精细之人，密往龙泉关、鞍子岭等处确探敌人踪迹，及我军在某某处驻扎，勇数多寡，种种情形，切实查明，密速飞示，是所切祷！

154．复陆叙钊函
光绪二十七年正月初八日

叠接惠函，备悉种切。抄寄之刘令等函扎，具悉一一。彼族突然而来，飘然而去，焉知非作批亢捣虚之举，故行舍兹趋彼之谋。缘边各防不容稍懈，诚有如台端所虑者。

升方伯已奉旨撤回，会派郭元臣①协戎接统陕军，办理防务。至刘令行踪洵不可测，然值此夷氛纵横之际，正通权达变之

---

① 郭殿邦，字元臣。时任毅军统领。

时，大局攸关，仍望台端设法牢笼，使为我用，不为我害则得矣。质之执事以为何如？

155．复万本华函
光绪二十七年正月初八日

昨复寸函，谅邀青察。顷接初五日亥刻惠楮，具悉一切。广昌洋兵虽去，难免不再西来，或图他犯。彼族异常谲诈，仍应稳慎防维，左右两营亦宜扼扎勿动。拟下拟先赴白坡头督率策应最为合宜，感佩，感佩！

钢炮省局无存，惟洋装炮尚多，堵御山口亦颇得力。如尊处需用，请即派弁来省具领可已。初七日恭奉电旨，升允著即撤回，所部各营，饬宋、马商派稳干大员前往接统等因。已另商办分行矣！

156．致郭殿邦函
光绪二十七年正月初八日

昨奉电旨，以升允因应未能得宜，饬即撤回，商派稳干之员前往接统等因。弟当即商诸宋、马二帅，惟麾下久经战阵，智勇兼优，堪以接统陕军，独当一面。现已会衔电奏，公举台端膺此重任。忻州未遣溃勇，即请麾下挑选年力精壮、有枪械者，编成三营，赶紧部勒，带赴灵邱，与陕军扼要坚防，一面将到防接统各日期，分别具报。陕军之外，连、祝二营亦归统摄，均已另备公牍行知尊处矣。至陕军之饷，日前委员解去两万，足敷二月之用。兹复饬司筹解万金，以备尊需。

当此敌踪密迩，边防吃紧之时，务祈驾从迅速遄征，不必再行来省。到防接统之后，尤望严加钤束，谆饬各营旗将弁等一体恪遵谕旨，谨守疆界，不得稍有逾越，再滋衅端。且彼族既有我不东来，彼不西犯之语，更宜示之以信。想麾下智深虑远，定能未雨绸缪，无待弟之鳃鳃过虑也。

157．致郭殿邦函
光绪二十七年正月初九日

　　昨以陕军接统，藉重长才，当备公牍专马送上，计达典签。顷接西安总署电称：锡抚台，宋、马提督奉旨：奕劻、李鸿章电称，德使称闻惩祸首已经定案，德兵即不前进，以后不再派兵深入等语。广昌防营既已退守本界，著锡良等严饬各营，择要扼扎，严防固守，随时侦探，以防匪徒造言生事。其新留溃勇三营，著即妥为遣散，以节帑项；或汰弱留强，于各营中分别撤换更补，总期悉成劲旅，款不虚糜。钦此。自应钦遵办理。用特专函飞布，即祈麾下将此项溃勇仍行妥为遣散，如果能于各营中更补缺额，酌留强者若干以备撤换，亦无不可。总须款不虚糜，遵旨办理，方为妥协。知执事智珠在握，必能见及此也。除补行公牍外，先此奉达。

158．复赵尔丰函
光绪二十七年正月

　　叠奉初七、八两日惠书，并寄阅华轩镇军函，具悉种切。此间派赴盂县助防之武卫中军中营，系吴丽泉之侄景琦帮带。丽泉尚在顺德料理该军，前拟将所部各营调省，刻因北防已松，当嘱书年函阻，仍就辽、和一带驻扎矣。

　　欧贝故令教民造言生事，诚如卓见，无非欲使我军退出井陉，自不能不豫为之计。昨已将实情电陈枢府，当再电致庆邸、傅相，请其派员前来划定界限，以免借口，特未知肯照办否也。惟昨因彼族来扑安子岭、广昌，两奉电旨，均令退扎晋境，已恭录，另备公牍转达冰案。此自系专指北防各军而言，然庙堂深恐和局决裂，不得不曲为迁就，已可见矣。且升方伯以因应未尽合

宜，钦奉电旨，饬令撤回，会商宋、马两提督，另拣稳干大员接
统其军。比即钦遵会委郭元臣协戎殿邦往代。郭为毅军宿将，饶
有勇略者也。

　　顷又奉电旨：据全权电，德使称，闻惩祸首已经定案，德兵
即不前进，以后不再派兵深入等因。此间昨日接全权大臣复电，
亦以洋兵前来探路，适遇我军小战。今防军既退守晋境，决不西
犯，可勿疑虑云云。果如所言固善。今阅行华轩札，或亦迫于彼
族之强，不得不俯遂其愿，故作厉词，苦衷可谅。亦惟有仰体朝
廷屈己请和之意，嗣后遇有洋队，但在直境，决不与之交锋；否
则抵牾，其不为廷旨严责者几何。但东防各军数以万余计，设使
退扎晋境，迁营择地，谈何容易！亦岂咄嗟可办？且俟全权复电
到日，能否派员画界，仍在井陉原防，再作区处奉闻。尚祈执事
将以上各情转致华轩镇军，俾悉底蕴，请其严饬在防将士，坚忍
扼守，万勿别肇衅端，大局幸甚！即如前次张镇禀中之大言，则
固不可为外人道者也。君子审几，度高明自能体会，不以畏事见
嗤矣！

159．复万本华函

光绪二十七年正月初十日

　　昨初九接奉惠缄，备悉一是。现在驻扎之横涧村，既系适中
之地，可以兼顾白坡头、平型关二处，呼应自极灵通。升方伯所
部奉有谕旨，将其统领撤退，并命弟与宋、马军门商酌派人接
统，现已派定郭元臣副戎前往莅事。并接准京中全权大臣来电，
敌人此时不至犯我山西。麾下所虑地广兵单，欲将贵部左右两营
抽调回防，以期厚集兵力，俟郭统领到后填扎有营，即照办
可也。

160. 复李桂林函

光绪二十七年正月初十日

　　顷承惠札，种切备聆。时事多艰，需才孔亟，弟每读益阳、湘乡荐贤诸牍，辄叹服其真知灼见之明。兹詹手翰，乃以褒黄之诏，推原举薛之章，雒诵回环，转增愧歉！但盼循猷聿建，嘉绩弥宏，埒歌颂于渔阳，销氛祲于云塞，上有以仰承帝眷，下有以造福斯民，则弟亦与有荣焉。又披副笺，忠愤之忱，溢于言表，尤深企佩！

　　惟昨叠奉电旨，以升藩司因应未能合宜，令即撤回，严饬防营扼守晋境，不准轻启衅端，予人口实。全权电咨，谓晋军既已退扎，洋兵亦不西来等语。已将灵邱所驻陕军遵旨会商宋宫保、马军门拣派久隶毅军之郭副将殿邦接统，并由省城添拨二营，以厚兵力。万军五营，悉扎繁峙，专扼龙泉一路。论目前之布置，似较胜于曩时。第晋师战阵未娴，终不足恃。款议甫将就绪，细目正待磋磨，断不敢率肇衅端，贻忧君父。总之，时局所迫，晋中尤处其难，弛张或偏，刚柔皆病，设法因应，煞费踌躇。执事解人，当亦深明此指也。张游击虎臣一节，业经照复云帅。至于另示赈务，亦行司局酌议矣。

161. 复陆叙钊函

光绪二十七年正月十五日

　　顷接来函并钞稿，具悉一是。弟昨晤新任保定郡伯及保定友人来缄，佥称汪大令明体达用，学问渊深，忠义满腔，一时之隽，私怀仰慕，至不可言。今幸荣篆广昌，为我屏蔽，保全和局，普救生灵，北望边关，诚欢诚忭。务祈阁下遇事婉商办理是荷！

　　惟防军禀报，正月初三，洋兵突扑安子岭，军民罹难者，老幼男女几及千人。晋军退守晋地长城岭，未敢东出一步。弟复恪遵谕旨，照会德帅，晋军全行退守晋疆，共敦信义，以维和局。业于月之十一日由龙泉关外委亲将照会送交德兵官转送保定府。该外委十二日回营销差，不图十一日午刻，又有洋兵二三百名行出长城岭之背，进攻黑岩沟，我防兵复伤亡十余名之多。弟维洋人素讲信义，何此番举动出人意外，是必中国无赖之徒，捏造谣言，怂恿外人，藉兹抢劫。尹望阁下速即函托汪大令，将此情形婉致客军，迅赐撤兵，以免生灵涂炭，晋之幸繄大局之幸也。不胜盼祷之至！

162．复孙多庆函
光绪二十七年正月十五日

今晨奉月之十二日惠笺，敬承前肃芜函，已邀英察，并审麾下以边防吃紧，星夜东征，分饬雄军择要坚守，适逢洋人西犯，大挫凶锋，足见胸有甲兵，军皆劲旅。彼族受此大创，自必胆寒，北望长城，隐然增重，其感激麾下为何如也。承示敌人经此番挫败，恐添兵复来，以报东门之役，不可不整军以待，以防未然，尤见智深勇沈，佩服！佩服！第彼族如不西犯，我军不必进攻，以维和局。想麾下智珠在握，自能圜转自如，无待区区过虑也。

再，顷闻贵军子弹缺少，已饬军装局委员即日解去小口径曼利夏子弹各八千颗，至祈查收示复是荷！

163．复万本华函
光绪二十七年正月十六日

迭奉十二三日惠缄，备悉一是。敌炮甚利，其锋诚不可当。我军守战必求利器，以相还攻。惟钢炮一种，晋省向未购办。此时必欲刻舟求剑，转恐有误要需。现已饬局将洋装炮挑选数尊，解往应用，即云军中不知开放，亦可上紧练习，以为应敌之方。要之事在人为，想麾下自能变通办理也。

164. 致赵尔丰函
光绪二十七年正月十七日

昨将枢廷来电钞寄，并今早又致执事及书兄一电，计均先后上达台览。退军一事，迫以敌人之逼，不能不先自布置。又虑我退之后而彼则愈进不已，直犯晋地，如蹂躏保阳故事，故仍以候邸相回电为词。偏值近日陕境线断，消息迟钝，即令电来，仍须请旨遵行。允其退，以明我军并不与之争，藉息谣诼。一面预寻退步，站著地势，稳著脚跟；一面仍饬各军照前坚忍固守，万不可存一退字于胸，稍形懈怠，是为至要！

至忠毅、劲字叠次御敌各员弁，应照来单所开尤为出力之人及在事勇丁，犒赏银一千两，以鼓其气，明后日即由省解往。应如何分别等差之处，即请华兄酌办，然不可因有此赏，遂致多事邀功也。总之，志气不可衰，而贵养精蓄锐，待时而动，所谓坚则不挫，忍则不偾，神而明之，自得窍要矣。

165. 致郭殿邦函
光绪二十七年正月二十日

再启者：

正封函间，接到长城岭防军飞报，月之十八日午时，长城岭、铜钱沟同时失守，洋人阑入等语。马帅拟明晨亲自督队，至忻州调度御侮。郭四宝一队尽遣固妙，第须七八日方能尽遣，且牵制台端不能遄返，当此强敌入境，大局岌岌可危，不知能将遣散各事宜卸及梁、李二将料理否？子纯，弟已专函奉商矣。果能腾出璧躬，赶紧北行，接统陕军，以免贻误。如二将不能办理此事，只好将郭四宝权且羁縻，带其旧部同行，倘能听我约束，奋勇可嘉，弟与宋、马二帅必专折力保也。一切机宜，悉听麾下斟酌办理。弟商之宋、马二帅，亦以为然，合并陈明。

166. 致孙麟伯函
光绪二十七年正月二十日

再启者：

晋省自去冬以后，各边隄防务日严，弟叠经电恳傅相劝阻洋兵勿复西趋，仰荷鼎力护持，保全大局，俾三晋生灵免罹锋镝，敬仰实深！今正广昌之役，又承我兄派员排解，遂尔暂戢干戈，感激之忱，益难言喻。惟是款局闻将就绪，而外兵窥晋不休，因应之难，倍甚于昔。有不得不仰烦苦虑，终始保全者，敬为详细陈之：

晋边各防军驻所，本皆在洋兵未到以前即已扎扎，缘上年秋间，幾疆官军失利，拳匪、散军所在滋扰，本省又猝遭旱荒，灾民流离塞路，深恐匪徒阑入勾结，为患滋大，不得不驻军防范。及闰秋以后，洋兵渐次西趋，弟即恐晋军猝然相遇，致有争斗，迭饬各防军将领不准轻率生衅，遇有洋兵，必须以礼相接。是以上年十二月井陉防军曾将洋兵探事者二人释放，获鹿洋兵亦将捉我军士二人释回，此则各将领遵奉不敢生事之证。开年以来，广昌、阜平洋兵因探路西来，我军仓猝相遇，互有损伤，各将领亦均相次退驻灵邱、五台边境。聊固吾圉。嗣奉电旨，和议将成，令照会洋员，明定界限，两不相犯等因。弟已钦遵照会广昌、龙泉关统兵洋员，画明界限，勿相逾越，尚未见复。又以晋兵虽驻井陉，原不敢遽尔挑衅，电请傅相密示机宜。旋蒙指授，令皆镇静严守，不可张皇等因。又据井陉县严令转据绅民呈请，照会洋员，画定界限。弟一面严饬防营，遵照傅相电示，力加镇静，一面拟照会洋员，画明界限，并告其防军驻扎，实所以杜匪徒之阑入，而保在晋之教士、教民。此迭饬晋军不准生事、力保和局之情形也。

晋省民气驯良，向无闹教之案。上年拳匪肆扰，几致燎原，未始非任晋事者办理不善。弟闰月履任，查知拳匪毁害教堂、教士各种情状，深用痛恨！迭饬地方文武严拿首要，正法将及百名。教士则死者瘗埋，生者护恤。各属教民察看被扰情节之轻重，优给钱谷。潞安、太原各教士等，或借给银两，或追还女口，无不随时饬属妥办。愿回京、鄂等处者，均派干员长途护送，平安到境。口外抚恤各节，已饬新任归绥道认真办理之。洋教士函称，金幸无扰乱之苦，得以传教乐业为安。至上年所出各教案，亦已切实根究，一俟和局大定，即请派钦差查办。此又保恤教士、教民之情形也。

惟叠据各处探报，外人增兵运械，络绎西来，晋疆危迫已极。弟屡绎邸相赐电，窃计彼未必便有穷兵于我之心，难保非因上年残害过多，教士戚属、教民党类，藉彼兵未撤，怂恿西进，以图报复。晋省本完善之区，且外人隙怨最深，一越鸿沟，恐将惨遭蹂躏。三晋遗子，必致荡然，祸结兵连，大势终归不了。弟筹思再四，焦灼万分。况行跸尚驻西安，三晋稍有震惊，时局何堪设想？因思晋省近依德宇，我兄绥柔夙裕，信义宏孚，惟恳格外关垂，曲加排解，将晋军不敢生事暨诛拳恤教各情，婉达各国兵官，劝勿西趋，以保和局。或派员赴龙泉关等处敌营讲解，或就近询各洋帅进兵之由，是否专为晋案？务希赐复是叩！总之，晋省列城实行跸之外卫，惟恃我兄调护维持为安危绝续。鲁连存赵，烛武退秦，此三晋官民引领东瞻而同深祷祝者也！

167．复汪东渠函
光绪二十七年正月二十一日

再诵另笺，藉悉种切。前晤陈立斋太守，询悉执事器识宏通，才猷卓著，于时局尤多补济，已觉钦佩难名。嗣灵邱陆令函来，各称阁下不分畛域，遇事鼎力维持，益深心感！弟去秋忝膺简命，来抚是邦。履任之初，正值拳氛未靖，首饬文武严拿首要，陆续正法者已过百名。教士、教民认真保护、抚恤，或借给银两，或散放钱谷。数月以来，未尝稍遗余力。今款议已将就绪，而德兵犹虑进攻。弟复钦遵电旨，于正月十一日照会德法统兵大臣，晋军退守边疆，原防溃勇匪徒阑入境内，震惊行在，并无他意，以后共笃邦交，两不相犯，以维和局。邸相来电，亦有德帅绝不西来之语。讵接探报，月之十八日，洋兵忽攻五台县属之长城岭、铜钱沟，我军失利，同时不守等情。闻之殊深骇愕！刻又派员驰赴彼营婉劝不必进兵，尚未知能否听从耳！因忆台端信义夙著，久为德瓦帅所钦佩，还祈速为设法排患释纷，三晋官民不胜跂祷！

168．致吴匡赵尔丰函

光绪二十七年正月二十三日

昨奉书兄来函，读悉种切。全权来电转寄各前途，在防将士当能善于体会。而敌情叵测，万不可一刻稍懈防维。

兹有致巴遥、欧贝照会各一件，祈公阅后迅寄华兄，请其看过封口，派一妥干善言之弁送往，如能索得回文更妙。特未知此一纸书果能化干戈为玉帛否也？

五台县之长城岭、铜钱沟均于十八日不守，晋军弱而且少，外兵不援，奈何。吴丽泉所部马步三营旗已飞札往调矣。知念并及。

再，照会巴遥一件，务祈设法转递保府妥为送交至要。井陉县能申公文至保，此照会或托其设法必不难也。如需专脚，只求妥速，不必吝惜小费。

169. 复马金叙函

光绪二十七年正月二十三日

廿三日奉复缄，祗悉种切。敬审保塞宣勤，以忭以慰！收抚溃勇，事颇重繁。幸承筹策协机，控驭得法，俾均帖然就范，七厫无惊，曷胜感佩！发款各节，犹荷齿及，转益汗颜。长城岭晋军各防营兵力本单，又多怯怯，竟至一蹶不振，愧恨万分！欣诵惠章，知已酌调各营相机策应，尤征力顾大局，共保危疆，三晋官民同深敬感。论晋北防务情形，刻以五台一带最为空虚，距省尤近。设竟深入，晋事将不堪问。执事韬略素优，士皆精练，戎旃所驻，又居中扼要之区，必能使虎视眈眈者有所惮而难逞。惟敌氛甚炽，弟又愧不知兵，端赖雄师长城克恃，则彼难飞越，化险为平，无行在之震惊，免生灵之涂炭，全晋郡邑，咸仰大树以为安危，此则北望雁门而尤深祷祝者也。

170. 致宋庆马玉崑函

光绪二十七年正月

顷承景哥枉顾，聆教为快！惟于军旅之事，毫无阅历，加以晋军寡弱，屡致败退，务祈景哥亲督劲旅，迅赴忻州等处设法堵御；否则敌再深入，则无险可守，势必震惊行在。且原电会奏，景哥自赴忻州，电旨犹嫌距敌尚远，若并忻州而不去，设岑帅来后，据以上闻，弟与景哥诚恐同干严谴。尚祈二公一再筹思，为九重大局计，为三晋生灵计，并为彼此一身计，不胜恳祷之至！

171. 复陆叙钊函

光绪二十七年正月二十五日

顷奉惠缄，备聆种切。承示防堵机宜，筹画缜密，已于二十前后，分别奏请商办矣。现在五台兵事，颇为吃紧，已调万镇军、吴守各营扼扎五台、定襄一带，竭力抵御，能否阻其西趋，尚难预定。刻下晋疆情势急迫，详绎汪君来书，肯为多方设法挽回，殊深心感。直隶高方伯处，谨即另具信函，一并附交阁下，将一切交涉机宜，并托婉为商酌，冀晋事得有转圜。信到日，烦速转交汪君，飞递前途，是为切盼。弟于二十五日接阅电抄开缺，岑中丞调补晋抚，交卸当在中和前后。所云保险一节，揆之目下情形，似不妨从长计议。务祈转达汪君，相机办理，能使洋兵不致深入，则保全一方生灵，功德无量，亦三晋官民所企祷也。原函并缴。直境洋兵情形，仍祈随时探闻。

172. 致各统领及营务处函
光绪二十七年正月二十五日

径启者：

月之廿五日，恭奉电旨开缺，另候简用，晋抚简调岑中丞。伏思弟质本庸愚，未谙军旅，深恐不能因应，贻误事机，乃蒙朝廷曲赐成全，不加谴责，圣恩浩荡，感愧交萦。所幸岑中丞系出将门，幼在行间，折冲御侮，定能措置裕如。惟当此敌兵压境，狨焉思逞，扼要防维，不容稍懈。用特专函奉恳，务乞台端垂念时艰，鼎力支持，万不可以区区将去，稍介于怀。大局所关，生灵所系，千祈努力为之，并加慎密，坚忍严防，则保全晋疆，弟更受惠无既矣。曷胜恳跂之至。

173. 致夏毓秀①函
光绪二十七年正月二十五日

昨奉还章，并承寄示地营图式，具征办理得法，钦佩良深。弟本不知兵，猥膺疆寄，毫无调度，以致德兵于月之十八日攻入

---

① 夏毓秀，字琅溪。时任贵州提督。

五台县之长城岭，晋军弱而且寡，节节败退。马景帅原拟亲赴忻
州督防，乃故事迟回，经弟促之，始定廿六日出省。现探敌踪已
扰及五台山，并至门限石，距五台县城百二十里，距省仅三百余
里。鄙人于二十三日奉旨开缺，另候简用，以云帅调补，到任之
后，自足以慑敌胆而保危疆。第目前情形，颇为岌岌，幸顷奉电
旨，令麾下速拨一半队伍来省，声威所至，尤能挫彼凶锋，三晋
生灵，咸资保障，曷胜企仰。除分别电咨外，用泐数行，上尘青
览，务祈速赐惠临，是所至祷。何日拔队，尚希飞示，藉慰渴
盼。至沿途需用车辆，已饬预备矣。

174．复俞恒函

光绪二十七年正月二十五日

叠展惠书，承示所探军情，均已聆悉。阁下拟请万统领派队
前往峨口、东山岭两处设防，运筹极合机宜。弟昨以敌氛已至长
城岭一带，若无堵遏之军，虑其深入，则万军反落其后。当飞致
荣斋镇军，请其率队进驻五台、定襄之交，择要扼守，究未知刻
下已否拔队前来。今又促景帅出省，亲督防堵，藉壮声威，而坚
众志。鄙人奉旨开缺，以岑云帅调补，未到任之前，仍弟责任，
还望派人分路确探，随时飞示，是所盼祷。

175．复杨鸿礼函

光绪二十七年正月二十六日

昨布一缄，计日可到。顷詹华翰，种切备聆。即维云塞宣
勤，允符远颂。前接五台一带防营禀报，德兵自十八入踞长城
岭，至廿二尚未退。该处兵力颇单，距省又近，已调吴守所部前
往堵御，马景帅业于今晨赴忻州一带应援。刻下敌氛如此，务请
多派得力弁兵，分赴直境详密侦探，以期声息灵通，无误事机。
岑云帅移节晋中，约二月半方能履新。弟卸组以前，责任尤重，

深恐在防将士，不免或有懈弛。尚恳严饬各边隘防营，加意慎守，不可稍涉疏忽。关南防务万紧，桑干左右，保障镇慑，专倚长城。想执事筹策素精，定能建或销萌，使一方蒙福，无事弟之过虑也。

176．复万本华函
光绪二十七年正月二十六日

顷奉廿四日午刻惠书，读悉种切。弟昨有公牍，请执事率得力二三营进驻五台、定襄之交，择要扼守，原以此路太无堵遏之兵。今马景帅已允出省往堵，而咋晚奉电旨，饬夏琅溪军门拨一半营头来太原，俟到亦可请其前赴定襄一带，是此路当可无虞。贵部本单，即请仍驻守南峪口、白坡等处，以免顾此失彼。总之，军事瞬息千变，原难遥制，务祈酌其缓急而因应之，是所至祷。至嘱拨三五营赴繁峙、沙河一带，无如晋军止有此数，无营可拨也。

多发妥实侦探，入山查访，以见着洋踪为准，不可信传闻之词，恐有奸细散布谣言，听来误事。

177．致万本华函
光绪二十七年正月二十七日

廿六日早，曾布寸函，以马景帅已出省，夏琅溪军门又奉旨拨一半队伍来省，察看情形，再请其赴省北一带堵遏，故请贵部仍驻原防，以免罅漏。顷奉廿六日卯刻惠书，知已拔队启行，具征勇于任事，感佩良深。惟叠接五台探禀，敌队仍踞长城岭等处，时有探马三四十骑，在耿家庄以上六七十里内来往，是其一时尚未敢深入。马景帅既已前往，则贵部似仍回原地为宜。即祈相机进止，期于稳妥是荷。此间无营可拨，前函已经叙及。至钢炮，省亦无是物，并以附陈。

178．致覃盛鸣①函

光绪二十七年正月二十七日

顷奉惠缄，藉悉种切。即维履新迪吉为颂。近来晋防万紧，五台一带，洋兵进止一切情形，惟恳多派得力团勇人等，详确侦探，随时示知，以期声息灵通，无误事机。马景帅廿六日已赴前敌，夏军五营亦奉调北援，兵力较前略厚，彼族或不深入。棠治当警报频闻之际，自以镇静为宜，细绎来缄，曷胜敬佩。

但据五台县禀，逃勇溃兵，时有滋事之势。贵治近接台山，此等匪类，尤须预为防范，务望督饬城乡绅民，迅将团防认真办理，倘有匪徒滋扰，便可立时严拿，用遏乱萌。弟昨阅电钞，业已开缺，岑云帅指日北来，望前后当可卸肩矣。

179．复马玉崑函

光绪二十七年正月二十九日

叩别鹰扬，莫名鳌戴，顷披惠翰，倍切感怀。就审安抵忻州，相机布置，揆情察势，严密维持，复拟驻节五台，以便指挥六师，东望长城，隐然增重。况威稜畜慴，非伊朝夕，一闻大旆惠临，必然震詟潜退，欣慰至不可言。省垣前甚张皇，自蜕旌起节，居然安定，金称大将东征，可恃无恐矣。弟未谙军旅，又昧经权，处兹时艰，断难胜任。惟盼岑公速莅，救彼生灵，俾得养晦深严，以遂初志，则幸甚矣。

---

① 覃盛鸣，字和叔。时任定襄县知县。

180. 复潘乃光[①]函

光绪二十七年正月二十九日

别后三奉惠书，知已安抵台麓寺，荩劳卓著，佩慰奚如。承示德将统兵官及营官先来见访，唔面欣然，可见从前彼此悃款总未畅达，以致相左。今幸前途相唔，告以实言，仍旧和好，闻知令人敬慰。犒军之举，本为谊之应有，需用何物，即祈就近嘱五台王令速为照备，交尊处转送，是为至要。所有彼此两军住址，自应画定地段，传示各营，各不相犯；至里数应订明华里计算为妥。弟当一面将此情形电致邸相，转请德帅退兵，共维和局。溃兵扰害地方，深堪痛恨，已发告示严禁矣。

再，此后与前途商办各事，如仅酬应犒劳末节，无甚关系，能于大局有裨，应请我兄便宜行事，勿庸往返函商，以免迟误。至宝星一层，俟大局定后，尽可奏请赏给，用示优待之意也。

再密启者：

地界一层，最关紧要，即如长城岭本是晋省五台县地，既云各不相犯，似即以此岭为界较妥。若涉及五台山并石嘴一带，则恐将来或致侵入。惟赖执事委婉与之磋磨，勿使决裂为幸！

181. 致潘乃光函

光绪二十七年二月初一日

昨廿九夜泐复一函，计可先此邀览。顷接岑云帅电开：邸相勘电，我兵退出长城岭切勿再进，但彼帅令须我军退扎长城以内，乃可从容撤退，获鹿法兵亦有退意等因。用特将此电奉达台

---

① 潘乃光，字晟初。时任安徽巡抚三之春之幕僚。

端，心知底蕴，即祈相机因应，并望转致各营，勿复前进，但在后遥相扼守，不致为所借口，是所至祷。

再，查直、晋交界，在晋境者山势散漫，无井无河，水极缺少，万难驻军，不能不借地直境。刘军门自南来晋，弟饬其驻东天门，自十月设防后，至今数月，寸步未进。伊与正定府县盖因往来笔札，稍有意见，该府县探查不清，遂致误禀。晋军所驻全在东天门，以西俱是井陉地界，距获界尚有廿余里，距获城尚有卅五里，并未过东天门一步，何曾屡向东进？地界俱在，一查便知，非可欺人者。实系无地可退，并非敢与人争执。此等苦衷，如阁下能由龙泉关赴正定、获鹿，将此实情婉向法帅说明，彼自心平气和矣。

182．复杨鸿礼函
光绪二十七年二月初一日

正月廿九日接奉手书，备聆种是。广昌一带既无洋兵，闻之欣慰。长城岭军情，前虽颇形吃紧，现经潘观察排解，我之兵力亦厚，大约因应得法，总不至任其西趋。李统领一军既已调遣南行，北路兵力诚不免于单弱，所有一切，均仗麾下相度机宜。其驻天镇之左旗、东井集之头旗，可调与否，亦惟麾下酌量办理，以期首尾一气，作三关之长城。东北敌情，仍祈随时派人侦探，由驿报闻，借纾厪系，是为至祷。

183．致孔文池①函
光绪二十七年二月初二日

时忆鸿标，每殷鹤跂。即维襄勤戎府，鞠旅滹川，远道揄

---

① 孔文池，时任武卫军营务处。

扬，曷胜距跃。五台长城岭一带晋军，单弱异常，迩来风鹤频惊，势殊岌岌。执事董率师旅，躬历危区，遏彼族之狂氛，作一方之保障，遄听之下，敬佩尤深。顷得潘观察书，已与德将接晤，并订期会议。两军相近，设备宜严。惟晋军迭经挫衄，几难列队成行。而五台实当其冲，距省且仅三百余里，长城之卫，共倚台端。素仰执事韬略宏深，力顾大局，必能使我军不轻越界，彼族不敢来侵，此则北望台云而同为欣幸者也。务乞广施谋略，联络诸军，力保晋疆，是所叩祷！

184. 复马玉崑函

光绪二十七年二月初三日

初三早晨两奉惠书，敬谂安抵台城，棱威远播，至为慰仰。承示丽生总戎已与德将晤面，议定划界事宜五条，复经麾下逐条指示，函嘱丽生，如彼允诺，即可定议。具征智珠在握，筹虑精详，曷胜钦佩。惟弟鳃鳃过虑，与外人交涉，所立约据，必须字字分明，预先说定，方免日后借口。

如第一条，要我兵离长城岭六十里，必订明系中国里数，我公固已筹及矣；惟仍须说明从何处起，至何处止，此为晋省疆界，暂借驻兵，和议定后，即行撤兵退还。

第二条，洋人要进兵四十里，自是仍空出二十里，以免彼此兵队见面生事，应即说明照办。惟此就一直路径而言，其周围似未便概以四十里论，似亦须指定各至何处为止，勿稍含糊，方无侵入之虞。

第三条，彼此驻兵地方，中间相距二十里，彼此不相见，两军不许再进兵，可以照办。

第四条，行人执白旗可走，麾下定以十人为度，用示限制，所虑极是，应请照办。

第五条，彼此往来，可以照办。

以上各节，统祈转嘱丽生会同潘观察订明办理，不厌精详，是所至祷！

敬再启者：

昨初二接保定德统帅葛正月十八所发照会，系回复此间初八所去照会之事，内称若中国政府于和议展转延宕，日复一日，迄无成议，则划界停战之议，非敢擅许等语。用特另纸钞呈台览。

窃思渠之统帅，既不敢擅许划界，则副帅及将官今何以遽肯定此五条？殊令人莫测其故。鄙见纵使与之划界之后，而我处防范，仍不可稍涉大意。全仗麾下转嘱丽生暨诸将领，扼守我界，慎益加慎，庶免他虞，不独三晋仰赖保障，即行在亦倚若长城矣。知公老谋深算，早已筹画及之，无待弟之渎请也。

185. 复潘乃光函
光绪二十七年二月初三日

叠奉两书，聆悉种切。承示马丽生总戎与德将会议各节，但能彼此不启兵端，相安无事，是即大局之幸，而执事首先预议，功固彰彰在人耳目也，夫何间然，尚祈勿以介怀是祷。

顷马景帅函复前事，弟已将切须预先订明、以免日后借口各节，请其转嘱丽生，会同台端妥办，所有复信稿，录呈电阅，便悉端委。一切仍祈偏劳，无任感企。至尊意拟出示安民，查拿溃勇，具征保卫地方盛意，应请照办，并转嘱五台王令遵行为荷。

186. 致俞恒函
光绪二十七年二月初三日

前因洋兵阑入晋境，曾经会商宋宫保、马景帅遵旨照会洋员，派委潘晟初观察等亲赴敌营面达，妥商定议。旋据禀称，上月廿七日与德兵官摩士拉晤议，词意尚好；惟两不相犯一节，拟订廿九日与马丽生统领会晤再定。兹接马景帅书暨潘观察禀，是日丽生晤德将会议，业有端倪，并录所议五条寄来。查丽生之去，本为内有兵事交涉，不期与德将一见，即已书立草约，可弭兵端，实深欣幸！惟与外人交涉，一切语言文字，偶留罅隙，即多枝节。执事精敏沈细，为同人所共钦，五台又棠境所辖，不得不烦驺从一往，将所拟各条，极力推敲，藉防后患。事关重大，一俟议有眉目，仍当会奏请旨。务恳星夜命驾，毋延晷刻，俾弭此时之兵衅，以杜后日争端，是所盼祷！

187．复潘乃光函

光绪二十七年二月初四日

叠布寸函，谅均邀览。顷奉手示，知与德将立约之事，系马丽生镇军自主，洋据亦其自留，引委员深为不平。始闻之，亦为台端爽然。继而思之，丽生此行，系为大局起见，但以速了，不起兵端，如天之福，何必过分畛域。执事豁达大度，公忠在抱，总能以国事为重，必不与较短挈长。况此次不避艰险，毅然前往，引、吕两委员，亦各同心协力，愿效前趋，且与德将初见，先已议有端倪，则首功固推左右，谁人不知，不独弟所心折也。会禀内已列台衔，足与丽生同勋比烈，尚祈万勿以末节介怀，是为至祷。至引委员少不更事，动辄怏怏，设或有碍事机，所失更大，更望执事婉劝而力戒之。一俟旋省，引、吕两委员，弟均不能没其劳勚也。至约内字句有欠明晰处，不可不防异日之悔，已逐条签明，随会禀批发，并添委雁平俞护道前往，会同执事及丽生再与推敲，使之字字分明，如能添注约内尤妙。其五条大纲，系属已定之局，则固无庸更易，徒贻口实也。一切仍祈相机因应，圜转自如，晋事幸甚！

188．复马玉崑函

光绪二十七年二月初四日

昨初三泐复寸函，计登签阁。旋奉初二日两次赐书，读悉种切。承示丽生镇军已与德将立约，其勇于任事，洵堪钦佩。今日并据丽生与潘观察会禀前来，查看五条，大旨尚无甚关碍，只得照办。惟字句间不明晰，即"长城"、"大城"并称，是一是二，无从悬揣，恐此时一涉含胡，将生枝节。且亦须订明划界系属暂借，里数系属华里，和议定后，仍即退还，添注约内，方免参差。弟昨已添委雁平俞护道前往，会同丽生、晟初等，将字句再与推敲，使之明晰。尚祈我哥转致丽生、晟初两君，此次立约大纲，均即照办，毋庸更张，致贻外人口实，特不过略与辨说分明，免贻异日罅漏耳。弟远居省会，未克相与周旋，一切仍祈老哥就近主持，以维大局，是所至祷！

再，丽生等来禀，已擅列台衔批发，批语另纸照录呈览。

敬再启者：

接晟初观察书，以此次丽生作主立约，伊因人成事，颇有不释然者。自弟言之，但能说得彼此息兵，大局有益，无论功出谁手，均不必斤斤计较。况晟初带同随员，不避艰险，与德将于初次见面，本已议有端倪，其首功固有不可掩者。尚祈我哥费神调停其间，俾两贤各无意见，庶于晋事有裨，即弟亦与有荣施矣。诸赖维持，曷胜感祷。

至尊意拟留晟初办理善后，查出示安民、查拿溃勇，均地方官应办之事，当饬该县王署令妥为办理，固未可屈晟初之长才也。俟俞护道到后，将立约字句推敲竣事，回省藉重之处甚多，当别图位置，以资臂助，祈转告之。

密启者：

此次与德人订约，潘晟初带引、吕两员，当军情吃紧之时，踊跃请行，立化干戈，敌人止步，保全实多，其功诚为第一。马丽生数骑赴会，慷慨而谈，威风凛凛，敌情为慑，立订条约，其功亦属不小。惟阅晟初、丽生来牍，一则以为奉委专办之件转为人夺，一则以为敌人专重在我，不与彼言，二公不无意见。殊不知所重者在退敌约和，但求了事，彼此何分？各有所长，两均可佩。为今之计，只宜将里数按华里计算，较明地界、地名，指清系属暂行借驻，和局定后，即全行退出，此三层最为要紧。其大纲五条，万不可再为更易，尤不可再为更人，反为变本加厉，惟有仍就原议细心磋磨，归于妥当而后已。务求二哥婉为调停，解释芥蒂，庶于晋大有裨益，弟均为钦感。否则自生闲话，必为外人笑，于晋不利。想两公以国事为重，自顾声光，必不至各存己见，贻大局忧也。

189. 复赵尔丰函
光绪二十七年二月初五日

前奉惠函，当即肃复。月之初五日奉初一、二日正副各笺，并与正定江太守函稿，敬承种种，具征聪以知远，明乃察微，因应相机，至深佩服。承嘱各节，尤见热肠，且钦且感。岑中丞初八日启节，计月杪可到太原，临时定委人接替，决不致令执事久羁边关，曾托书年兄代达区区，计今已邀省览矣。蕃卿太守于初四偕同义教士东征，以资联络邦交而维和局，一切苦心孤诣，实出于无可如何，想高明定于邑也。

再，所以委曲求全者，并非怕鬼，惟怕鬼吓全权，全权吓上，因以摇我。弟之去位无足重轻，诚至欣幸，若并华轩而去之，则晋防大势去矣，尚何以守？况海内将帅，廉明忠勇如华轩者，尚有几人？为晋省爱惜之，更应为天下护惜之。弟情愿自己任过，不愿累及华轩；情愿自己下气，不愿华轩损威。委蕃卿偕鬼赴获，无论如何委婉，总以不退为主。为敌转脸，俾其好下台阶，不恨我，不忌我，庶乎容我，不闹全权，我防或可得安矣。弟行将去矣，为大局计，不得不然。阁下谓示以整暇，不可张皇，使窥底蕴，诚然，诚然。蕃卿圆到精细，过关时尚祈与之讨论，以期措词得体，敌就范围，我辈虽居局外，犹有余欣焉。

190. 复潘乃光函
光绪二十七年二月初五日

前昨叠复各函，谅均邀览。顷奉初三日申刻所发手书，以德将带照会回营，约期再会等因。查所称照会，是否此间带去之衔照会今始递交？抑由台端另拟照会？弟前函恐执事与丽生龃龉，贻笑外人，于事无济，故谆劝之。以五条大纲既经立约，万勿更张，不过将字句重与推敲订明，添委雁平俞护道前往会办，以五台系其辖境也。想执事与之晤商，自悉底蕴。即丽生，鄙意仍请其一同会办，不可彼此参商。兹既约期再会，好在已有原议，更当易于了结，但重言以申明之可耳，不必定以前会作罢论也。高明顾全大局，当不河汉斯言。

犒军各物，王令来禀，早经备好，祈催其送交为要。承示撰赠德将联语，均极妥贴；藉此联络，亦于时局有裨。前途送来环球通行执照，仍缴还，祈查收。转交烟卷一匣已拜领，并望代达谢忱是荷。

191. 致俞恒函
光绪二十七年二月初五日

昨布寸函，计早邀览。想锋车遄发，已会晤马丽生镇军及潘晟初观察，将约内字句与前途重订明白，并说明划界系属暂借，里按华里计算矣。顷接晟初来笺，又与德将订期另会，丽生前会作为罢论。鄙见殊不谓然，盖五条丽生既与立约，未便翻异，见轻外人。即昨请执事偏劳一行，亦不过申明原议，俾界限、里数显豁分明，以免予人借口，非别有意见也。

又接丽生书，请饬地方官晓谕军民，勿拔洋人所插之旗等语。即祈台端到彼察看情形，会同各统领营官出示，一体谕遵。并嘱王泽生大令严谕乡约社首人等，转告居民，勿稍生事，是为至要！

192. 复马金叙函
光绪二十七年二月初五［六］日

昨复芜函，亮邀英盼。顷披华翰，藉悉种端。承示台属险要各情形，了如指掌。前此我军却而不守，失算殊多，脱非雄师迈往直前，彼族闻风退避，则六局何堪设想。公此行洵裨益匪浅也，佩感殊殊。至与德将立约一节，想见英风飒爽，慑服远人。惟有权且画疆，相安无事，但字句未甚明晰，自系译者之误。昨复添派俞护道饬五台县王令出示晓谕，一体懔遵矣。昨奉上谕，知武卫前军全归麾下统率，仰见朝廷倚毗之重，钦佩莫名。从此专阃即真，长城在望，渥叨保障，岂独晋人。弟虽解组匪遥，不克一方共事，而丰功伟烈，在远闻之，亦欣诵无已耳。

193. 致马玉崑函
光绪二十七年二月初七日

今午甫复寸函，计可先此邀览。惟台防事宜，弟一再筹思，虽德将立约，两不相犯，仍未可稍涉大意。缘顷接岑云帅电称，俄约决初七不画押，德法与俄密，恐因此生衅，须加意严防等语。用特密布左右，务祈大旆在彼多住数日，则彼族慑以棱威，不至变生意外，实于大局有裨，不仅晋事叨庇已也。想吾哥公忠在抱，智虑精详，当与鄙见相同。如行台缺少用物，应请示知，以便由省寄往可耳。

194．复马玉崐函
光绪二十七年二月初七日

正深驰念，欣奉还章。承示晟初观察与德将复行约会，均已订明，丽生亦无意见，脱非麾下调停主持，曷克臻此。祗聆之下，感佩深至。由尊处通饬贵部及敝标各营，一体遵守约章，不准一人越界。并拟俟犒师之物送往，数日后德无爽约，再行凯旋。尤征吾哥精细过人，处事深稳，藉棱威之镇慑，俾大局以安全，此行正不靳晋人蒙福已也。

195．致马玉崐函
光绪二十七年二月初八日

昨初七两肃寸函，度均仰邀英盼。顷奉手示，并寄来晟初观察致台端原函，知犒军之物已送前途，但得彼此守约勿渝，则大局幸甚！惟刻接杨敬亭镇军缄称，探得倒马关有洋马队数十，其步队千余名，驻于上下杆村，距关五六十里。晋北兵数无多，顾此失彼等语。窃思中外既在议和，而仍于直边纷纷派驻洋队，其情诚不可测。敬亭所部练军，地广兵单，以之设防，断断不敷分布。应否再请贵部分往择要严防之处，尚祈硕画及之，无任企祷！

196．致马玉崐函
光绪二十七年二月初九日

前昨叠布三函，度均邀览。顷奉手示，并寄晟初观察函，敬聆种切。此间与德将和约既已定议，诚如卓见，无庸再事推敲，致生枝节。惟俞护道业经动身，先赴南山寺丽生处。前函嘱其不必再与德将议及。此函寄至尊处，敢祈阅后，粘封专骑飞送俞护道查收照办，是所至祷！

197．致俞恒函

光绪二十七年二月初九日

前布寸函，请执事赴五台一行，知早已命驾。顷接马景帅来函，以潘观察早与德将定议，不必再事推敲，致生枝节等因。所言颇合机宜，自应照办，即祈勿庸前往。但饬五台王令出示安民，严约我处军民，勿稍越界，勿动德人界内旗帜，相安无事，静候撤兵。部署妥后，应请回署，将一切情形示知是荷。

198．致马玉崐函

光绪二十七年二月十二日

昨奉还章，敬谂俯如所请，暂缓元旋，既感且慰。数日后，如彼族别无动静，边圉又安，台端倘拟归来，则督饬各营严防、弹压军民各事，非有专责之人董率不可。尚祈吾兄垂念大局，熟计妥筹，可否径嘱丽生镇军驻彼照料，并令孔文池营务处帮同照料，以免他虞之处，幸裁酌是祷！至晟初观察另有藉重之事，兹致一函，促其旋省，乞饬送交为感！

199．致潘乃光函

光绪二十七年二月十二日

顷奉赐缄，具悉种切，即维乘塞宣勤为颂。现在五台一带渐就安谧，敌兵虽未全退，暂时想可无虞。执事此次于役滹川，操纵协宜，遂能以谈笑却干戈，殊深敬服。弟行将却组，务请驺从带同前赴五台之引笔政、吕委员诸人，即回省垣。前敌因应，已饬地方文武遇事均请景帅主持，自必咸臻美善。晋事孔棘，此后劻勤一切，正望长才。台旌北旋，弟当南迈，欲达之指，统俟晤谈也。

200. 复赵尔丰函

光绪二十七年二月十七日

顷奉望日惠书,敬悉一是。承示华轩兄欲来会垣,一谈离绪,固所愿也。第值此和局未定,边防维殷,全赖此公坐镇调度,断不可远离防所,祈代谢是祷!至林总镇不宜久处,欲行引退,可谓见机。惟弟已卸肩,不能越俎代谋,并望转致华公成全焉。

其前收溃勇枪支,曼利夏亦复不少,惜多损伤,且此事系由宋、马二公委派郭元臣协戎办理,业将所收各项枪支,全数送交军装局在案,弟处又无存储者,有方台嘱,想荷鉴原。岑云帅在途接篆,渡河阻风,距省尚远。弟虽将各篆交出,仍复批抹朱墨,书诺画行,鞅掌簿书,照常忙碌。且今日钦奉电旨,授湖北巡抚,闻命自天,感悚无地,几同出笼之鸟又罹于罗,脱既不能,任恐误事,进退皆咎,如何,如何!大约三月初方能成行,迎折西上。从此若涉大川,汹涌波涛,不知何日方登彼岸耳。白直刺今日来见,谆嘱其即日旋归矣。祈从容揽辔,不必匆忙也。

六二回忆（一）

李景铭 著

编者按： 李景铭，福建闽侯人。光绪三十年（1904年）进士，民国初年一直在北京政府财政系统任职，担任过财政部赋税司司长等。作者勤于纪述，《六二回忆》系其晚年所撰回忆录，保存有大量民国时期北京政府及北方政局的内幕材料。原抄件存本室，今标点整理陆续刊出，以为研究者参考。其中1915年至1926年部分，曾以《一个北洋政府官员的生活实录》为题，在本刊总67号刊出。作者另有《嗛斋日记》存世。

曩者余编《嗛斋主人自叙年谱》，附订民国十五年《嗛斋日记》中，自后每年日记首端，必列其年之经历，但简撮大纲而已。前岁戊寅，值余周甲，回忆六十年间事，真如梦幻。然宵中不寐，瞑目悬想，其可悲、可乐、可喜、可怒、可惊、可骇之状如波涛汹涌，层出不穷。及今不述，将虚生一世，后人无有知其甘苦者。用拟编一回忆录，以留鸿爪。

余尝谓，士大夫自视不可太重，亦不必太轻。自视太重者，谓其文章藏之名山，置之金匮，必堪不朽，乃不一传而以之覆瓿者有之矣；自视太轻者，谓吾无学无行，又不能文，其敢载笔而厕著作之林乎？若雕虫小技，更不足登大雅之堂矣。吾师张珍午先生在御史台振振有声，其生平轰动一时之奏疏，即抨击亲贵振贝子宠纳谢珊珊一案，身殁稿已无藏。吾师陈文忠公曾有《铁石轩奏稿》一册，余询其手自删定否，师曰：是等文字，不足示人，吾总算枉生一世。是二者，均自视太轻故也。

余思年已周甲，人生即届期颐，业已逾半，期颐者曾有几人乎？今不弭笔书之，则一生虚度亦如云烟过眼，无处摸捉。非曰将以文字流传也，一家子孙，欲知先代之余风逸事，若非有文字纪载之，则得之传闻者模糊，影响岁月无稽，何如见于自述者较为彰明大著。且友朋谈谑在茶余酒后，以此为助，较诸滑稽之传虞初之志，或亦仿佛其万一乎。因此有拟作《六十回忆》之意。人事匆促，齿又增二，今年交彭一卤大令出示《红礁年事记》，并言其曾祖渔蕃太史有《追省录》。余观年记所载，多趣闻韵事，与各家年谱体例不同，亦非寓追省意，不过可作一笔观耳。然其所述各地风俗习惯、山川风景，亦有足补史志所不及者，则有功文化。亦不少用仿其例，作《六二回忆》，随手追述六十二年故事，俾后人有所观览，固于学业事功无所关系。何也？余亦枉生一世，初无学业事功之可言，只以胸中块磊所欲销者，姑倾吐之耳。

光绪五年己卯，一岁

正月二十日卯时，生于福州城内雅淑巷。此吾父母所语余者，然余不知有雅淑巷，只知有善化坊。善化坊有头尾之分，犹北京胡同之有东头、西头。吾只知生于善化坊头，其对邻为郑宗丞旧宅，门前有三层高阶。善化坊与雅淑巷毗连，雅淑巷与文藻山附近林文忠公分二派，一在宫巷，一在文藻山，文忠故生长文藻山，故幼时常习闻文忠公政绩。

光绪六年庚辰，余二岁

余父命名余曰"永鉴"。永，谱行也；鉴，白金也，以余命宫缺金故然。余妻命宫多金，故余父精算两造，适可配合，后乃成婚。又字余曰"识之"，谓余愚钝殊甚，只冀其能识之，无而已然。闽音"识之"二字极不雅驯，童辈辄戏侮余。及长，乃自易"识之"为"石芝"，亦以音相近故。石取其坚，芝取其寿也。

光绪七年辛巳，余三岁

四弟资训生。四弟较余聪颖，长好雕刻。

光绪八年壬午，余四岁

是年有乡试，郑孝胥解元、卓孝复（芝南）、年伯林纾（琴南）、陈衍（石遗）、高凤岐（啸桐）诸世丈均登其榜。

光绪九年癸未，余五岁

蕴石三妹生。余有同堂姊妹四人，同胞之四妹早殇。

光绪十年甲申，余六岁

是年在善化坊头居住，值法越之变，法舰迫马江，炮声隆隆，城中及闻之，余尚能记忆。各家办团练，门前列戈矛。为卫巷口，安栅门。栅旁有两灯，遇有求医士、请稳婆者，则叩栅放行。夜深，余立栅旁，见路少行人，军令严肃，至今犹在心目中。其时督办团练者林君寿图（颖叔）也。

光绪十一年乙酉，余七岁

是年由善化坊头迁居善化坊尾，与林表舅宅衡宇相望。林即余徐姊丈舅，余少呼之为和尚，表叔盖少孤而乳名"和尚"也。其家延霞浦游孝廉学诚课子，余及兄桂晖附学，盖闽人以七岁为发蒙期。

光绪十二年丙戌，余八岁

善化坊同居者有陈姓，名彦琦，与余以兄弟相呼，余乃父事其父。陈父宠余甚，饮食起居不离左右。家小康，侵晨，必负囊出城收租。夜半起，饭一盂、酒三杯，辄呼余醒，分酒肉之半饷余，满腹后仍睡，而陈父乃披星出矣。归则以盈握青蚨授余，故余于诸兄弟中最裕。

光绪十三年丁亥，余九岁

吾父赎回西门街祖居，修葺一新，由善化坊迁回。

是年四月二十一日，适逢祖母七十大庆，余父演剧称觞。所谓剧者，闽俗号穿头戏，戏台如博古橱，木偶不及尺，以丝牵之，如北京傀儡戏。其歌曲有紫玉、钗燧、间祭、闹学等，皆闽腔。各家所送桃面缀彩为山，装成戏剧，以小白鼠贮其中，揿以机关，旋转自如，有作轴轳状，有作连环状，观者如堵。

光绪十四年戊子，余十岁

祖居西厢即余家塾，塾墙有一龛，即供至圣先师处。

光绪十五年己丑，余十一岁

六弟幹如生。幹如在译学馆，于辛亥年毕业。考毕，而吴禄贞被戕，山西之革军抵娘子关。余与六弟均逃，避地天津，代其完娶。弟妇乃陈同年仲起震女也。

光绪十六年庚寅，余年十二岁

是年，余父修文林坑祖坟，又购五凤山一凤地方坟地，土名莲花坑。

光绪十七年辛卯，余十三岁

卞制军（宝第）颂臣莅闽，以马江船政学堂招考，余与二兄景先应试。题为：毋自欺论，复试：莫敢不来三说。余入选。二兄擢第一，批语云："藻周虑密，完善之作。"父以余幼，欲留家塾，而李光朝表弟乃顶余名入学，兄有志上进，勉强逐队观光。

是年七月二十六日午时，祖妣卒于祖居内寝。

祖妣之丧，每七诵经，余父哭甚哀，然内外戚族谓祖妣年逾古稀，即闽所谓欢喜丧也。余与潘家中表数人年不过二三，每见和尚穿花，则欢喜欲狂，盖幼时常念千家诗，有"穿花蛱蝶深深见，点水蜻蜓款款飞"之句，背诵已熟，而闽俗，僧家或道士放焰口后尝作八卦阵图，以八人为一团，身披袈裟，手提法器，穿来穿去，口念法语，风吹袈裟，诚有蛱蝶穿花之势。念经之日，终朝吃素，至晚间则开荤。开荤毕，僧道散归，将袈裟废置箱箧中。夜深，余等则肢箧而出，亦作穿花用。然余等年幼身短，而袈裟如褐宽博，满地拖曳，家人惊起，怒加斥责，各奔逸无踪。此则儿戏之最奇者也。

光绪十八年壬辰，余十四岁

是年九月二十六日，余父奉祖妣灵舆，与吾祖圣培公合葬于文林坑。二十五日，吾父在接官亭伴灵一夕。翌晨，余随父母及程家表姊等肩舆出城助葬。下午回虞，请西峰里吴少芝孝廉为点主官。余随余父等扶影亭轿杠入城，至寓则铺设红缎椅垫，成主如仪。

是年郑淑彬（梅士）孝廉设馆于西峰里陈氏祠，余与兄同往受业。

光绪十九年癸巳，余十五岁

是年春，二兄仍从郑师游，余偕四弟改就杨氏家塾。杨居总督后，塾师为郭明善先生，余表舅郭姓族人也。明善师授余《曾文正公家书》及《日记》，谓此为启蒙正身之道。时而教余为律诗绝句。但督课甚严。后乃与二兄商同往乌石山邵氏祠，从朱德钦夫子游。朱善制艺，尝课余学路德管韫山课本，所拟起承转合，均以饮茶吃饭为喻。且谓文有反正，如天地之开阖；又言反与翻不同。每拟一文，引喻百端，眉批圈注，无微不至。其子颂声亦随学焉。南台子弟入城受业者亦不少。时家中送米上山，交厨役蒸饭，日给制钱二十文，为菜资。余与二兄以十文为限，六文购猪肉，二文购豆腐，又二文则购酱醋为酸辣汤，或则以米汤下饭，日余十文，月可累三百文，余与兄分各得百五十文为笔墨费。此余等幼时求学之生活也。

是年，吾父以世炳伯父白松坟地不佳，乃改葬于一凤山，与余父生圹排列。盖余兄桂晖嗣世炳公为后父，望兄切，故欲得一风水地，期其早发轫也。

光绪二十年甲午，余十六岁

仍从朱师。时星西钟君、策六方君在城西为文社有声，喜与二兄交，而余亦得接其颜色。是年制军出巡八府，余父随驾外出，家事一委之余。余上市选菜，得饮水之海参，余先去水而后称量。途遇虞臣二伯，二伯见状，拍余肩曰："孺子可教也。"父归，二伯告之，以为笑。

是年二兄大病，大姊适徐氏树锽。

光绪二十一年乙未，余十七岁

是年八弟乔平生。二兄病，经年腰烂如杯，足不良于行，求医祷神，均余任之。二兄与张氏已订婚，张闻兄病，辄遣婢来视。张住西门街水陆轩后，与会寓对门，婢之往来无虚日。

是年七月二十九日得讣，知鸣歧二伯父于六月十三日卒于彰化，其居停代葬于八卦山丛冢间，未立碑志。吾父托友寻骸，终无所获，是以引为终身之痛。

时福建花会盛行，余母及外祖妣并程家表姊喜赌。此为戏花会，三十六字如三槐，必得逢春占魁等，或曰皆梁山泊之变名者。日开一字，早晨挂巴山上，猜押一字，用制钱一文，在三十六字中任意押一字，能中则得奖三十文，如押一百文，则可得三千文，是挂巴者每日坐得六文之赢利。而城内外群氓妇孺趋之若鹜，求神问卦，占梦猜谜，如醉如狂。老妪蓬头，村氓跣足，相遇诸途，日唯以此为谈助。有置土猫于屋顶，或排米阵于鼠穴，能暗示一字以获中者，则演戏谢神，塑像谢佛，虽费千百金不惜也。官家悬为厉禁而不恤，家长定为家诫而不从。挂巴者谓之会首，敛小押，而赴山挂巴者谓之上山。此早间事也，过午则不能押。傍晚开巴，街谈巷议皆曰其中巴若干，某中巴若干，如春秋闱之卖题名录。设押巴太重，山上无力赔付，则散本停巴，群皆嗒然如丧考妣。其逐日加本，专押一字者谓之养字母；善于推测，以循环之理推之者谓之拿雁底之。数年中以此败家荡产者不少，奸淫邪盗亦因此丛生，官厅虽处巴首以极刑，亦不恤焉。

吾家故奉祀三官菩萨已三世，每年正月十五、七月十五、十月十五为三官诞，实即上元、中元、下元节也。余父率余及二兄轮诵三官经。余等幼时，余父诵之，曰遵家训，以祝母寿而已，无他意也。余等稍长，则令余与二兄各诵十遍。余母因花会之故，令余及五表兄以炊笼为乩，请三官问字。三官曰：明日可押必得，但毋令外祖母郭及表姊程知之，因彼等无财气也。是日，金以必得为孤注，巴开不中。翌日，又扶乩询之，曰昨日太重，故不中。翌日，仍以必得为巴，余母等如其言，而又不中。

光绪二十二年丙申，余年十八岁

是年郑寿瑜夫子就余家塾，劝余入试，余以二兄名景先者，（寓景仰先人意也，余亦以景为排行，时正读《陋室铭》，故而易其名为景铭。）令书吏代报名焉。

是年二兄入泮，受知于王锡番（小樵）学使。余试而未售。小樵善衣饰，有王小姐之称，所取制艺喜含时事，取卷中有谓男子服妇人之服者谓时装，多穿紧身之衣也。小樵以为佳句。故当时论者谓，闽风自沈源深而一振，及小樵而堕落。沈学使盖以理学为提倡士风之具也。

是年二妹适程氏，即余表姊丈程铿藩侄。未一岁，程即以瘵卒。二妹与余同庚，早年守寡，膝下无儿，乃代营程氏两代葬事。余尚忆有一年，二妹得热病，贫不能措医药，素虽依其母居，母亦无力及之。余以父事忙，无暇及此，乃以书院膏火所入为延孙椒蕃医治。孙固闽中名医之铮铮者，出诊一次，舆价六角，在今视之甚贱，而自当时视之则甚昂，早诊且加倍焉。余既出资，且代之招待并报告病况，余之膏火亦有限，而妹之热病又缠绵，忽热忽退，日无定时。椒蕃曰可隔日一诊，余因病久，亦少知医理，恒将旧方意为加减。

光绪二十三年丁酉，余十九岁

是年从宋肇镝（少沂）孝廉游，亦与余兄共家塾。宋师为戊子举人，制艺极轻清娴熟，余兄弟受益不浅。秋有乡试，吾家旧规子弟不准乘舆，惟入闱得乘场轿。轿可升堂，犹吾兄升轿。时家人环送，祝平安。同居陈松筠表舅之长女名美琯者，余之表姊也。是岁表姊拔金簪为质，助其兄耀西纳监入闱，余兄之轿先行，耀西之轿后起，余只袖守旁观。轿去屏门闭，美琯顾余曰："大丈夫不当如是耶。余如生为丈夫身，今日亦跳龙门去矣。"余闻之，汗流浃背，入室长吁而已。是科，二兄卷出吕文起（渭英）夫子房（时吕为海防司知而调为内帘者），卷虽出房，以多用子书语，故未获售。

是年，余应鳌峰书院试，月考题为：孟子通五经，尤长于诗书考。余知题旨为赵歧语，考据精详，师批"点滴不漏"，擢第一，是为受知于螺江陈宝琛（弢庵）夫子之始。此时，吾兄应考鳌峰、凤池、越山各书院，已藉藉有声矣。鳌峰有一课，弢师病，令其弟宝璐叔毅师代阅。师复核之曰："李生卷何不入彀耶？"检弥封之遗卷，拔置第一，启封则巍然榜首。是则吾兄景先之受知于弢师者深也。然余父常诫兄云：螺洲陈氏为吾闽望族，吾人以寒贱起家，不得列于士绅之林。汝等宜立志读书，除年例上学，散馆可衣冠晋谒三揖外，余不宜涉足师门，有所干渎也。

光绪二十四年戊戌，余二十岁

是年，陈冰心夫人来归。陈为余族姑侄女，先是父执袁鸿展先生与余父同在督署，交至密，欲以长女字余。余父商诸余母，母曰可，然须以绣鞋一为定。鸿展乃袖绣鞋至，母曰逾三寸矣，不宜为吾媳。盖其时裹足风盛行，必以弓鞋小者为入时。闹房之夕，既看手，且看足焉，手足俱纤小者为上选，否则群以伧妇目之。鸿展求婚甚切，余父不忍却其意，乃商于余之伯母。伯母许焉，纳以为媳，盖伯母亦大足者流。今日在堂之寡嫂，即前与吾议婚之袁家女。族姑以其侄女进，女亦大足，但稍小于袁寸许，吾母许之。而余之岳丈朝波先生遣其戚能文者来试余，余出一小讲示之，戚回报曰可矣。吾父乃求签于吕祖。吕祖庙在于山，签最灵，竟得下下签，而美事中止。余母不知女貌若何，遣佣媪往观，佣媪回报曰中等人耳。母曰："何以知为中等人？"媪曰："陈小姊坐阶下，与群儿打柿核为戏，吾侧面视之，不能见其全美，故曰中等人。"余母曰："中斯可矣。"又征陈家意。陈又问签于吕祖。时有穿官服往求签者，见岳丈手持上上签，穿官服者曰："此签甚佳也。"岳丈意已决。吾父又探岳丈执何业。族姑告之曰："在恒盛绸庄服务。"恒盛者，吾闽省垣南大街营业规模之最大者也。又询岳丈何好。族姑曰："好为斋翁。"吾闽所谓斋翁者，习为僧道而代人忏拜不受值，但藉此消遣游乐而已。父曰："能为斋翁者，皆充裕之家，无虞衣食者。"于是两家姻事遂定议。及今思之，旧时之婚姻，诚有堪发一噱者。一弓鞋之微，一柿核之细，一竹签之吉凶，关系于婚姻之成就与否，此岂非命耶。夫鞋也，柿核也，签也，此余母及余岳丈之见也，而余父实决于两造八字相合天然。余生于正月二十五日，乃土木最旺之时，但缺金水耳。余母曰，余生时天已亮，故作卯时算，亦可作寅时算。星者曰卯与寅一也。陈夫人十月初五日生，盖冬令而富于金水者也，阴阳相济，五行互配，各得其所，而乾坤之位定矣。此余父之意也。

　　夫人来归之日，适闽浙总督许应骙为其太夫人祝阴寿，武营提督以下均往祝。时余父主督署兵房稿，武职多由军队出身，目不识丁，一切奏咨悉倚办于余父，故素有往来。余父谦退，婚姻小事，向不送柬当道，惟春秋闱有告捷者，或送一柬。然省城水陆师总参游是日闻知余家办喜，均于祝寿后同来贺喜。官衣官帽入新娘房看新娘，新娘执晚辈礼下拜，而联镳至者五人，亦环跪答拜，故戚族中夸余妇福大，方有此荣遇也。

　　是年，余从叶鉴忱孝廉游，闽俗所谓与课者是。盖每月作文四篇，呈候改正，在家则兼督四弟读。戴少怀学使莅闽，余获选，然复试后又落第。

光绪二十五年己亥，余二十一岁

长男树滋生，辛丑年嗣为二兄后。

光绪二十六年庚子，余二十二岁

县试、府试均前年列，院试又不获售。是年钟麟祥（星西）、方兆鳌（策六）、陈遵统（易园）、林志烜（仲枢）、志钧（宰平）、林步随（季武）、程树德（郁庭）等均以文名噪于时。

光绪二十七年辛丑，余年二十三岁

是年春，陈宝琛（弢庵）夫子设东文学舍于乌石山环翠楼，余与二兄应考及格，二兄冠同曹，余名亦在十名内。时有谣云："第一李景元，第二黄懋谦，尸彳宀工彐，一日叫反天。"是为结交林仲枢、宰平、亚琇、陈舜仲、黄墨园、程郁庭之始。宰平，弢师表侄，每晚携灯随日本教习中西及冈田后按名点视，促就寝，同曹均嫉恶之。

不幸是年五月初十日巳时，乃有先兄桂晖之变。先兄于丙申入泮时，吾嫂张氏新来，陪余兄穿襕衫披彩，谢天地、父母，同宗啧啧称羡，以为诚一对天然才郎美女也。乃于是年五月初八日，由西城墙上绕道至乌石山，应致用书院月课。初九日早交卷回，即发热。余正忙于县试，不甚注意。病本伤寒，以庸医误投药石。翌日巳刻，余睡东院楼下未醒，哭声起于内院，婢报二少爷气绝矣。是年鼠疫流行，无论行路家居，朝不保暮，棺之出城者有如鱼贯。夕阳西下，路无行人，铙鼓迎儺之声填衢塞巷，阴惨异常。二兄气绝，余即呼饭。饭毕，奉父母弟妹避疫于东街辉霖叔所，然后督同四弟购棺殡殓。傍晚，以火炬送棺出城，盖不敢一夕停留，恐有所染也。

是年冬，有县试，余以丧兄后文思不佳，而星西、策六诸友

望余綦切，谓余能捷可以释父母忧，而李氏亦有复兴之望，否则
再遭颠蹶，将奈何。闽俗，县试可以代庖，故星西屡促策六为余
捉刀，而策六重其事，未敢轻许，余亦立志不倚赖他人，故又草
草应试县。榜发，名在二十四圈，再试则落选。闽县入试者二千
四百余人，每百名为一圈，余名在二十四圈，即名在二千三百余
人之下。

光绪二十八年壬寅，余二十四岁

　　是年春三月，有仙爷诞，余家开设鼓楼前之郁章店，为之演
剧迎神，戏台跨街。闽剧有称为儒家者，犹京之科班，有名旦
某，名噪一时，人以争睹为快。闽之观剧者无座位，肩摩踵接，
万头钻仰。旦未出台，有以铜烛台掷台上者。余在台下，飞余头
而过，血涔涔下，余头之有疤者即为此。或慰余曰：魁星以珠笔
点头，今科必售矣。果而，是年有府试，余乃有奇遇焉。

　　先是县试，余名列二十四圈，则由县送府，名在末圈，不待
言矣。时有院房吏名林漪合者，星西中表也，以代人报卷为业，
给之酬，供奔走，见余同辈均已入泮，独余潦倒，兄亡亲老，意
态无聊，代余不平者久之，故于府试时，劝余呈请调坐。（闽俗
十六龄以下童子欲自眩其能者，得呈请府县主提堂面试，俗称之
为调坐。）余年逾弱冠，何能以童子自称。漪合曰："子年虽长，
然发甫覆额，颜亦白皙，无妨一试。"时任太守者为程祖福，依
例点名毕，亲出封门，东方将白矣。或遣首县代封门，但请调坐
非府尊批准不可。先是有已请者被斥矣，漪合嘱余忍耐。余因不
敢入号，侧身溷圊旁。盖一人号，即须开考箱，陈笔置，安排炉
火，挂油布帘，以蔽风日。若一准提堂，则收检不及，内门又
封，大事误矣。少顷，漪合来报曰：府尊于卷面以朱标准矣。漪
合代余跪请提堂。时府尊曰：堂上只百座，何地容李生乎？漪合
妄称曰：适有未到者，正余一座。府尊曰：果尔，亦何不可。乃

特准焉。余欣然携考箱入二门，登大堂。堂满百人，实无空座，但遇熟人以三人共两座，余介两人之间，横扫成卷，午正即出场。同考者曰：子于万难中博得提堂，何不好自为之而草率如是？余时躁甚，扬言曰：吾立笔千言，倚马可待，岂效汝辈搔首终朝尚无一字乎？榜发，余名目二十四圈提在一百名，恰为第一圈殿。第二场，适提一百名面试，不必呈请，而可坐堂上也。盖县府试在堂上试者，由县府主自阅卷，易于脱颖出，若在堂下，谓之捞海底，必经分校者阅荐，方达府县主前，否则沉沦海底，无处摸索。然提堂若干，向无定例，有提百名者，有提五十名者，此次幸全提，故余可得坐堂上。向例第二场试经义，榜发，余竟由第一百名升至第二名。众以为再策一鞭，可以冠曹，则得府批者，院试未有不获隽也。乃入第三场，余试帖诗八庚韵，出一字为青韵，被府主勘出，降为第十一名。第四场考经古，余又升第二名。众以为尾掉有力，尚可望第一。然至第五场，全案出，余占第三名。盖县试以六场终，府试以五场终也。以此四月院试，漪合又劝余报考经古。经古卷资较昂，而考题亦不易，故生童有考有不考者。考而获隽，固可有正场之助，不考而正场文佳者，亦可入选。余幼颇习经古，故从漪合之劝请，乃报名焉。经古合福州府属十县生童试之，与正场分县考试者不同。十县报考经古者合计约数千人，向例于正场入场之后发榜。余入正场前，漪合耳语谓余曰，红号出，吾已取经古第一，此试好自为之，非夺院批不为快。余亦以院批自许。翌日，题出，忆为富润屋，德润身。子曰十手所指，亦一搭截题。余全篇贯串易卦，固以矜奇斗巧，然亦自觉凑拍天成。此时漪合及诸友关心者，非对余研究入彀与否之问题，乃能拿院批与否之区别也。榜发，而名列额外，余又垂头丧气。翌日复试，巳刻出场，四弟及陈君耀妫皆迎于学院，俗谓之接场。耀妫伴余行，命余默念场中之作，余在大衢上逐一念之，耀妫无语。旋至鼓楼前郁章丝线店内，遣余先归休息，私语四弟资训曰：而兄又无幸矣。诘以故，曰：起讲失口气，将奈何。盖从前制艺，有圣贤自立言者，或弟子代述圣贤之言者，丝毫不能错，错则谓之失口气。四弟抵家，余甫入睡，见吾妹蕴石，号沱大哭曰："三哥又无幸矣。"妹曰："榜何早耶?"四弟曰："未也。"以足顿地曰："已失口气，又何望乎。"妹摇手止之，恐搅吾睡，然吾已窃闻之。

　　是夜三更，余与余妇以被蒙头睡，吾妹以一灯在廊斗读书。闽所谓廊斗者，即寝房前以石铺地，与正厅之廊相接，故谓之廊斗。余父、余母亦就寝，示镇静也。而余族叔名荇者，暨东街李辉霖之族侄名茂林者，膂力过人，度有翘首人群、先睹为快之势，二人相约代吾看榜。榜发，余名列第二。二人飞奔至家，声如水涌，叩门疾呼曰：三哥进第二矣。阖家皆起。食顷，捷报至门，吾父衣冠拜祖，爆仗满地。翌日，拜师贺者盈门，筹备簪花。前一夕，诸姑姊妹及中表之亲咸集，或绣红鞋，或以茶叶擦金器，或串珠花，或理裙带，灯光达旦，候至黎明。余先披彩、穿襕衫，赴院署簪花，后又往默《孝经》，然后谒孔庙、拜县学老师。礼毕回家，拜天地。余父、余母先拜，余及余妇相继拜。内外戚咸与余父母贺堂上，花烛辉煌，堂下鞭炮之声与金鼓之声不绝于耳。盖戚友中同进学者乘舆披彩，亦至余家拜客，余亦往拜之。彩旗金鼓充塞街衢，而乡里女郎亦搴帘倚槛，争看新贵郎君。富家巨室亦有思榜下招亲者，人财两得，名利双收，惜乎吾已娶妇四年，且育一子，无此福分矣。

　　是科学使为檀玑，字〔号〕斗生，安徽望江人，以赴上游受贿被人参劾，有旨查办，故赶考首县，发榜至速。余入场时，见其坐堂皇，戴小瓜子帽，穿短纱褂，丰神奕奕，尚在目前也。时陈遵统贺余联云："一生忧乐范文正，四海声名苏子由。"是年秋，以壬寅补行庚子辛丑恩正并科，余联捷，登贤书。正主考为载昌（克尘）夫子，副主考为吴荫培（颖芝）夫子。是科首场五题，一为汉唐宋开国用人论，一为勾践焦思尝胆论，一为子贡使外国论，一为唐藩镇论，一为筹边防论。余卷入张斯钰（式如）房，堂荐获售。张，山西人。乡试榜发之后三日内即簪花，与院试不同，盖正主考急于回京复命也。因此戚友毕集，分写红柬拜片盈二千余份，燃灯结彩，灿烂辉煌。余父曰："吾子成名，吾不惜费。"然每值拜祖时，余父则泪夺眶出，慨然曰："自康熙以来，今日复兴，吾岂不喜？惜吾母不及见矣。吾母守孀四十余载，欲见一孙男娶妇不可得，吾已憾之，今不及见汝等成名，余能无悲？"余侍立不敢言，心默识之，窃念余母乳岩。当已散解，余既不问，母亦不言。余知可以慰母怀，已母病矣。

是年四弟、五弟报考高等学堂及格，入堂肄业，监督为叶在琦（肖韩）太史，闽中新创之最高学府也。钟麟祥（星西）、林柏棠（恒涛）均服务于其中。

是年为余家否极泰来之时。东街辉霖叔惩美琯前车，故亟于兰隐择配，以相攸之责加余。余亦乐任，然未有相当者。有介马江船政学生，叔以单丁，不愿。有介郑太史之子，曾为未婚妻举丧得千金者，叔以其贪得却之。盖闽有跨棺俗，以女子新死，订婚之夫跨其尸一哭，然后殓，示以成夫妇之礼，辄给厚酬不惜也。然有志之士不愿为。

是年冬，余就吴维尹家塾。

光绪二十九年癸卯，余二十五岁

是年春，辉霖叔自鹭江回，元旦来与余亲贺年。余友耕云堂主人刘某者适至，询余曰："堂上皤皤者谁乎？"余曰："叔也。"因而诘刘曰："有佳子弟常就子求书否，曷介而与叔女婚也。"刘曰："然。有茂才梁鸿志，长乐人，兄鸿葆已登贤书，早失怙，堂有老母。"余曰："门第如何？"刘曰："梁中丞茝林先生曾孙，林布政颖叔先生外孙也。"余曰："齐大非偶。"刘曰：

"梁贫甚，无苛求意，但得一诺可效执柯之劳。"翌日告叔，叔曰可以。此遂定议，成秦晋之好矣。

是年正月初十日为灯节，吾偕蕴石三妹及兰隐叔母、蒲家大姊同游鼓山。鼓山为闽之古刹，盘礴而上，肩舆未抵寺门，已有僧以灯迓于万松湾处，若早知余等之来。游者入寺内，夹道松涛，满阶月影，如游天上，不似人间。入夜，登喝水岩，泉声不断，有观音大士至灵，各问签毕，登楼倚栏望，正殿有一竿，高耸天际，如星斗焉。余等伫望至东方既白，始就睡。睡起，叙饭蔬。复至喝水岩游览。喝水岩亦名国师岩，岩有小筑，陈弢庵师之第一听水斋也。

二月，余之汴，应礼部试，盖庚子后借闱于此。余与方策六、陈舜仲同行。至沪，秋湾林表叔、福宁李芗园款余等至笃。抵汉口，病作。时车通信阳，由此至开封须由驿递，然在汉口可预雇骡车。同行者急于趱程，余乃自投药石。又虑素犯遗精，疏表两难，同行不可独留，不宜扶病登车，止有托孤寄命于驼铃鞭影间。旅羁之苦，此为最矣。余仆名景福，常侍侧慰余。车未抵信阳前，洪流暴发，铁轨冲动，易车而步者四十里。余故有足病，然不能不行。甫行，有飘驰电掣之车突至，烟窗外煽，白气如云，余急跃下坡避之。策六犹支筇呆立，景福呼曰："危哉！险也！"旋亦挺身循坡下。负余而上，徐行抵信阳。有乡人某闻公车至，就旅舍视余等，劳以鸡酒，导至其家，谈河南故事曰：幼读小说，常闻崔莺莺逾墙访张生韵事，始不信之，以为闺中小玉，岂有穿窬逾垣之理。不知河南一带，屋角篱笆，墙头桃李，甚易攀折，故风流佳事往往有之，不足异也。谈毕，回旅店睡。悬车门外，放马郊原，视为常事。余与策六同睡一炕，炕前有一龛，彼曰神龛，实狐穴也。借胆壮气，以被蒙头。夜半即起，与景福同一车披星而出。过山腰，轴不能动，候行人助一力而车始转，东方白矣。未几抵朱仙镇，知为古战场，得鸡酒与策六谈岳武穆故事，慨然曰：吾等何时抵黄龙痛饮乎？同行者有何枚生，梁仲异师也。枚生胆甚怯，余辈均视为腐儒，甫离闽时，同以海船之沪，船长洋员常登望楼疏散，蹒跚而行，盖随波之上下而纯任自然。枚生瞥见，惊骇下舱，告同人曰：事急矣，船将覆矣，洋人跳矣。同人起视无事，一笑而散。自此同行者群以"洋人跳"呼之。何性狷狭，知众之讥己也，抵汉口，乃先同人行，而余等之车落后。抵开封，止贡院前火神庙街，余与策六据一室，舜仲据一室。余与策六以银易钱堆贮床下，量入为出，如幼时与余兄在乌石同学故事，恒使有余，不令不足。景福执箕苦勤。时林开谟（贻书）世丈任河南学政，同乡卷资由其分送，亦可感也。

　　试毕，余与策六南旋。候榜揭晓之日，李鸿熙（字沪寄）孝廉（副车，故未会试）邀余与策六饮于小有天。余与策六已落选，策六罄壶饮余，余承以鼻，大醉。沪寄扶余归，归责余妇曰："尔何又育男耶？"盖闽俗有喜冲喜之谣。余之汴时，妇举次男务滋，余意不育男，或可得第，今既得男，则以喜冲其不第宜也，故醉斥之，且余于妇有宿憾焉。溯自丙申出考，戊戌复试未售，庚子前列又不售，至壬寅始获隽。旧例由县府历院试各十四场，四科已历五十六场，即余在风檐短晷中争短长者，历五十六日，以日夜计之，凡一百有余日，饥肠如鼓，臭气薰天。壬寅之岁，尤余最困顿之时，入场前一夕，令妇装参饼，为夹带蝇头小字计，妇忘未措办，余怒斥之。妇曰："汝能进学乎？吾知其必浸入揄涽也。"盖闽音进与浸同，余妇转借以讥余，平心言之，非讥余也，以余怒责而愤激耳。余因大醉，旧事重提，故以头撞枕而一发之。

　　然余虽挫跌，而四弟、五弟乃于是春同时入泮。四弟并于谒圣日娶陶氏女为妇，金鼓之声、花烛之影参差交映，宗族为光，余亲顾乐之喜可知也。同时刘妹倩之叔，名道铿，字放园者，亦入泮。先是放园应县试，丐余捉刀，余曰若得县批，当互抱距跃三百。题为：壮者以暇日修其孝悌忠信义。余谓，壮者非三十岁之谓，乃勇壮兵壮之谓。谓古者择年壮者为民兵，武事虽修，亦讲文教，故令其搜弥之余，亦须入庠序，讲孝悌非徒以武事见长也。榜发，果第一，放园即以县批获入泮。举行两家簪花毕，吾妹蕴石亦奋发有为，请于父母入蚕业学堂肄业。掌堂政者，螺江陈弢师夫人也，早出晚归，均以肩舆迎送。兰隐妹亦于是年适梁，继母为妆奁事，意常扞格，余斡旋颇费唇舌。成婚之翌日，闽俗有所谓撮食者，即新郎出资宴新娘之亲串。梁艰于资，叔家任之，余亦博一醉归。是年秋，有乡试，梁仲异告捷，四弟景堃中副车。父曰："副车亦举人也，可循例一体簪花。"余贺梁，梁以红绸薄掷于地。余代叔如梁，意易之，事乃已。盖闽俗簪花所用披彩之绸纱为岳家所备办也。兰妹来贺，余家喜。已启筵矣，兰隐辞归，蕴石三妹坚留不获，呼舆升堂，两婢扶舆去。舆后有灯，闽俗所谓轿后灯也，署仲异尊人官衔。三妹叹曰："富贵骄人顾如是耶。"盖妹因许字之刘亚农，病未入闱，恒抑郁不乐。相形之下，妹病益深，竟于乙巳年不起，其病根即伏于此年。科名之累人，盖可知矣。

是年秋闱后，仲异正新贵，而兰隐葬母。梁母扬言曰：吾梁氏无与侧室女婚者，禁其子勿送葬。叔不得已，刻石继室某氏之墓。入窆时，大雨淋漓，兰隐以身蔽碑哭，路人悲之。此足见吾闽嫡庶之分至严也。

十月，余与第六谋东游，盖以制艺、策论俱空谈，非实学，难为世用，乃买舟谒螺洲陈弢师，乞其商魏制军光焘、姚提学积诚给资东游。师曰："科举未废，明年有恩科，尔等仍求试于正途，果报罢，再往东未晚。"余等诺之，乃约游方远山，宿听水第二斋。盖鼓山之灵岩，师有听水第一斋，此其后辟者，故名第二斋。瀑十余丈，日光闪射，水花如喷珠，至今尚悬心目。是行有星西、宏涛、墨园诸人，吾师有诗纪之。

光绪三十年甲辰，余二十六岁

春，同策六、莼仲又赴汴应会试，乃住去年所居者。居停有女病，经年呻吟之声不绝于耳。余等在羁旅无聊中，闻之心裂。试毕束装过沪，嘱林秋湾表叔曰：榜发，消息先到沪，获中与否，乞电知。在船上与策六私议曰：两人获中后，均获赴东，此为第一幸事；否则同捷而留学之愿不偿，次也；更不然，同落选而师能践约，又次之；又不然，一捷南宫，一往东瀛，则吾人分道扬镳，亦命所应尔；两者皆空，斯为下矣。乃回闽不久，已届揭晓期，有日黎明，邻巷苏拱宸树斋世叔跣足奔吾家，大呼曰："石芝中矣！"盖苏主提塘，每晨遣丁将军衙门录邸抄，得信最早。然捷犹未至，而街上之题名录已喧腾。父曰："吾儿果捷矣。"余曰："此赝录也。"父曰："不赝他人而赝吾儿，虽赝犹真，吾亦喜之。"不久捷音果至，策六、莼仲相继来贺。顷之，秋湾表叔电至，三人皆入选矣。以此互贺，爆仗之声连衢塞巷。当夜焚香拜祖。余父泫然曰："儿能绍二百余年书香，吾岂不喜？惜乎祖妣守孀四十余年，不及见儿之发轫也。"

翌日，衣冠拜师，亟治行装，趱程北上。蕴石三妹、兰隐妹及蒲家大姊祖饯于乌石山沈氏宗祠。祠后有涛园，余有句云："未到名山先有梦，万梅花下倩人扶。"盖其时妹等以弓鞋踏地，且园有斜坡，莓苔甚滑滑也。不数日得咳嗽，疾温凉，补破杂投，咳声终不断。然朝考期迫，不容稍缓，不得已扶病上船，仍偕策六、莼仲行船抵上海，咳声止矣。盖蜷伏舱窗者三昼夜，故肺气平息。驰书禀堂上，甚以为奇。抵沪访林贺峒观察，过津谒叶桐侯军门。

入京，居福州新馆，镇日习楷。张师贞午、陈师玉苍、府尹沈爱苍太年伯、孝廉林筦台更番到馆督书，授以程式。晚则携灯游章台。时力轩举、孙幼榖、林朗溪、卓芝南、李秀瑜、林枚贞、傅莲峰、龚墨航、魏挺生诸前辈飞笺招饮，殆无虚日。广和居之潘鱼、江豆腐，皆以闽人得名，最为脍炙人口。前辈谈，曩有以"朝朝流汗广和居"命名为试帖诗者，其首二联云："所居和且广，其汗止还流；且管今朝醉，明朝不用愁。"人皆以为佳句。游晏毕，各携一白纸灯笼回会馆。遇有风雨，泥深没胫，街道高如大阜，而两旁洼地，车行其中，如泛凫焉。策六楷书端正，群推有翰苑之望。余与莼仲字极劣，无奢望，但余父不喜余用外官，第得分曹，或中书，于愿足矣。复试，策六一等，余与莼仲俱三等。盖余原试卷内有因"北豸之种"四字，出《汉书注》，阅卷大臣疑为偏旁空白，谓"豸"字非"貊"之误，即"貉"之讹，遂被签黄条，抑置三等。殿试有鉴前车，戒用僻字，幸获二甲十九名。策六亦二甲，莼仲三甲。同乡均拟策六点庶吉士，余与莼仲得百里侯，幸矣。时陈玉苍师在颐和园值班，有点派读卷大臣望。力钧（轩举）告余等曰：殿试出场，可以字条来，夜半当遣骑吏送园。余等从之。清制殿廷考试，所有派出阅卷诸大臣，其取定各卷彼此不相互阅，惟殿试读卷，则须轮流遍阅，俗称转卓。阅者于卷后各志○△、丨四项为识。余大卷适分陈璧（玉仓）夫子，陈加一尖，其余读卷大臣七人均从之，故得八尖，而张英麟师且加半圈，用获二甲。盖八圈方能得一甲，八尖或有一二圈者得二甲，八点则列三甲。及朝考，方兆鳌、策六二等二名，余与陈宗蕃（莼仲）均三等。以向例言，策六五画也，亦可点庶常，余与莼仲八画也，应点知县。（复试一等，殿试二甲，朝考二等，故为五画；复试三等，殿试二甲，朝考三等，故为八画。）盖朝【考】为最要，朝考一等者例用庶常，朝考二等者例用中书或主事，朝考三等者例用知县。时郭曾炘（春榆）年伯为小军机领班，可进言于大军机。是年同乡得朝考一等者唯林志烜（仲枢）、张琴（治如）、林乾（上府人）

三人，如以二等二名之方兆鳌加入庶常，亦不为多。然春榆年伯内弟名王鸿犹（号啸龙者）朝考三等，殿试三甲，例得知县，而春榆年伯为之揄扬，谓王名虽在三等，而名次在前，可用主事。余与莼仲名均在鸿犹前，故余与莼仲得附骥，亦用主事。春榆年伯既为鸿犹言，无暇援策六，故策亦以主事用。时福州新馆有一诗云："可怜好手腕，竟等鬝头毛。"上句谓策六，下句谓莼仲。莼仲童年，头已濯濯矣。

　　试毕拜老师，余之房师何式猷（广东香山人），座师为裕德（文慎）、陆润庠（文端）、戴鸿慈（文诚）、张百熙（文达）。余卷为戴所取中，戴师告余曰：以第三场第三艺制胜。故又检首场之卷次合勘，乃得入彀。余忆其题为：日中为市，交易而退，各得其所义。戴师加密圈，故获中。庚子年戴师督学闽中，吾以府县前列应试，未获登草案，今科卷已沈海矣，乃以一艺制胜，搜遗得之，人生遭遇，迟早有不同也。以上所述者，礼闱之故事也。

　　若殿试之卷亦有可纪者。殿试卷向藏内阁大档中，无从检阅，惟甲辰科殿试卷辛亥后由内阁散出，为陈任中（仲骞）同年所得，检以还余。卷中曹掾之掾误书作椽，竟贴黄条，幸得玉师之力，列二甲，故同人戏余曰：间面可以得探花（文廷式故事），魏惩可以得一等，（魏征所误。此珍师告余者，不知系何人故事。）曹椽何不可以得二甲。

　　是科试毕，拜老师。其时老师中位望最高者为裕德，德长兄裕长，由陕臬升藩司，裕禄为直隶总督，即以庚子之乱赐自尽者。德由翰林出身，官至理藩院尚书、内阁大学士，虽未入军机，而一门鼎盛，门生故吏欲登其门而不易，即欲一接颜色亦甚难，惟同乡刘觉亭（元任）同年则甚得其欢。盖刘以甲辰应内阁中书考试，亦得列裕德门墙。刘告余云，会同年之日，裕坐首席首座，新贵者迭劝酒，觉亭亦进一杯，裕曰："吾不如汝李老

师之善饮。"谓山西李昭炜。刘曰："李老师，体至健，去岁如
师母，尚弄一璋。"裕闻之大噱，喜刘之诙谐也。问何籍，曰：
"福建长乐。"曰："何以为［无］闽音？"曰："随宦陕西。"裕
见其无书生气，问执何业？曰："曾随林诒书学使阅卷，亦有时
代司简牍。"曰："甚喜，吾家书札如山，无人主理，汝当代我
一之。"刘以此获知。迟日往谒，阍者曰："中堂有谕矣"。长子
熙明字润甫者出见，以应答信付之，并举明讳暗讳以告。明讳者
何？讳其先人名字也。裕父名崇纶，粤匪乱时为湖广总督，城池
失守，与吴荣光同被难。曾文正公归咎于纶，故引为终身恨，而
深嫉湖南人。门生宾客中有名纶者，或有嫌名者，门簿但书偏
旁，门者不以实告，若以实告，则神志丧失。同乡杨廷纶字芸
朗，亦甲辰同年，终身不得见裕，盖阍者不以刺进也。裕素讲理
学，并非矫伪，实有心病。暗讳者何如？阴阳之阴及不祥等字均
戒入，书牍具稿进有宜修饰者，则以小楷注其旁，谓此字宜轻，
此字太重。盖裕虽为大学士，而群称之曰中堂，然未入军机，与
军机大臣之称中堂者有别，故如所谓枢垣等字均不敢擅用，其精
细自重类如此。有时与小恭王溥伟唱和，亦与觉亭推敲及之。觉
亭云：裕禄非真信拳匪者，特以满人素性服从，见太后下跪，故
亦不敢不跪，然究不知轻重，近于颠顸误国，故裕师稍稍重视洋
人，荣禄、那桐均不与之相能，时以恶言入太后耳。太后尝曰：
裕某不常入对，闻渠好洁，必嫌我处脏也。有时则以难办事委
之。余诘刘曰：或传其整饬衣饰，每晨沐浴衣冠，必对镜徘徊，
方出见客，信乎？刘曰：裕起家寒素，为翰林时，油盐柴米恒亲
躬之。尝告人云，人生不要怕穷，富贵有时宜静待毋躁。显达
后，衣冠非甚绮靡，惟好洁诚然。谒客归，幼妾跪地，以【拂】
尘拂尘，则诚有之。时住东四十一条，余曾往谒之。是时余欲请
假旋闽省亲，并打秋风，力轩举介余于陈玉苍师所司文牍，但告
余玉师至俭，子能尝烂羊头，则三年陵工保案可望得缺。余以归

乡心切，却之。于是玉苍师招考能文牍者，梁鸿志应考，其拟信中有"一向倾葵五中铭篆"之句，玉苍师曰："一向乎，一向乎，此是何典乎？"信末又有恭请荩安句，顿足曰："如何令人自尽乎？"盖荩与尽同音，当时言函牍者亦忌讳也。然梁君卒亦中选。

是年殿试，尚有佳话足述者。同年朱汝珍本捐有主事，凡堪充读卷大臣之满汉大臣均拜为老师。盖朱为粤籍，家小康，殿试日各处分送诗笺，故朱卷能得八圈，拟第一，刘春霖次之，张启后第三，商衍鎏第四。然未胪唱之先，朱得状头，遍传都下，御史风闻，言事早已入告，故进呈十本卷。陆润庠（凤石）已遣人告张启后可得探花，早备冠带。不意西太后先入御史之言，一开卷，果为朱第一，乃以朱卷与刘卷对换，刘卷在王文韶手，太后谓王为两朝元老，其门生应占首魁。一、二既对易，乃亦将三、四对易，故商得探花，而张为传胪。

试事既毕，于是余即同策六回闽矣。九月，偕童幼轩赴厦门送朱卷，闽俗谓之打秋风。即以朱卷联扇颁送官绅，官绅于其行也，赠以路仪。时厦门协李某与余有宗谊，而辉霖叔在海澄充签押，县令名易简。余因由厦入漳，过金门石码，有李宗祠，余书"静中气象"匾额赠之，盖谓延平先生学从静中气象来也。秋风所得，购玉镯一、金镯一为余母寿。母遗令授余妇，余妇举为廷俊女作妆奁矣。回闽拜延平公祠。祠在黄翰巷，春秋二祭，由官主之，初掌其事者为北门一派。余家入祠，自丙申年余兄入泮始。是年，四弟、五弟考入大学预科，六弟考入译学馆。

光绪三十一年乙巳，余二十七岁

是年春，余挈眷来京师，住烂熳胡同，签分户部四川司行走，得帮稿上行走，是所谓乌布也。旋由四川司行走兼山东司，管全国盐政，为户部四大司之一，同时在计学馆肄业。曹汝霖、陆宗舆皆馆中讲师。赵尔巽（次山）为户部尚书，时令新到部者编案，月奖金三四两。有万秉鉴者数上条陈，求代奏，堂司格之，目为疯子。堂上有满汉两尚书、左右侍郎各二人，如有管部者共七堂，公案排列，签筒森立，如神座焉。堂帘外则书吏鹄立，手抱案牍，司官下马，捧牍入侍，先画左右侍郎稿，后画正堂稿，汉堂无所可否，率画里稿。署诺毕，攀帘出，投牍书吏，又扬长去矣。此之谓红司官。盖兼大差或陵工，而无暇入司办事。即入司，周旋即去。若黑官司则长日埋案，辰入酉退，其恒例也。同时余与策六、莼仲、仲枢等又在进士馆肄业。仲枢住馆中，余与策六、莼仲住烂熳胡同，遇大雨，则以车入城，迓仲枢酾饮恣谈，终夕不倦。郭则沄（筱麓）在馆最明敏，听讲毕，偶于讲义末题句云："我倦欲眠君且去，明朝有意抱书来。"盖讥曹、陆之无学也。

是年蕴石三妹病急，余母因商刘家成姻，或且得喜气冲压，否则魂亦有依。刘允所请，及期，举行花烛矣。乃是夕益不支，延至翌晨，卒于余家新房内。乡书来述，余哭之恸。

八月朝廷废科举，余乃与策六商赓续旧约，同赴日本留学。时监督进士馆者为同乡张亨嘉（燮钧）夫子，谓果有志，可呈请给咨。适户部保送总理衙门章京八人，余厕其间，张百熙、陈玉苍两师力也。策六亦有练兵处差，沈丹曾年伯力也。以此未即行，乃以眷先随莼仲眷旋闽。

罢科举诏下，两宫不以为然，群臣召对之时尚谓：此非我意，乃卿等使然，然卿等必为我善办学堂方对。我住京师，敷衍如故，各省奉行故事如故，不知以后人才从何处产出。总税务司亦告人曰：废科举诚是，但中国情形与各国不同，吾恐三十年后中国街上尽是技士、医士、工程师、会计师，而欲求一忠孝之人不可得，且安知不有第二次庚子之乱乎。故其时言新政者与旧派格不相入，西太后固守旧党之首领，尝闻召见臣工时曾询各国宪政如何，有曰欲立宪，必自地方自治始者。太后曰，吾恐地方自乱乎？能自治耶？其所言虽旧，以今日观之，不幸而言中矣。

是年八月二十二日，戴少怀老师奉派赴东西洋考察政治，以商部侍郎陈玉苍夫子署理戴缺，仍是师门。余以山东司编案兼在进士馆肄业，事难兼顾，加以计学馆功课与进士馆相同，故即对于计学馆求退学。然科举已废，进士馆亦仅留空名耳。后此更无进士可入馆。原章又只有中学程度，将来大学学生毕业不几压倒老生乎。故佥议改该馆为法政学堂，后果实行，旧址在今太仆寺街。

光绪三十二年丙午，余二十八岁

是年春，偕策六回闽，预备三月赴日。时兰隐妹住乌石山李氏祠，贫甚。祠后有辛夷楼，楼前辛夷花开如雪也。行期定矣，易园、星西诸子饯余及策六、宰平等于台城。有妓名瑞香者最暱宰平，盖宰平年最少。余等约共暱一妓，大被同眠，然妓常与宰平并肩睡。

及抵东，延日师泽篱健、南里彦太郎二人在东北馆课日语。南里略解汉文，泽篱则否。余与策六发辫盘颅顶，冠学生帽摇摇若悬旌。众议学速成，余决习专门，策六从之。九月将入学校，示须考日文许入学，策六惧，无以应。余曰，必坚持之，速成非吾志也。董伯英嘉余志决，乃约见监督青柳笃恒，告之曰：是二者皆中国博士。出进士馆文凭示之，文凭印纹龙，告之曰，此大清皇帝上颁之品也。青柳笃恒询已授之功课，略试日语，即钤印许入学。余到日半年，略通日文，即与策六合译《民法全部》。

光绪三十三年丁未，余二十九岁

在校一年期满，余考最优等第二名，同考中日学生共六百余人，而吾闽方策六、陈遵统、虞伯延等均占前列，同班者均谓闽中多才。余答案至捷，题目用白墨写黑板，甫写毕，而余已交卷。

四弟会考举贡人选，以亲老告，近分发浙江，以知县用。

光绪三十四年戊申，余三十岁

是年元旦，宰平有诗寄余及策六。自是年始，宰平居北，余与策六居东，时以诗相酬和。余不自知其丑，而宰平亦不菲薄之。自后同聚京师，虽无离索之感，余以俗务牵率，废弃笔墨。宰平诗境大进，诗名大噪，余则望尘莫及矣。

正月二十五日为余三十坠地之辰，余邀诸友在东北馆醵饮，席地坐，余自任烹饪，时值大雪。

是年三月，东京开博览会，会设上野公园，樱花最胜地。会费一百〇六万元，网罗全国出产物至二十七万六千余品，其建设馆址占十万四千坪，会期四个月。举国男女若醉若狂。会内分农业馆、林业馆、通运馆、动物馆、水族馆、参考馆。但有一事伤心者，即台湾馆也，内列台湾出产品及装饰台湾人种、台湾妇人状态。又设奉天大战场，用油画演辽阳鏖战状，用光学影射。观者不知为油画，止见烽烟四起，积骸如山。近前则用土木建筑作吾国辽阳村落，东倒西倾，苍茫可惨，日以耀武示国人，而余辈肝肠寸裂矣。同时又有感触者，即早稻田开拟国会一事。所谓拟国会者，谓摹仿议会，以学生为议员，以讲师为国务大臣，以大讲堂为议院，提出议案，双方驳论如舌战焉。初观之，亦佩其教导有方。然有一伤心事，即日本学生提案云：日本可否降高丽王为华族。自此议案出，高丽留学早稻田者二十余人尽请退学，谓辱其国王也。去岁战事未平，高丽留学生学费不继，韩政府亦无力救护，至于绝食者累日。既而学生等二十五人各断一指，以血作书，夹指寄还，始得高丽王哀怜，赠万金，以活余喘，故留学生尚恋恋故主不舍也。

是年宰平回国，已任总理事务衙门储才馆事，尝以陶然亭杂感寄示。

是年尚有一趣事可纪者，各省提学司、各京中外放之道府，有自备资斧赴东考察学务者，亦有由各衙门派往者。吴荫培（颖芝）夫子，以新放遗缺府来东考察，亦住东北馆。

是年四月十九日，余父辞督房总书职，松督寿批慰留。父感知遇，驰谕告余，并录示原禀，略云："书早岁入署，历升经书。光绪十四年办理海防，赏给五品顶戴。十九年，本署旧设房科改章裁并，蒙院长谭考充兵房总书。署役以来，兢兢业业三十年。长男景铭，忝捷南宫，蒙院长李赏借工伙银二百两，以为公车之费。历叨怙冒，敢顾蚁私。惟下书年越六旬，时形羸惫，视茫手颤，不堪提总。苟因循恋栈，必至贻误簿书，恳准辞退，得以归休。"寻批："该书在署办公，小心勤慎，诸臻妥协，不必遽萌退志，所请暂无庸议，仍当勤慎办公，毋得贻误。"父驰书慰余曰："松制军所加方面大员，考语不过如此。吾一末吏，优遇如此，岂敢贪逸。"禀中所谓光绪十四年得奖者，即承甲申之后，杨昌濬督闽，查考甲申年凸力人员，故余父得奖五品顶戴，而余祖母尚未得封典。父曰："吾母四十年守孀之劳，所以报之者，惟待汝曹，汝曹勉之。"所谓光绪十九年改章者，即余之同年谭延闿父，名钟麟谥文勤者，督闽所行之新政也。先是督署分六房，即吏、户、礼、兵、刑、工是。而兵房权责最重，水陆提镇以下之拔缺、署缺，皆由兵房呈单取进止，而兵房书吏之缺，则自明以来因世袭之制，而衣食于斯者，二百余年。缺主之最大者，吴、王、程三家。吾父则被佣于三家而得月给焉。始仅月一金，既而文牍渐娴，奏咨悉倚办。父极清廉，闽之上下府，无不称李稿公之贤者。于时父任经书，然礼金则全归缺主。缺主视水陆营缺优绌，定礼金等差，不如其意，则藉故屈抑，否则留余隙，以俟部驳。何也？吏、兵两部吏，恒缘各省吏为奸。父嫉其

弊，而自恨少孤家贫，择业不精，然以事母故，亦屈为之，但自
饬则甚谨，不为时俗染。时谭文勤督闽，廉知其情，藉名考试，
实欲裁吏。因通饬各房，无论缺主与否，均准与考。考取后，分
三等任事。一总书，即负责提总意；二经书，即经承办稿意；三
清书，即清写公牍意。月有定俸，而缺主名目永远裁撤。考试之
日，监视极严，有顶替舞弊者，就地正法。时余年方十五，童孩
无知，但见老母忧虑。一日家人传言曰：头桶已入二门矣。余表
姊丈程铿藩、表兄潘振玉，咸惴惴慄慄，不知所为。父则自视欲
然，无所事事。然环顾数百家之缺主，无依孤寡，素仰食于他
人。而中表及余姊丈徐又经历太浅，如遭摈斥，生计何依，以此
怒然忧之。卒也，吾父考第一，擢兵房总书，既而兼管闽浙两房
之稿，而程、潘、徐亦各得经、清书不等，父始稍慰。然数百家
缺主以此失业矣，吾父怜之，礼金如故，更番分润，余父独肩其
责。父尝曰：吾穿赭衣待命者，为孤寡计也。旧制犯科作奸者穿
赭衣，父之云然者，恐一不当而干宪怒也。谭制军廉知其然，尝
询父。父曰：谁宜拔，谁宜署，下书秉公负责，不敢有负培成。
若礼金，则出乐意者之输纳，孤寡所恃以为生者二百余年，大人
可不深究。谭亦谓然。此制遂沿至辛亥始革。甲辰，余捷南宫，
父以公车乏费，援杨亦修子例，借银二百两。时任闽督者李勉
林，破例允之，盖督署向无借薪例也。督署吏权重职卑，穿青
褂，戴无顶冠。称上则曰大人，曰恩主，曰院主，自称则曰下
书，曰末吏。如有过失，革斥、枷示常事也。父自余捷南宫，升
员外，虽得三品封，仍服役如故。朔望，制宪行香孔庙，黎明即
往排班。遇雨，家人劝以肩舆往，父仍荷盖蹑屐，彳亍街右，
曰：吾子虽贵，吾仍为吏，循吾分而已。然制军驾旋，瞥见群吏
雁立间，有戴蓝顶挂朝珠服花衣者，趋前问封翁安，且曰后可免
班。父曰：分应尔也。益加勤慎。尝驰书谕余云：谭、李、松三
督之知遇，吾子孙不可忘也。

是年，四弟毕业于大学预科，奖举人出身。

陈璧（玉苍）夫子长邮传部，余与策六上书言，吾国宜收回邮政自办，而收回准备，先在养人才；培养人才，宜取法日本。师谓然，派余与策六调查日本邮电事宜。日本故有邮便电信官吏练习所，学习日本现行邮电法规也。余与策六谒递信大臣，大臣饬有关局长每周为余等讲授邮电法规。如是者一年，余等乃有邮电报告书之作。

是年秋，接家信，忽得宗弟家齐死耗。盖夏间辉霖叔以疫卒厦，家齐往迎枢，亦以疫亡。男丁尽丧，止余孤寡四人，同学莫不悲之。正沉闷间，一日迫暮，忽来东妇，褓褓婴儿，排闼入，跪地披发，低头不语。余与策六止伏案攻书，举头谛视之，惊曰："此非三年前富士乎？"策六曰："然。"询之，果然。诘来意，曰："李含章别余数月，鱼雁消沉，君等知其消息否？"余曰："已于某月蜕化矣。"富士曰："真耶？传之非其真耶？"余曰："余父之报在此也。"富士曰："含章死时，对余母子有遗命否？"余曰："无闻。"富士曰："然则将奈何？中国籍妇女流落异地，其夫已死，国律如何？"余曰："此使领馆事。"富士曰："吾将往使领馆请进止。"余曰："子意何居？"富士曰："吾欲旋闽，守含章丧，且抚遗孤。"余曰："中国之礼宜然，异籍女岂以守节为高？"富士曰："女各有志，不以国界限。"余曰："子不谙闽语，奈何？"富士曰："渐而习之，能也。"余曰："上有寡母，下有寡妻，且有两孤，今益汝母子，何以为生？"富士曰："含章竟已有妻子乎？"余出家书证之。富士叹曰："含章诚爱我，彼之谰言，彼之不得已也。今如此，吾自食其力，守其丧，以待其子之成，必不滋其家庭累。"谆劝不已，富士抵闽，余即挈眷来京，自是不复见。今其子已娶妇生孙，在南京任要职。

是年冬，邮传部尚书陈璧（玉苍）师为谢远涵侍御参劾，余等奉查邮电之事因而停顿。嗣得部电，继续办至翌年四月为止，书籍、仪器改运上海实业学堂。然余与策六对于调查事务，仍奉行无懈。

是年，余父戒烟。

宣统元年己酉，余三十一岁

自去岁十一月两宫升遐后，父寄来手札，易用乌丝纸，尝告余云："闽中念三日接奉电音，即系遗诰、遗诏，及新皇上登极宣布，盖即所谓红白诏也。大府即日悬示，易服缟素，官绅哭临三日。嗣君已立，醇王摄政监国，谅无他虞。照例官绅百日不嫁娶，期年不作乐，五儿婚期当改定。"又一谕云："此次太皇太后丧礼特加优隆。昨在署已见礼部保奏内云，百日不嫁娶改为期年不嫁娶，系指远支宗室及在京王公大臣、文武官员言。既称在京，则外省官绅不与可知。五弟婚事，二月后可举行，惟金鼓一节，见报章他省有嫁娶日准作乐之文，闽示则无，临时酌办。"盖是时父急为受正五弟修婚也。又一谕云："五弟大学预科毕业，腊初考试，因大丧未满百日，不由学部而由本堂教习代考，亦一快事。又闻将与吏部议，旧时庆典有恩科，今则应移于学堂，不知别有优加否。"又一谕云："国丧自有旧制可循，门阑刷蓝，男女衣饰帽顶穿用蓝素。"盖父自余通籍后，一切依礼行，即此一端可概见。（先是德宗有疾，征天下名医，有以同乡周景涛松孙、力钧轩举应诏者。德宗服力药有效，太后询太监曰：皇上病如何？答曰：日有起色。太后问服谁之药，太监以力对，太后现不怿色，故有以传力者，力即乞假，周继诊。及上崩，周告人曰：脉气未变，忽尔不测，诚奇事也。此余回国后闻诸力、周两家之所云。）

是年夏，余与策六同毕业于早稻田大学，未待揭晓，即携富士母女回闽。船甫抵岸，家齐母已备麻衣、麻裙，遣人赴马江迎接。富士从容穿戴，余护送至东街，奔往灵前大哭，余即告别。后闻其与家人相处甚洽，居年余，得瘵疾，就医台湾，音信杳然，想已物故。其子得姑丈梁仲异提挈，任南京要职，已述如前。

余既抵家，诸弟亦由京归，一堂团聚，曾欢宴于八旗会馆，并奉双亲为鼓山游。是为数年来余家兄弟散而复聚之良缘，不久又星散。八月携眷赴京，冰心夫人因船中积热，病几殆。寓译学馆后，身屋三椽，贫甚。余应学部试，得优等，引见后以员外郎升用，并以覃恩请祖父母、父母四品封典。本身应得者，貤赠兄嫂。盖余粗有成者，兄力居多，所谓有开必先者是也。然是时虽回部，而部承旧制，补署乌布资格极严，不如邮传为新部，咨调、奏调、派补、派署可以酌办。时玉师虽去，而长邮传者为徐世昌鞠〔菊〕人，亦朝考座师。郭曾炘（春瑜）年伯为左丞，龙建章（伯夔）同年为金事，林炳章（惠亭）年兄为丞参上行走。余与策六以调查邮电故，经数人荐举，乃获调为邮传部额外科员，并兼交通传习所及法政学堂教员差，粗足自给。但度支为余签分之部，不忍恝舍，时觉榷司。司长晏安澜（海澄）奉命调查两淮两浙盐政，副司长李毓芬（寿瑜）代理司长。余回部销差，李告余曰："尔回晚矣。前三年语子不必出洋，出洋者朝廷均以党人目之。子不从吾，果从吾，今乌布已大。然既往不咎，且俟将来。"余曰："将有何望？"李曰："当自额外科员始，月可十五金，但有丁忧病故者轮补，到时即可坐得。"余闻之，如水沃背，大为失望，然仍应值如故，居末座，手邸抄一编，与书吏、茶役杂座，于是有弃度支而就邮传意。李晓余意，告余曰："度支犹子之母家也，邮传则所适之夫家也。居母家，虽不出人头地，不招人讥议。若适夫家，不良或被弃，仍回母家，则人不汝直，汝宜慎之。"故余不决舍。有日，李告余曰："子知新政乎？今有清理财政处之创设，区为十二科。"科设总核一人，未及余。李曰："此各司司副兼职，非新进者所得与。"科设坐办一人，余仍不与。李曰："此各司科长兼职，非浅资者所可望。"一等科员三十余人可发表矣，余仍不与。顷之，二等科员二十余人又发表矣，余仍不与。李曰："二等科员可为汝操左券。"余曰："堂上知余学历、仕历否？"李曰："部中呈堂但列姓名，满员多无学历，故止开单。"候点时，度支部尚书为宗室载泽公，左侍郎绍英，右侍郎陈邦瑞，左丞陈宗妫（麓滨），右丞傅兰泰（梦岩），左参议刘世珩，右参议曾习经，而晏安澜、林景贤则丞参上行走。然清理财政处事务，则以数总办共主人，而晏之权最大，盖堂眷方隆也。林亦在参与有力之列。李告余曰："最后呈单能得林一言为助，或亦济。"余以乞林，林唯唯。乃有事出意外者，德宗奉安之日，隆裕太后因未得封号，滞留张家口，誓不回京。军机派伦贝子往迓，伦贝子故有陵差。林乃随往。林行，而单上自第一点至第十名，余名列第二，缺而不点，于并三等科员亦不能得，岂不冤哉。自度部中满汉千余员，以进士毕业专门者，唯余一人。清理财政处为筹备立宪、规画新政机关，曰言破格用人，何不破格用我乎？余以回旋无地，乃日事邮传，视度支如传舍。如是者数月，李忽召余。余届期辰时入直，吏曰："来何蚤耶？"顷之，花砖亭午，李至，拱手贺余。余曰："何贺之有？"李曰："子之被摈，子名大显，丞参均知子为大学出身矣。此余所以贺也。"又曰："晏欲面汝，汝盍投谒？"余如期往。晏曰："子从何来？"余曰；"从烂漫胡同来。""车软？步软？"曰："车半步半。始也安步当车，足疲，则以车代步。"晏曰："甚善。世人皆谓汝等学生眼中无人，信乎？"余曰："奚敢尔骄气凌人，早已消磨尽矣。"晏曰："国家非多金，不能得良骏。"余曰："听鞭策耳。"晏曰："今有一事，能代我劳乎？"余曰："分应尔。"晏曰："两淮两浙盐务案牍，汗牛充栋，整理不易，随我行者，但望叙劳列保，而究无一人肯尽劳者。汝能代劳，吾当酬汝车费。"余曰：'能任之。"晏曰："事速勿迟。"余曰："可。"晏呼吏，倾箧授余。余退，诣司告李，遇吴昔夔（联笙）询故，余备告之。吴曰："赠子产、运、销三字，盖盐务不出三者之范围。"余于是即以产盐、运盐、销为三大纲，纲设子目，而分浙东、浙西、淮南、淮北分隶之。翌日晤晏，请饬吏五人，春斗面为糊，备蓝布簿数十，剪刀一，供吾驱遣。余释其缥素，躬自排比，编为索引，依次剪贴，不旬日书成，授晏。晏喜曰："吾有以复命矣"。盖奉旨派查之件，奏复有钦限也。迟数日，丞参奉堂谕，派余充财政评议所评议。时任所长者，为陈锦涛（澜生）。评议月金八十，分给捐纳饭银，与各司长埒，每遇年节，一二千金不等。同日奉派者，有陈威（公猛）一人。丞参哗然曰："陈威父与正金银行有关，上公固知之，若李某者，新进少年耳，何遽登公府之门耶。"彼盖不知出于晏之一言也。旧例部缺补署，均由丞参请点，惟评议则出朱笔特谕，非丞参所能请。此为余一生特达之知。

　　不数日，盐政院成立，泽公以度支尚书兼盐政督办，晏为院丞，调用五人，余居其一。泽公命晏专理盐政，以清理财政事专责林景贤。林乃荐余为佐，泽公许之。余于是身兼三差矣。晏语余曰："清理财政，纸片文章耳，不如盐政有真实学问，中兴诸名臣，无有不精研盐政者。子其自图之。"余曰："初且泛涉，有心得再谋性之所近者。"晏亦不相强。于是余仍兼邮传差，并在两校授课，年方及壮，固不知案牍之劳形也。（时盐政院院址在东城大佛寺街，后改为将军府，余每日自烂缦胡同至此，车行十余里，我马疸矣。有日，马渴奔腾，曾踢伤朱启钤桂辛一婢云。）

　　是年十二月初十日，余父半体枯矣。自后有手谕示余，均以左腕作书，然气力圆转，或谓其有高南阜气派。盖父素习右军帖，有明人郑少谷风，老而书法又变。

宣统二年庚戌，余三十二岁

余升任清理财政处坐办，凡办理预算汇报、岁出入总数及划分国地两税，均余具稿，而林景贤（枚贞）、杨寿枏（味云）总其成。林视奏稿极重，具一疏则乞假三日，闭门谢客，精心结撰，故稿出则徽徽可诵。杨常饬余拟稿，如不当意，不自窜改，又遣他人易之，最后则加以润色。余受益不浅，至今思之，犹钦钦在抱也。

时资政院成立，余奉派为政府特派员。盖资政院之规程，总裁一人，副总裁二人，议员一百三十人，以钦选、会推、保荐之。法定之内分钦选者十人，以王公勋爵已满三十五岁者充之。会推者五十四人，以京员已满三十岁者充之。督抚保荐者六十六人，以各省官绅士商已满三十岁者充之。其时吾乡与选者，有陈宝琛（弢庵）夫子、陈懋鼎（征宇）年兄，而铁中铮铮者，首推雷奋。此外尚有额外参议员之设，由勋德闻望之绅耆，或富商报效巨款至五万金者钦派之。资政院所陈事件，咨内阁请旨施行。若内阁以为不可，须临本院或派员陈述意见，资政院不得强政府施行。其时亲贵当权，不欲亲自出席资政院与参议员辩论，故每部派选政府特派员二人，出席代表。度支部丞参及各司司副并清理财政处总会办，皆视为畏途，而余与楼思诰（欧获）同年乃获选。林炳章（惠亭）戏余曰：度支部于百人中，能代表大臣出席者，只尔与楼君二人，亦可谓难能可贵矣。其时所最急者提出预算案，而预算总册外，又附比较表。盖以三年之数平均为一数，再以本届预算之数，与三年平均之数或上年实支之数作一比较，增减自见。然各省财政监理官，虽皆翎顶赫耀，自号小钦差，各省藩臬仰其鼻息，顾未谙新政，不知预算为何物，亦不谂何者为平均，何者为比较，何者为增减。河南监理官唐瑞铜（士行）同年戏告余曰："眛死万状，临表涕泣，不知所云。"所谓表者，指预算比较表，言临表不知所云，只有涕泣而已。余曰："子可破涕为笑。"乃示以编制填表之法，彼乃憬然大悟。是时预算不敷，拟提新税弥补，丞参命余拟所得税法案，并拟请施行奏稿。余稿定，上诸右参议曾习经（刚甫）。曾详阅后，告余曰："此颠扑不破文章。"未易一字，丞参均署诺。此亦部中罕有事。

余既充政府特派员，又互选余帮同宪政编查馆审查法律案。父谕余云："一人而兼数差，皆系新政中要务，繁难极矣。儿素具治事之才，于做八股时已见端倪，诸弟皆不及。今大兄闲极，尔则忙极，事会之来，本是如斯。所寄家中生活及赒恤亲族者，无非汝呕心之钱，吾甚悯之。"又云："尔谓赋性褊急，遇难下之事，每多怒形于色，不能自抑。性急出于理直，亦复何妨？固不同于软滑者流。人或我谅，但为事过劳，又有取忌同僚之嫌，则宜急退。如来书所云，俟此次预算办竣，力求辞退，最为上策。"是时余每月寄家二百一十金，以七十金为母亲甘旨，一百四十金为家用。此外如外祖妣郭太君、虞臣二伯、家齐之子荣藩、徐娵、程娵各有佽助。余自信本心极纯厚，但性褊言直，自幼而然，虽知过不能改。而父以爱余，故且以为出于理直，亦复何妨，故益自恃，而终身犯此不知痛抑也。时值资政院开会，审查盐务问题，晏常挟余陪其出席分会，亦以余好辩故也。平昔细思，孟子尝云："余岂好辩乎哉？余不得已也。"夫余有何不得已，胡亦好辩无已时乎？

是年九、十月间，晏欲整理盐饷，资政院提就场征税案，持之甚坚。而晏谓刘晏时可行，今非昔比，故拟就各省情形，斟今酌古行之，冀可增益国帑。闽省官运甚疲，晏以盐法道陈浏（亮伯）迹近颟顸，不堪整顿，欲任余充闽省盐务公所监督，将官商两运并为商办。其时林绍年（赞虞）在军机，而毁庵师亦已来京，故浼余与林、陈商，加饷认销，由林、陈负责，另委他人出名承销。一面参劾陈浏，嘱余具稿。就正弢师后，袖以呈晏，晏以视张茂焴（仲清）同年。张曰："此折分条列举，有类侍御之弹章。若长官参劾属员，八字考语足矣，何烦词费？"卒以"估工不实，起灭自由"八字，劾其围场无成，有碍盐务。张仲清同年老于曹司，判牍如判狱，《盐法志》之成，亦其一手所经理，品端学正，亦余生平钦佩之一人。（归老苏州，以酒自放，卒以人面疮亡其身，岂不痛哉。）

是年十一月间，余以烂缦胡同湫隘，与策六同迁丞相胡同，与夏循垲兄弟同居，月赁二十四金，余与策六各任其半。夏有妹名怀仁，偶从余问字，不久即别去，后适严智怡者，即夏妹也。

是年由盐政院派充现行法分纂，余父谕来，戒余节劳，能辞即辞。余以泽公及晏知遇，不敢告劳，修禀奉慰。乃得父谕，知自沾手足不仁症后，方树桐（栅珂）年伯医治日浅，难以见功，家事虽能坐理，惟作信须人代笔，偶以左腕书之，亦甚瘦硬有神，饮食起居需人，圊溷需人，家中止余七弟，襄母奉侍，于是母谋为父纳小星。适有介撖头六侍婢者，乃成议焉。撖头六者，闽绅陈钦铭之弟，序行六，素以悭吝称，故乡人恨之，呼其为撖头六。婢年十九，采币三百三十金，十二月二十日成礼。余父谕来，谓此为下半世一大事，令分汝母劳事，不得已也。

宣统三年辛亥，余三十三岁

是年正月间，余与策六等议以闽学堂旧址改办宣南法政学校，公推陈弢庵夫子为校长。其时执教鞭者，有林志烜（仲枢）、林志钧（宰平）、陈遵统（易园）、陈宗蕃（莼仲）、虞熙正（伯延）、余及方策六、陈海超（雪村）等，皆乌石山旧人也。时诸人悉供要职，不能分身，惟有夜以继日之一法。北京之有夜校，自吾辈创之也。余任民法功课。晚灯一上，诸生群集，固极一时之盛也。

　　是年，余在部升任清理财政处总核，兼大清银行、捐纳房、公债处各差。时清理财政处乌布已改为实缺，总核与各司司副同可得京察。财政研究所亦易为本部立法机关，凡划分两税、规定皇室经费及会计法规等，悉倚办焉。余此时兼邮传部电政司、（由邮政调电政，蒋尊祎彬侯同年之力。）交通传习所、盐政院、清理财政处、财政研究所、大清银行、捐纳房、公债处、法政学堂、宣南法政学校十差，故父来谕常以节劳为戒，或戏余曰：子之命官印多，官不大，故兼差虽多，而不能得一缺，掌一印也。余母以父既纳宠，侍奉有人，乃有就养浙江之意，而余欲奉之入京，迟疑不决。先是三月二十四日，外祖母郭太君逝世，年九十余。母以朝阳舅无力奉亲，以女代子职者数十年不倦，今已终养，自可就养于舍，以娱暮年。故四弟于四月间回闽迎母，相约为西湖之游。母之离闽，自此始也。

　　五月，陈锦涛（澜生）任币制委员会会长，调余襄助。盖其时即有美国借款为整理币制之议，而以东三省税捐为担保。此在日俄战争后，俄势渐退，日势渐进，而美国欲与之均势，以达其门户开放、机会均等之旨趣，世所称币制借款是也。日美对于东三省之争，盖早肇于此时矣。

　　六月二十六日，忽遇奇祸。丞相胡同屋老失修，然无漏痕，雨晴数日，墙忽倾地，余女确一为瓦砾所掩，气闭身亡。余秉烛榻前，卧读倦极，甫入睡乡，惊跃起，出门呼清道者，入闼挑帷，掘土扶妇出，一息仅属。此女聪颖，足动人怜，遭险之夕，依余膝下，恋恋不就睡，岂知即为永诀时耶。

　　是年试办宣统四年预算，时日匆促，欲于秋节前提交资政院。先期缮册，余误三百六十为三十六，盖短零位，以散合总数不相符，奏上始觉。丞参谓泽公曰："此书吏事耳。李某躬亲，何可因勤获谴。"公曰："可具奏，自行检举。"寻奉旨："毋庸议。"此足见清廷公道，体恤僚属，政尚宽大。

　　余赶办预算时，身患湿热，发奇痒，入法国医院医治。医故迁缓，余贿其徒，徒秘授余药，出院，痒旋止。事为医院所闻，斥其徒，革退。徒固基督教人，失业无依，余以数金慰之。余既出院，汇成总预算，提交资政院，而武昌起事矣。

　　武昌失守之电到京，纷传湖广督瑞澂弃城走。而政府拟续议美国借款，为平定党人计。资政院电请政府到院说明。时庆王为军机大臣，余陪泽公尚书出席会议，至夜分未散，灯光灿烂，人声嘈杂，只闻瑞督能逮捕否？王曰：可。参议员曰：如何处置？王曰：就地正法。参议员大呼曰：美国借款已签字否？王曰：已签。参议员曰：能取消乎？王曰：可。众亦无辞以对，卒付审查。时京中人心惶惶，不惟丞参不往，即楼思诰特派员亦不愿往，曰：今日借款通过，则革党投弹，否则旗兵哗噪，焚烧资政院。余曰：素食公家禄，一朝有事，敢临难而畏缩乎？楼不得已，从余往。入室休憩，晤泽公，喑然曰：不图今日为亡国大夫也。余事泽公三年，此为最后之一瞥。不久衙署星散。国变后，即不复仕，宅经易主，死之日无以为殓，可悲也夫。

　　武昌之耗传入浙江，余母急于回闽。资训四弟亦以浙江独立，不可久居，乃于九月二十八日奉母旋里。余亦于九月初，偕幹如六弟避地天津。时策六、莼仲、海超、芷青各眷，均先后回里。余家贫亲老，无田可归，以部务在身，未便擅离，故将妻孥寄托策六，渡海言旋。不意策六甫行，而吴禄贞被刺山西，革军已抵娘子关。六弟景桢，译学馆毕业试竣，余乃挈之逃津。探知眷未下船，策六夫人坚劝同行。余听夫人自择，乃决从余，留津观望，迁往日界。时妇有怀孕在，三度流产。后陈仲祁告余曰：夫人体性脾寒肝热，桂圆、梨膏相继而行，加以大补十剂，或可保胎，否则危险殊甚。余如法行之，其所怀者，即今余之爱女廷俊也。余是时甫升总核，又派盐政院参事上行走，并兼部院、盐政两处特派员，事务蝟集，每周赴津，料检家事，来京则住漳州会馆，与陈仲祁同居。接家谕，知福建省城于九月十九夜失守，松制军寿吞金殉难。朴将军寿苦守一昼夜，力竭乃降，次日即斩。此役死伤百余人，旗兵约三千人，出奔者三百余人。布政司、首府皆去，盐道亦去。立军政府及交涉部、交通部、民政部。其军政初则由孙道仁（静山）主之，乡中有电招余及策六回闽襄事者，余婉谢之。惟受正五弟适自奥国毕业回乡，预计十一月可抵家。余则在津代六弟完姻，吉期定十月初二日，草草成礼。兰隐妹及梁姻母等纷来道喜，花烛辉煌，亦乱离羁旅中一盛事也。

是年冬十一月，内阁总理大臣奕劻，协理大臣那桐、徐世昌罢，诏命袁世凯为总理大臣，采内阁制。逊位诏下，官制未定，故朝命副大臣周自齐代理度支正首领，陆宗舆代理副首领，其不称大臣者，即留为共和地也。周山东人，与曲卓新（荔斋）同乡。曲为余甲辰同年，亦毕业早稻田大学，先余一年回国，充山东咨议局议长，嗣卸局务，回部供职，然资在余后。余已升总核，曲尚屈于科员。周来，一跃而升丞参厅行走。余与王璟芳（筱宋）亦联袂而起，与之同列。其时实缺丞参，以国体将更，俱不到部，部务惟余等是赖。每月二十六日，须发旗饷三十六万两，库帑不足，隆裕太后曾斥帑金出售，闻均经周首领转售外国银行，沾润不少。余尝与曲、王戏言曰：周为首领，其能保首领以殁乎？如是维持者数月，库款仍不足，又发行爱国公债以充之。然名曰发行，实由王室及王大臣认购而已。余亦曾服务于爱国公债办事处。其时北京虽窘，而每月发俸均用元宝。每届月底，余则以骡车载元宝归，累累然陈诸漳州会馆。除汇家外，留存以备不时需。盖早知宣布共和为期已迫，而青黄不接，宜为未雨之绸缪也。

策六等既回闽，宣南法改学堂停办，故策六在舟中有追别宣南诸子诗云："乡德曾陪射策年，菁莪乐育踵群贤。再来草木惊残劫，此去江湖敢养仙。病后转多朋从意，梦中时咏退闲篇。庭前槐与泥中石，一度追思一惘然。"后堂废为首善医院，今则收为春明女子中学云。

是年各省纷纷独立。时林炳章（惠亭）在邮传部，每日列表比较，并以呈示其岳丈陈弢庵夫子。时师已任总师傅，见表歘歘长叹。最后则无一寸河山为大清有矣，袁世凯乃于十月十日宣布共和，固定是日为双十节。

是年冬，余在天津度岁。六弟新婚，住其岳父陈震（仲起）亲家宅。陈，余甲辰同年也。梁鸿志（仲异）眷亦在津，晨夕往还，亦颇不寂。延至民国元年三月回京。方武昌未起义前，陈澜生为大清银行副监督，张允言（伯讷）为监督。陈调余及吴乃琛（荩臣）入行办事。余一叙稿，张即签署。张告陈曰：李某后生新进，何以文牍娴雅如此？陈曰：是为泽公所赏识者，岂有不娴文牍者乎？时大清银行放款七百余万，贷与天津盐商，届期不能偿还。陈正焦灼，南京政府成立，陈为南北议和之随员，乃乘此任南京财政部长，而将大清银行改为中国银行，南京军饷皆取资于此。又闻印刷局余款数十万，均由陈携往南京。当时泽公重用者二人，一为西洋学生陈澜生，令其主办银行；一为东洋学生王璟芳，令其筹办财政学堂，并令陈、王同办印刷局。同时造币厂则令大清银行监督张允言兼办。卒之陈澜生投身革命，携款潜逃。同时熊希龄（秉三）为东三省盐运使，以印交张弧，亦携款赴南投效，乃得第一任财政总长之报酬。张弧之入财政部筹备处办事，不一月外简长芦运使，旋移两淮，擢盐务署署长者，固曰熊之力，亦即东三省盐款之故也。革命元勋，大率类此。

民国元年壬子，余三十四岁

旧历正月十一日，余在广德楼听梅兰芳演剧，忽闻枪声，秩序大乱，乃绕道西河沿，逃回煤市街漳州会馆，而木栅重重，路多阻隔，借宿锅贴铺。主人灭烛销声，余犯咳嗽，抚口不敢扬宣。窥门隙，则见乱兵三五席地分赃。翌日回馆，梁仲异亦至，始探知曹锟兵变也。盖南京要约袁项城南下就总统职，袁故指使哗动，以为北京要地，非有重镇不可，故南行之议遂罢。翌日晚车赴津，河北兵又变。冰心胎动，复以重剂镇之，乃获保全。正月二十五日，余坠地之辰，宴客如故。水仙芬馥，盆梅怒开，屋近章台，笙歌达旦，苦中寻乐，稍慰乱离耳。

时受正五弟已自奥回，资训四弟亦归自浙，家中人口增繁，失业者多，悉由吾接济。三月迁眷回京，住西柳树井古藤书屋。考志载《阅微草堂笔记》云："京师花木最古者，吕氏藤花宅。后售与高太守北煌，又售程主事振甲。藤今犹在。其架用梁栋之材，始能支柱。其阴覆厅事一院，其蔓旁引，又覆西偏书室一院。花时如紫云垂地，香气袭衣。"《藤阴杂记》云："给孤寺东吕家藤花，刻元大德四年字。商宝意诗云：'万善寺旁吕氏宅，满架古藤翠如织。铁干谁镌大德年，模糊辨是元朝植。'"余所居之屋，即吕氏故宅。藤虽半枯，然春时尚闻花如故，惟所刻字已无可考。其时主人陈氏，子名鹏。余以十三金赁之。

五月十四日，育长女，名之曰庆，字曰廷俊。逾月得痫疾，且弃地矣。邱幼荷医至，投以牛黄清心丸，一剂而霍然，亦云幸矣。

是年熊希龄长部，先设财政筹备处。因官制尚未决于国会，派王璟芳为总办，章宗元、沈式荀、徐荣光为帮办，吴乃琛为总务股主任，余为副主任。王为旧人，而章、沈、徐则由南京财政部合并而来，吴亦自南随陈澜生部长至者。盖有汰旧布新意，于是新旧龃龉不相能。熊以名流自命，拟聘梁启超、蹇念益等为顾问，令总务股具稿。吴乃秉笔书曰：请以客卿之职，且操言论之权。令余副署，余却之曰：主任已签字矣，即可行。腹中实诽笑

之曰：是请外国人办报馆也，岂延名流为顾问乃应尔耶。自是辞
职，熊坚留，余仍求去。王亦请假。王征余意，余建议设财政调
查会。乃以王为会长，余为副会长。时划一官俸，月各支六十
金。冰心夫人为余节约生计，以青蚨一串购白菘百根，废置床
下，为度岁资，余固处之晏如也。未几，赵秉钧（智庵）继熊
任。赵去而周学熙（缉之）长部。周耳王璟芳名，询张允言
（伯讷）云：王何如人也？伯讷曾任大清银行监督，而王为通阜
司副司长，素谂王之才具谙练，局度开张，故在周前力揄扬之。
张告王曰：尔宜赴津迎周，不然疑汝为富家翁，无意仕进者。王
以询余，余曰：财政调查会独立机关也，其计划将以恢复各省旧
状而徐图宪政之筹备。此等旨趣，宜白新任。王从余言，周大
悦。王又进言曰：官制虽未宣布，然可照官制先派署，以专责，
否则筹备经年，头绪愈混。周以为然，命其拟单。王以询余，余
曰：自司参迄录事，均愿为之。曲卓新、陈威则曰：非司长不
为。于是首道命令荐余为秘书，李士熙、姚东彦与焉。次道命令
荐曲卓新为会计司司长，陈威为库藏司司长，而曹葆恂为赋税司
司长，并简章宗元为次长，盖以酬其兄宗祥南下议和之劳也。王
仍为财政调查会会长。既而善后大借款成立，政府议组审计处，
周乃请简王为总办，秩视次长。王调余兼该处第一股主任，即后
来之总务厅长。

　　夫所谓善后借款者，即沿前清之美国借款来，后加入英、
俄、日、德、法，谓之六国银行团。其时监督铁路、干涉财政之
声甚嚣尘上，卒也仅以海关为第一担保，盐税为第二担保。然美
国谓借款与中国，只能以国信为担保，不能取其税源。英德不
允，故美国退出，改为五国银行团，举英人丁恩为盐务稽核所总
办。印度之盐专卖，丁恩所创办也。丁恩欲以印度之法行于中
国，以情势扞格，卒不能行，于是议设审计处，为监督全部财政
之机关。延俄法两国人为顾问，俄曰葛诺发，法曰马肃。政府派

余与蔡廷干（耀堂）诣德华银行，与五国银行团代表订顾问契约。余询蔡曰：政府曾授以顾问之权限如何乎？蔡曰：弱国无外交，顾问权限由债权者自定，我辈签字而已，岂有磋商余地耶。卒也，亦只订概括之契约，并未载具体之权限。故余辈主张在审计处内设外债室，顾问有事前监督之权，然只以借款之范围为限。政府有需款，在大借款所列举之用途内者，先办概算，送银团核准后，以领款凭单送审计处，由总办及外债室顾问签字后，方能向银行取款。时主外债室译事者，陈绎（伯耿）也。其余财政与借款无关，为我国固有收支者，则采事后监督。

各省自辛亥独立后，纷纷设审计机关。朱执信为广东会计检查院院长，其最著者也。余乃建议统一各省名称，悉改为审计分处，并电告朱执信，嘉奖其规制之善，检核之严。以此心服，而总处所颁分处之钤记，乃接受开用，各省亦然，于是审计机关有统系矣。方兆鳌（策六）先派为福建财政视察员，后则改任福建审计分处处长，各省亦多类是。夫所谓视察员者，由财政调查会所选派也。其时南北新旧人才纷集，旧都额缺有限，觊望者多，故王璟芳尽搜罗之，派赴各省充视察员，专办编制预算、划分两税、创设金库等事，由袁项城亲笔加函介绍，以资联络。盖财政为各省都督所把持，中央无能过问，欲收回，恐遭拒绝，将放任，又虑滥糜。故余与璟芳划一策，分国家税、地方税为两机关。地方税由各省财政司征收，国家税则另设国税厅督征，直接听中央指挥监督。因管制未定，先设国税厅筹备处，即预拟以选派之视察员充之。时陶德琨（仲涵）赴鄂，贾士毅（果伯）赴苏，沈式荀赴粤，刘赓虞（颂南）赴浙，邵羲（仲威）赴汴。并与陶、贾约，如能得武昌黎元洪副总统、江苏都督程德全赞成划分两税，即通电各省，冀有响应。于是而风靡全国，鄂苏之筹备处乃成立矣。

是年冬，即将财政调查会改为国税厅总筹备处，璟芳任总办，余任会办，为全国国税统率总机关。周学熙语余等曰：吾以盐务责杨寿枏（昧云），税务责尔等（谓璟芳及余），银行责李士伟（伯芝），吾可拱手治矣。余甚佩周学熙磋办大借款若无所事事者，其合同规定以盐税为担保，仅曰征收，稽核由稽核所总会办司之，外国银行团业已满意。盖吾国人所重视者，产、运、销也，而外人所重视者，征收、稽核也。混言之似为一事，分晰之实为三事。征也者，定税率也，立法之事也；收也者，存放税款也，国库之事也；稽核也者，事前事后之监督也，审计院之事也。若产、运、销，不过商人所能办之事，而息息莫不与征收、稽核相关，故浑括规定，中国人不甚注意，而外国人已表赞成。中国之能统一，有赖于裁兵，而裁兵之有费，实源于借款。民国之基础，谓为周学熙立之，谁曰不然。其办理银行，则令盐商认股，即日开办；而国税则专委王璟芳及余主之，计听言从，有责则以一身肩任，向不诿卸。时正规划派遣各省国税厅筹备处处长，适刘鸿寿（步溪）到京，寓临清宫陈弢师宅。余夜谒师，正酣谈间，于风雪中披大氅入座。师介余曰："此闽中才子，余之妹婿也，财政、盐务有专长。"余唯唯。翌日以告王璟芳，陈诸周学熙。周亦略知其人，故拟以刘为山西处长，以福建视察员方兆鳌为福建处长。以此征师意，师商诸刘。刘曰：如得福建，较裕如也。乃调方为浙江处长，刘为福建处长，曹葆恂为直隶处长，陶德琨为湖北处长，贾士毅为江苏处长，余多以视察员改充。阳历除夕具呈，并列单呈览，赶于元旦发表。命令以朱字由《政府公报》公布，冀以新喜大吉。各省忙于贺正，不便严电反诘，中央委曲求全，亦可怜矣。果也，设立之后，辄生波折，当忆直隶都督张镇芳（袁项城表弟）面陈项城，不以国税设厅为然，请立即取销，否则自己辞职。项城立召周，告之曰："地方事务，中央不宜干涉之。吾向为直隶总督，且办账，而财政监理官曰：须先签字而后拨款。果尔，则饥民成饿莩矣。故吾饬藩司径行之。今国税直接中央，不听地方命令，其可乎?"周曰：
"今非昔比，国税设厅，中央为地方分谤也。盖各省省议会袭咨
议局余焰，省之长官如欲整理税务，则群起诘难。今设立国税厅
直接中【央】，地方士绅无从置喙，而征收之款仍留地方，拨充
中央应办之政费，只见其于地方有益，并无丝毫之损。"项城顾
谓张曰："周四之言诚然，汝可善为之。"张悻悻而退，无如之
何也。周到部告璟芳与余曰："顷与张老表打一仗，汗犹涔涔
下。"盖张与袁为中表之亲。未几，而河南税厘局以邵羲处长索
阅履历，又有全体罢工之举，卒调邵往浙办审计，风潮乃息。事
属草创，群众惊疑，余等以镇定处之，煞费苦心矣。

是年，余荐资训四弟及陈宗蕃（莼仲）为审计处审计员，
又荐程树德（郁廷）赴日调查计政。方兆鳌（策六）不愿赴浙，
乃改为福建审计分处处长。余之所陈，王璟芳无不乐从也。

是年十一月初二日，余父来谕云："西林退后，秩序尚好。"
盖是时闽中有蒋黄之案。蒋为余壬寅同年，名筠，与黄某同为彭
寿松所暗杀。中央以彭为民党，背叛政府，故借蒋黄之案，派岑
春煊入闽查办。卒之，彭逃离闽，由法院判以死刑，民党渐敛
迹。父所谓秩序尚好者，盖谓此也。顷之，又有所谓富民会者出
现，先经拘拿四人，意图第二次革命，为首者陈瑞赞，又有某姓
二人，讯明正法。十二月二十八日，省长张元奇（贞午）夫子
赴仓前山日本领事馆签小借款字，回至大桥北，砰然一声，炸弹
轰烈，毙轿前差役二人、过路及排摊者三十余人。张即回轿，搭
渡由水部门回署，相距仅咫尺。时方兆鳌以审计分处处长兼省署
秘书长，董元亮（季友）、刘瀛（耕云）、林琴孙为秘书，均劝
张勇退。父书来，详述情形，均以左腕书，盖自是风症较深，不
敢出门矣。（方于董、刘、林为后进，然因曾简浙江处长，张欲
留以为助，故以秘书首席酬之。董等生嫉忌心，乃号方曰布在方
策，以方字策六故也。张既决去，乃以内务司长江伯奋护理省

长，方之自让以与江者也。）

是年资训四弟先到京，住古藤书屋。乔平八弟亦考入高等工业学堂。受正五弟在苏邮局供职，不得总局之欢，又调下关服务，夜半检阅信件，体弱不胜，乃于十二月二十六日亦挈眷来京，同住古藤书屋。时叶心汉（友聪）、邱豫蔇（访伯）、陈培源（岩孙）与诸弟游，往来余家，筵宴无虚日。古藤书屋与八大胡同比邻，叶、邱等常促余为狭邪游。有名妓曰忆芳者，能闽语，或曰已适沈次裳太年伯而又下堂者，与余甚昵，而余妇亦怜宠之。妇生辰，忆芳治具为寿，妇以狐裘酬。一日，来陪夫人博，夜半，余急呼夫人入，忆芳立空庭风露中，候天明始回，不敢令余知之。后欲委身于余，余却之，乃适广东道尹胡铭槃（引之），其佣媪晤余妇，尚依依不舍。又有苏瑞阁者，邱豫蔇所欢也，常与余谈情场苦况，谓度岁无资，则老鸨恒闭妓黑室，各姐妹鸠资赎之，方脱羁绊，言之坠泪。今回首，皆如梦矣。

是年，林仲枢（志烜）亦欲离闽来京，余知其意，乃陈于周学熙，派其考查马江船政学堂可否改为造船［币］厂，以通钱法。周纳余议。未几，仲枢来京，报告船政之机器不可移作造币之机器，乃请派仲枢在国税厅总筹备处服务，暂尽义务。未几，总处裁撤，仲枢以筹备情形编成报告册，呈请盐务署署长张弧。张弧因癸卯乡试分房，而仲枢之卷乃其自落卷中搜遗，荐诸王秉彝而获中乡魁者也。故张弧悦林之来也，即调盐务署，派充金事，由是仲枢服务盐务署者十有七年。

民国二年癸丑，余三十五岁

是年正月间，资训四弟夫人亦来京，由永绥大哥护送。大哥入审计处学习薄记，于是而兄弟六人团聚一屋，朝饔夕殲，均冰心夫人任之。是时余与璟芳有南下考察财政之意，盖欲藉此回籍省亲也。不谓二月间，赋税司全体人员攻曹葆恂司长太旧，欲驱而去之。曹故度支部粮饷司司长。不得已，周学熙欲令余兼署，陆定（建三）侍侧曰：石芝身兼三差矣（谓秘书、会办、审计处主任），焉有余力。时陆为财政部视察，其出此者意欲为毛遂也。周乃准曹辞职，以宋寿征（梦云）代之。司中仍攻之至力。盖周欲用科举出身之旧人，而各科欲拥东洋出身之新近，以此扞格不入。最后周又告余曰："今日之事，舍尔其谁哉。"于是派余兼署赋税司司长。未几，周以借款成功，洁身而去，政府以财政次长梁士诒代理部务。梁令余聘日人常吉德寿为赋税司顾问，而日本不与，引为憾事。故梁令赋税司聘用一人，不加入审计处。盖是时日本国势尚弱，视欧洲各国且望尘莫及矣。余日与法顾问马肃、日顾问常吉研究烟酒加税之事。马肃主设厂自制，为烬酒专卖之预备。常吉则曰，专卖甚难，资本、条约、经验、技术俱有关系，不如办公卖为简便。公卖者，烟酒价格由公家规定，将加征之税费纳于烟酒价。余于是筹设关税讲习所，聘马肃、常吉分任功课，盖以此分其神，不欲其干涉财政也。

当时鉴于审计处俄、法两顾问干涉财政之严重，而财政部不能无戒心。政府请款裁兵，而审计处顾问必派员点兵，其实兵额有限，袁项城早已挪作别用。不得已，置顾问城堞上，令兵士环城走，周而复始，故数百人轮转之，俨然数千人之多，顾问亦不察也。顾问又欲勘崇陵工程（德宗陵），曰崇陵工程不值四百万两。其实袁项城又挪作别用矣，不得已诳言曰：皇陵之砖皆金砖，宜需此数。顾问亦信以为真。孰谓西人多智哉，欺之以其方，彼亦只顺受而已。

一日，梁士诒延余晚餐，餐前饮酒一杯，餐毕诘余曰："子为赋税司司长，有筹款责，现库空如洗，子竟一筹莫展乎？借款不过救一时之急，且有指定用途，经常日用，子其筹之。"余曰："有一策简而易行，且立可见效，但须约法三章：一不交部务会议，二不交国务会议，三不交国会会议。"盖其时国民党与政府对立，政府有提案辄遭拒绝。梁曰："可。吾代理部务，非国务员，初无责任之可言，即违法，国会亦无从弹劾，子姑言之。"余曰："请试验契可乎？其大纲有四：一每契收查验费一元，不问房屋田亩之多少；二附收注册费一角，为各县及各省国税厅办公费；三细则由各省自定；四专款存储，听候部拨，以六个月内办齐。"梁曰："甚善。"即就其寓密电各省国税厅筹办，并呈报备案。由是办理二年余，集款七千余万元，各省裁兵经费及弥补预算不敷，多取资于此。曲卓新为山东国税厅厅长，曲阜县因验契滋事，焚烧县署，省城调兵剿之，此风方熄。事竣，政府以其办理验契成绩昭著，奉令优予奖金，曲受之。而龚心湛（江〔仙〕洲）任安徽国税厅长，呈辞奖金，奉批"廉让可风"。曲滋不悦，来京诘部长曰："辞者为廉让可风，然则受者为卑鄙无耻乎？须知奖金之给，大总统批准之，部章也，非私人所能授受，余受之何愧？"部长曰："受者自受，辞者自辞，彼此各不相妨也。"最可骇者，顾归愚为河南国税厅长，开印刷费至一百余万元，夫岂非以吾民脂膏肥自己囊橐乎？内而政府混浊，外而党焰嚣张。至四月间，宋教仁之案发生，七月湖口变起，是之谓第二次革命。福建亦宣布独立。审计处长刘次源次日先期逃遁，孙道仁都督布告内有云："一俟秩序如恒，仍当服从中央。"盖无意独立，出于许崇智之压迫，不得不虚与委蛇也。梁士诒告余曰："万方多难，调兵调饷，靡伊人任。吾为翰林时读《曾文正集》，其平粤难也，不糜中央一饷，不动部库一款，无一非从就地筹款来。今如仿行，其可乎？"余曰："今非昔比，文正之时，自己食豆腐，穿布衣，故能与士卒同甘苦。今则新华门以内电灯璀璨，连旦不熄，如不夜之城，士女则珠玉锦绣，充满梨园影院中，谁有肯枵腹荷戈，甘为前敌乎？且从前交通梗阻，战者自战，耕者自耕，故商贾如故，科举如故，征收赋税如故。今则一电径驰，四海响应。地非我有，税从何出？"士诒曰然，嗟叹久之。

是时京中忽有陈璧师杀侄一事，谓其侄与陈师妾名如意者有染，其仆王贵与之争艳，为陈师所闻，故陈师同其子绎字伯耿者共同杀侄，投诸井底。事发，法院传讯伯耿，羁诸看守所。余与伯耿夫人往保释。时朱琛（伯渊）为检察长，余以审计处外债室签字领款为词，请准保释，朱勉从焉。后以参谋部同人及其侄婿黄曾勘证明杀侄有据，而法院又传讯伯耿，陈师则派警在家监视，事延多日，未能恢复自由。同乡乃请林纾（琴南）拟呈，作为伯耿夫人莫邪以身代夫拘留，恳请其夫回寓侍父疾。呈由余托梁士诒代达总统，梁以红封袋夹入，面陈于总统。总统曰："现非司法独立乎，吾何能为？汝可觅小路，与章宗祥说乎。"时章为司法部总长，梁即以电召章，告以故。章知项城之有爱于陈也，乃告梁曰："风潮至急，监视陈者所以平人心也。"盖陈侄初入国民党，后又脱党，参谋部多党人，故以嫌忌，欲覆其家，既下井，又落石焉。未几，判陈璧、陈绎无罪，以罪名加诸仆人王贵。王贵临刑呼冤不已。究竟其实如何，至今尚莫名也。

是年五月，方兆鳌（策六）入都，初亦调入审计处。余告璟芳曰，是在闽能与孙道仁都督分庭抗礼，实行事前事后之监督者，宜有以奖进之。璟芳允吾请，调处，并拟派资训四弟赴法考查计政。盖余以四弟不出洋为憾久矣，欲乘此机，以扩其眼界，卒以七、八月湖口之乱，不获如愿，四弟亦引为终身之憾。

八月间，熊希龄复以国务总理任财政总长，余之秘书连带辞职宜也，然并余之赋税司长亦开去，派其乡人周宏业（伯勋）接充，令余专办审计处第一股事。盖审计处本隶国务院，彼固可以院令径行之也。余与璟芳以处务清闲，无可发挥，且业经脱离财政部，显系被人排斥，然财政固吾人事业，不可一朝恝置，于是请命政府，先赴东三省考察财政。其时奉天、吉林、黑龙江纸币充斥，省库空虚，而捣把之风日甚一日，余乃有整理东三省币制之计划，大概以新币换旧币，整理税源为新币基金，三省以内以纸币为流通，三省以外按基金为汇兑。此皆马肃顾问所告余而斟酌情形以出之也。书上，熊内阁甚为嘉纳。正拟入晋，后由汴南下，绕道旋闽，然又有政治会议之组织，余以闽省汪声玲省长之推荐，得充议员，其实梁士诒承项城之令而授意也。余商于梁，梁曰："政治事大，财政事小，汝其姑留乎。"政治会议者，为约法会议之先声，而约法会议者，乃修改临时约法之机关也。政治会议设在北海团城，李经羲为会长，余与饶汉祥等曾参与审查财政各议案。中国法统之争，新旧国会之冲突，盖自是肇其端，而项城帝制自为之心，亦潜基于此矣。

是年十月间，余父为七弟办喜，后陈氏姑娘病重，延至十一月二十六日戌时逝世，停灵地藏寺。父来谕云："吾有六子，长者早卒，其余五子不能得一子侍养，徒留两老，一病风，一病目，镇日相对欷歔，意欲得一妾以为之伴，天又夺之速，其奈何哉。"家中所留养者惟二嫂，嫂不得姑欢，不得已，议于明春为八弟完姻。然弟考期未定，行期尚未准。甲辰以后，余亲之最寂寥无赖者，无过此时矣。

先是夏间，周学熙去职中国银行总裁，李士伟亦辞退，熊财长以汤觉顿接充。受正五弟亦被裁，盖五弟始以李士伟之力入银行，且有福建分行行长之议而未果。顷之，林清奋以林子有介绍而派充福建行长，泉币司据以呈堂备案。时梁士诒代部，询司长吴乃琛曰："林某才干如何？"吴曰："未见此人。"梁曰："未见其人，胡为令其充行长？"吴曰："总裁所选派，不过报部备案而已。"梁曰："既呈报矣，则司有考核权，仅仅备案，何用泉币司司长为乎？汝可传林清奋来，余当面询之。"翌日，林至，梁询之曰："子往福建有何计划？每年赢余足敷开销否？"林支吾其说曰："姑往试之，无所谓计划。"梁于呈文上批曰："不准行。"时余正上堂画稿，询知始末，告林曰："子必无幸矣。"林悻悻去，然无如之何也。受正五弟既离行，余勖其安贫读书，忍耐待时。时已迁居辟才六条胡同。是年冬，乃以黄溍（秋岳）介绍，由交通部叶恭绰（誉虎）次长转荐津浦铁路办事，月薪一百八十金，粗以自给，是为弟眷住津之始。

是年九月间，政府派海军总长刘冠雄（子英）入闽裁兵。时刘以攻破上海机器局之余威，乘舰入闽，无不指挥如意，当约同方兆鳌回闽相助。事后兆鳌告余，湘勇则以军舰运回汉口遣散，绿营不过剔其虚额，已可省月饷二千余人。顷之，政府派刘冠雄兼代福建都督，行营秘书长一人以陈震充之，都督府秘书长一人以方兆鳌充之。方见刘家子弟用事，乃告辞回京。不久政府以李厚基代刘。刘曾以余列荐剡交国务院存记，亦可感也。

民国三年甲寅，余三十六岁

是年春，熊希龄去职，周自齐又由山东都督调任财政总长。到京之日，王璟芳、曲卓新、陈威往谒，余独不往。迟数日，周遣陈告余，已被简广东国税厅厅长，命余束装即行。盖严家炽（孟繁）丁忧，派余署理，余径往辞曰："吾违晨昏久矣，双亲不日来，吾不忍离之而远适。"周曰："梁燕孙云，已得汝之一诺，何复反汗。"余曰："不见梁公久矣，何来出此言？"周曰："呈已入，将奈何？"余曰："郭则澐（筱麓）同年任公府秘书，余可自撤回。"周曰："然，汝自为之。"余乃以电告筱麓撤回原呈，乃改派余为赋税司司长，而严家炽在任守制，不另派署，是为二度任赋税司长事。

先是司长为荐任职，月仅二百四十金，而各省海关、常关监督，国税厅、中国银行之金库主任，固常有接洽酬应事，公务猬集于一身，而月入常虞其不足。余则治事不轻假他人，昼则治牍，夜则披阅例典，古今互证，内外并稽，各省赋契之数列一小册，叩之即答，丝毫不爽。故钮传善（元伯）尝语人云：石芝财政具有天才，所难者收支数目全能背诵。时汪士元（向叔）为直隶国税厅厅长，钮为九江关监督，来京述职，余皆分班接见，必穷源竟委而后已。于是部中亦知事务太烦，俸给太薄，乃改司长为简任，余获真除，烟酒则独立一处，即称为烟酒公卖处，荐曲卓新充之。此外则部中又设两所，一为旧税整理所，一为新税研究所，余荐林炳章于周自齐。周即电召其来京，派充旧税整理所所员。炳章不甘屈就，未久即回闽。时袁项城急于筹款，催办印花，谓药材、香蜡、锡箔等均可令贴印花，此固税法所无。周自齐限日呈报，余乃自草条例，专择药材及化装品令贴印花。张茂炯（仲清）戏余曰：“蜡烛贴印花，熟油尚可，生油则蜡化矣，印花何从贴附？”余曰：“已去香蜡，代以化装品。”仲清曰：“今日财政，惟汝能佐项城行之，吾辈敬谢不敏。”有日，周自齐病，余往视之，倚床告余曰：“往者余在美国，见彼国印花收入可当全收入三分之一，汝所办不过二三百万，是何以故？”余曰：“吾国试办之初，惟一二分者能销，总统府之顾问等如顾鳌、曾彝进、施愚、程树德等身兼数差，无所事事，月坐领干薪一二千金，小民由一二分印花贴至一二千元之巨款，不必问其负担如何，实不知已耗若干劳费。得之如锱铢，用之如泥沙，此余所以急于求退而不愿苛责于小民也。”周亦长叹不已。

一日，袁项城开财政会议，时戏谓之御前会议，列席者有朱启钤（桂莘）、内务部长梁士诒（燕孙）、秘书长陈威（公猛）、司长及余等数人，郭则澐（筱麓）司记录。项城云：“欲整理财政，须先知病源。余以为今日地方治安不宁，一弊也；征收官吏薪俸太薄，二弊也；纸币充斥各省，又不划一，汇兑为难，三弊也。欲救一弊，须饬各县添练保安队，经费准其作正开销。欲救二弊，须定额外增收之奖励金。欲救三弊，须从整顿币制入手。

列席者有意见可直陈。"朱、梁等相顾唯唯。余即上言："国税厅无黜陟知县之权，故知县多不听命，今欲救斯弊，须效前清两司会详之制，所有知县之黜陟，由国税厅与民政厅会详办理。"项城曰："可。"议定由内务、财政两部会同饬遵。议事毕，余回部，即拟草，由周自齐总长、张寿龄（小松）次长签稿拍发。直隶都督某得电，即恳请收回成命，谓都督无用人权，等于虚设，如不获请，请撤都督。项城得电大怒，索阅部电，未会内务部衔，朱启钤不负责，袁以问周自齐，欲查办拟稿之人。周曰："稿已呈堂画押，司官即无责任可言。总统欲处分，请自自齐始。"总统曰："立电取销可耳。"周回部告余，气犹未定。不得已，通电各省曰：某日通电应取销之。各省国税厅长得取销通电，无不惊惶失色，以为日后办事益难。汪向叔告余曰：譬如新膺宠命，赏穿黄马褂，并未着身，又被夺去，何以为情哉。

是年四月，政府欲整理广东纸币，派王璟芳为广东中国银行行长兼会办，广东财政事宜其意将以大借款内拨款若干，按五折收回旧纸币。盖其时梁士诒为公府秘书长，上议于项城，欲为其桑梓去夙疴，余荐郑衡（乐全）随王同行。郑故宦浙，介沪妓与王。王携之粤，住中国银行楼上，棸游无厌。时任广东省长者为张鸣岐，已与张会衔定期收币矣，而汇款不至，恐失信民众，王乃逃港。张电诘部，周命余星夜赴粤，告以大借款支付手续至繁，计划已定，决不变更。余乃南下，浼王回省。住半月，常作夜泛，海风过鼻，有如姜辣，盖南方炎气所侵袭也。余留黄瓒（宪臣）同年为王助，电部请假回籍省亲。端节前抵闽，刘以芬（少溪）以钟资厚夫人及余之三妹（刘亚农之续娶者）会宴西湖，龙舟竞渡，女士如云。余船与马国桢（干侯）同年眷属之船为邻，水花激船，沾干侯夫人，衣尽湿。婢女以扇扇之，衣襟飘起，中露红纱腰围，鹤立船中，有矫矫不群之态。是晚有人宴余乌石山房，干侯亦至，余告之故。干侯回询其夫人曰：今日外出否？曰未也。干侯曰：不出门，何以北京来人知汝穿红腰围乎？夫人哑口无言。盖夫人之游湖，未告其夫知之，其时风气尚未开也。逾数日，资厚夫人请余在西禅寺啖荔枝。又数日，刘家妯娌与林元乔伉俪宴余于乌石山天风海涛最高处。时林元乔任乌石山师范学校校长，资厚夫人为吴征鳌（晓舟）侄女。吴家有婢名莲香，余欲携之北来，乃嘱资厚夫人，以肩舆迎其上山侑酒。余一见心倾，卒为人所阻不果，后适法官某。民国八年，余在济南尚一面也。盘桓数日，本拟俟闰五月二十四日乔平八弟完娶后迎养双亲，故幹如六弟夫人已来归，二年尚未回闽庙见，亦拟俟迎养后在京团聚。乃未几，陈威奉部长命，电饬余速回，盖部中将改组。父因饬余速行，然父病已支离，喎口垂涎，余不忍离，口吃吃然催促至再，勉强就道。资厚欲来京就余，余曰：子习理化，财政部毋需此。资厚强余者，再姑许之。抵京，赋税司改设六科，每科设科长一人，请派金兆蕃（篯孙）为一科科长，司田赋也；袁永廉（履卿）为二科科长，司厘金也；屠文溥（蛰庵）为三科科长，司海常关也；钟麟祥（星西）为四科科长，司契税也；李恩藻（鹿苹）为五科科长，司烟酒税也；查凤声（翰丞）为六科科长，司印花税也。先是第二科悬缺无人，有日上堂画稿，见周部长案前书"袁永廉"三字，余询故，周曰："梁燕孙云汝知此人。"余曰："景铭甲辰同年也，昨日到府。梁秘书长询铭曰：'各省何不解款？'铭曰：'各省解款，国税厅长即不保其位矣，不观山西国税厅厅长袁永廉乎。彼即与民政厅厅长崔廷献争解款事，阎锡山以一电驱之。部即调其回京，置诸闲散，谁肯再步袁之后尘。'梁闻余言，即以笔书袁永廉三字于案前，今以示部长其有意乎？"周曰："然则当如何位置之？"余曰："可以秘书兼赋税司二科科长事。"周曰然，议乃定。余与袁之契合，盖自此始。周又欲整理酒税。余询之常吉德寿。常吉曰：酒税最公平者，以酒精含量多少定税额最公平。余乃建议设立酒精测验所，荐刘以钟（资厚）为主任。部长周、次长张均允从，乃电招资厚来京，亦住余家。

部务处理甫就绪，而父之凶耗至，盖先大人卒于六月十九日也。闻讣，即日在古藤书屋设祭。

先一日，何孝涓（雨苍）来京觅事，余乃以嘱袁履卿。袁告诸梁士诒，梁派公债局办事。此时郑衡（乐全）收回粤币有功，王璟芳言于梁，梁亦派在公债局供职，其时梁盖为公债局总理也。梁尝云，欲使公债流通，当先令公债有价值，故每日饬交通银行备巨款，向前门大街收买，买而复卖。商人见公债之可立换现金也，于是公债之信用昭著。惜此时余在忧中，未及闻其全盘之计画焉。

余定于二七内在法源寺受吊，事毕即同诸弟回闽。抵家之日，哭祭毕，虞臣二伯与永绥大哥各诉其争执之理由。大兄曰：旧置之柩木尺寸太小，不足壮观。二伯曰：是为先人手置，不可弃而易新也。殡殓之夕，争执不休。母出而调停，旧者带京自用，父则易以新者，议乃定。余归，圆其说曰，二者皆有爱于余父者也，余只有感涕叩谢而已。二人各称满意。余定百日内择期开吊；开吊之翌日，即安葬；安葬之翌日，即迎母及全眷北来。其时受正五弟供职津浦路，固可给迎眷一等免费车票也。虞臣二伯素精堪舆，阻余曰："今年无利。"迟数日，苦诉于二伯曰："今遭大故，负债三千金，若明年再回，需费更巨。且母亲年老矣，独留守灵，人子之心安乎？况京俸甚薄，若区区剥耗，恐各家赙恤之金亦无所出，故不得已须从权行之。"二伯意转，乃扬言曰："余谓今年无利者，无大利也。若但求平顺，有何不可。"余曰："侄辈向不图大利，但求平顺。况以父骨邀利，有是理乎？"于是议定。乃于九月十五日开吊，十六日安葬，十七日奉母入京就养。父生前定有二圹：一在北门外五凤山之一凤，自立寿圹，墓碑曰："李连夫之墓"，与吾大伯父汉陂公排列。一为西门外后贤丞相山，癸卯年五月初一日得此地，地价百金，即在钟家墓左边，俗名曰百层阶座。钟家兄弟皆得翰林（一字筱荄），父急于得吉地者，期余兄弟以远大也。遗命二者可择一而葬。征虞臣二伯意，二伯曰丞相山气力尤壮。乃以一凤为衣冠冢，而丞相山则父魄之所依也。出殡之日，李厚基督军、许世英省长均派代表助葬，盐运使刘鸿寿、财政厅长朱照、闽海道尹陈培锟、闽海关监督林炳章均躬执绋，而闽侯首县早已上山布署，乡之人自鼓楼大街至西门大街，燃灯结彩，上贡香花，途为之塞。盖父忠厚长者，素为公益事而感人至深也。翌日，奉母北来，家人聚哭，生别死离之痛，不可言状。庸讵知此去二十余年，余久与二百余年之祖屋一别至今耶。母至京，初住古藤书屋，后以乔平八弟在高等工业学校肄业，迁往翠花街。母以爱怜少子，乃率四弟与八弟同居，余则与五弟、六弟同住古藤书屋。每逢休沐，相率朝母，子妇承欢，极一时之盛也。

　　是年别闽时，母以父之手泽授余，即文文山玉带生是也。余曰：此吴昌年（温玉）家物，当询其有直系子孙生存否，果有生存者，当原璧趋之。嗣知吴无后胤，余乃携之入京，拓铭，遍求题跋，今存余家。陈銮（子琴）提调（税务处提调）曾介英贵族某来观，余坚拒之。陈曰："是为求宋砚东来者，久之无所得，意颇怏怏，曷不与以一睹为快。"余与约，不得外扬，不入笔记，可出而求鉴定焉。陈许诺，乃约某华族来，以显微镜察之，曰是诚佳品也。其意若曰祇求可让，可罄其家财易之。余曰："倾英国之国富，不能易余传家之宝也。"

1919 年北京大学法科诉讼实习章程

程道德 整理

编者按：1919 年，北京大学法科为适应形势需要，为四年级学生设立模拟法院，举办实习课程，并制定了《北京大学法科诉讼实习章程》，还由学生自主制定了《假设法院细则》。这是清末民初传统司法审判制度向现代司法审判制度转型在教育上的具体体现。《实习章程》有着重要的文献史料价值，今整理刊出，希冀对民国法制史和教育史研究有所裨益。

北京大学法科诉讼实习章程
（八月六日会议原本）

第一条　本校为法科四年级学生实习诉讼之便宜，假设法院，即于讲堂按照法庭形式临时建设之。假设法院筹备之细则，由学生自定之。

第二条　诉讼实习每月举行二次，于星期日行之。

第三条　诉讼实习引用之法令，以现行法令及判例为标准。

第四条　诉讼实习除民刑诉讼外，凡国际私法诉讼、行政诉讼、选举诉讼等均宜实习及之。

第五条　诉讼实习，由担任导师及法科职教员督率法科四年级法律门学生分任之。

分任标准得按人数多寡，划为若干组。

国际私法诉讼由法律门主任及国际私法教员就学生外国语之所长分配之。

三年级法律门学生得本门主任之许可，亦得加入，但不以作制诉状及判词为必要。

政治、经济门四年级学生，如有志于司法一途者，得本门主任之许可，亦得加入，但不以作制诉状及判词为必要。

第六条　学生于诉讼实习应立于自重之地位。

第七条　假设法院分三级。

（一）第一审　地方审判厅

（二）第二审　高等审判厅

（三）第三审　大理院

说明：现行法令之诉讼管辖至为复杂，有职务相等之行政官衙，而强分上下审者（如未设地方厅地方之县知事，署受理邻县之判决案件是），有同一审判机关而于受理案件有相歧之审级者（如热河、归绥、察哈尔都统署附设之审判处，于县知事判决案件有第二审权限，于蒙旗蒙民之诉讼事件，只有第一审权限是），此皆一时权宜之设施，究非永久之计划，故本条择系统的组织，分为上列三级假设审判。然有应注意之点，现制虽为三级，实与四级无异。以其划分初级管辖事件，归地方审判厅分庭及简易庭起诉，而以高等厅为终审，仍与废止之初级审判厅审级相同，故假设审判厅之例题，概以地方管辖事件为准，以昭系统而便实习。

第八条　假设法庭之员额，按照法院编制法，分别配置"说明"。各级假设检察厅之员额，依照法院编制法第八十六条配置。各级假设审判厅之员额，依照法院编制法第十七条、第十八条、第二十条、第二十五条、第二十六条及第三十三条、第三十四条分别配置。

第九条　假设法庭之诉讼当事人，各随假定案件之繁简酌定之。

第十条　假设法庭审判之用语，按照法院编制法第六十九条至第七十一条之规定办理。

第十一条　第一审、第二审之假设案件均取公开审理（上告审除外），凡本校学生得自由至假设法庭旁听，他校学生有欲来法科假设法庭旁听者，须先期将人数函知本校。

假设法庭之旁听规则，旁听人须遵守之。

第十二条　送达、传唤、拘捕等程序，概从阙略。

第十三条　讯问及辨认之程序，按照法院编制法第五十四条至第六十八条之规定办理。惟关于讯问证人及鉴定人之办法，在第一、二审应依高等以下审判厅试办章程第六十八条至第七十七条之规定办理。

第十四条　判断之评议及决议，按照法院编制法第七十二条至第八十条之规定办理。

第十五条　凡于假设案件提起抗告、控告上告者，均须制作抗告、控告上告书状。

前项所列书状，须于举行假设审判前二日，缮交本校，其于假设案件提出辩诉状者亦同。

第十六条　于假设案件下，命令决定或判决者，须依定式制作命令书、决定书、判词。

第十七条　假设案件从第一审起，迄第三审止，经过时日以三星期为限。

第十八条　假设审判进行中，如有提起抗告或发生调查鉴定等事者，前条审限得酌量延长。

第十九条　凡关于审判实习之用纸，均由本校按定式制作发给学生，不得使用不合定式之纸。

第二十条　各种用纸应与法定格式无殊，唯于中缝或鳌头用北京大学法科审判实习用纸字样，以示区别。

第二十一条　本章程如有未尽事宜，得随时会议修改之。

假设法院细则

第一条　假设法院之职员由法律门主任指定之。

第二条　假设法院开庭之期日及时间由法律门主任指定之，于一星期前公布。

第三条　假设案件之内容由法科研究所于举行本案第一审之一星期前，用油印宣布之。

第四条　假设法庭授用之法令如左：

（甲）法院及审理部分

（一）法院编制法（清宣元年十二月二十八日奏准，民国四年五月重刊）

（二）高等以下各级审判厅试办章程（清光三十三年十月二十九日奏准，民国四年十二月修正）

（三）地方审判厅刑事简易庭暂行规则（三年四月三日司法部通令）

（四）京地审厅关于民事简易案件暂行规则（五年一月二十九日批京高审厅八九六号）

（五）审检厅处理简易事件暂行规则（三年四月三日司法部通令）

（六）县知事审理诉讼暂行章程（三年四月五日教四六号）

（七）审理民事案件应注重习贯通饬（四年九月十五日第一三〇二号）

（八）大理院咨各省高审厅拟定诉讼当事人传票到庭期限分别填写办法等文（元年十月大理院咨各省）

（九）诉讼当事人应知各事（元年十月大理院咨各省）

（十）关于上告大理院案件之注意事项（二年二月二十四日大理院总三十六号）

（乙）刑事部分

（十一）暂行新刑律（元年四月删改颁行）

（十二）新刑律施行细则（元年八月）

（十三）暂行新刑律补充条例（三年十二月二十四日法律二三号）

（十四）惩治盗匪法（三年十一月二十七日法律十七号）

（十五）惩治盗匪法施行法（三年十二月六日法律十九号）

（十六）吗啡治罪法（三年四月十一日法律十五号）

（十七）禁种罂粟条例（三年五月五日教九五号）

（十八）私盐治罪法（三年十二月二十二日法律二十二号）

（十九）治安警察法（三年三月二日法律六号）

（二十）警械使用法（三年三月二日法律七号）

（二十一）预戒法（三年三月二日法律七号）

（二十二）违警罚法（四年十一月七日法律九号）

（二十三）刑诉草案管辖及回避各节

（二十四）刑诉草案再理编（四年九月十九日司法部呈准）

（二十五）刑诉草案执行编（七年五月二十六日指令九百三十号）

（二十六）增订检察厅调度司法警察章程（三年四月四日教四四号）

（二十七）检察厅调度司法警察章程（清宣二年四月四日奏准）

（二十八）私诉暂行规则（三年九月十五日司法部示二号）

（二十九）刑诉审限规则（七年六月五日教令二十四号）

（三十）修正复判章程（三年七月三日公布，四年十月十九

日二次修正）

（三十一）刑诉草案通用之原则

（丙）民商事部分

（三十二）现行律民事部有效部分及民律草案之原理原则

（三十三）管理寺庙条例（四年十月二十九日教令六六号）

（三十四）清理不动产典当办法（四年十月六日呈准）

（三十五）典当业法（三年八月公布）

（三十六）奉天永佃地亩规则（六年四月二十日施行）

（三十七）奉省丈放内务府庄地章程（四年五月二十六日奉天巡按使呈准）

（三十八）热河售放庄地规则（四年六月一日财政、内务两部呈准）

（三十九）民诉草案管辖及回避各节

（四十）修正民事初级管辖条警示办法（四年三月二日饬二六七号）

（四十一）京地审厅拘押民事被告人暂行规则（三年七月十四日饬一五五号）

（四十二）民事诉讼费用征收规则（二年十一月六日训令四六八号）

（四十三）大理院民事讼费则例（三年四月二十四日）

（四十四）京地审厅民事执行处规则（三年六月十八日饬）

（四十五）查封动产暂行办法（二年十月三十日指令一五七九号、训令四六〇号）

（四十六）拍卖动产暂行简章（二年十二月二日指令一七五六号）

（四十七）京地审厅不动产执行规则（三年七月十四日饬一五五号）

（四十八）京地审厅假扣押假处分及假执行规则（三年七月

十四日饬一五五号)

（四十九）民事非常上告暂行条例（三年四月三日呈准）

（五十）解释民事非常上告暂行条例咨（三年七月二十五日大理院咨总检察厅统一五二号）

（五十一）民诉草案通用之原则

（五十二）商人通例（三年三月二日教二十七号）

（五十三）商人通例施行细则（三年七月一十九日教一〇三号）

（五十四）公司条例（三年一月十三日教五三号）

（五十五）公司条例施行细则（三年七月十九日教一〇四号）

（五十六）公司保息条例（三年一月十三日教五一号）

（五十七）商业注册规则（三年七月十九日教一〇五号）

（五十八）商业注册规则施行细则（三年八月十七日农商部示）

（五十九）公司注册规则（三年七月十九日教一〇六号）

（六十）公司注册规则施行细则（三年八月十七日农商部示）

（六十一）商会法（三年九月十二日法律十二号）

（六十二）商会法施行细则（三年十一月二十七日教一四三号）

（六十三）证券交易所法（三年十二月二十九日法律二十四号）

（六十四）证券交易所法施行细则（四年五月二十五日教二一号）

（丁）行政部分

（六十五）行政诉讼法（三年七月二十日法律三号）

（六十六）平政院裁决执行条例（三年六月八日教六七九

号）

（六十七）行政执行法（三年四月一日法律三号）

（六十八）诉愿法（三年七月二十日法律五号）

（六十九）戒严法（元年十二月十五日法律九号）

（七十）官吏违令惩罚法（三年八月十九日教一一九号）

（七十一）妨害内债信用惩罚令（三年十一月二十九日教一四四号）

（七十二）印花税法（元年十月二十一日法律）

（七十三）印花税法施行细则（元年十二月财政部布告二号）

（七十四）印花税法罚金执行规则（四年一月十四日财政部呈准）

（七十五）著作权法（四年十一月七日法律八号）

（七十六）出版法（三年十二月四日法律一八号）

（七十七）权度法（四年一月六日法律一号）

（七十八）权度营业特许法（四年一月六日法律一号）

（七十九）管理药商章程（四年十月十日内务部呈准）

（八十）限制药用鸦片、吗啡等品营业章程（四年十月十日内务部呈准）

（八十一）取缔纸币条例（四年十月二十日财政部呈准）

（八十二）金库条例（二年五月二日财政部呈准）

（八十三）会计法（三年十月二日法律三十一号）

（八十四）审计法（三年十月二日法律十三号）

（八十五）审计法施行细则（三年十二月七日教一四五号）

（八十六）土地收用法（四年十月法律七号）

（八十七）铁路收用土地暂行章程（二年七月九日交通部令九二号）

（八十八）验契条例（三年一月十一日教四七号）

（八十九）契税条例（三年一月十一日教四八号）

（九十）契税条例施行细则（三年一月二十九日财政部二十七号）

（九十一）补订契税条例施行细则（四年一月十四日财政部呈准）

（九十二）国币条例（三年二月七日教十九号）

（九十三）国币条例施行细则（三年二月七日教十九号）

（九十四）褒扬条例（三年三月十一日教三十五号）

（九十五）电信条例（四年四月十八日教二十号）

（九十六）专用铁路暂行规则（四年八月二十一日交通部呈准）

（九十七）检查官有财产暂行规则（二年五月）

（九十八）管理官产规则（二年十一月十二日法院令二十七号）

（九十九）国有荒地承垦条例（三年三月三日教三一号）

（一百）国有荒地承垦条例施行细则（三年七月十六日农商部示）

（一百〇一）小矿业暂行条例（四年七月十一日农商部呈准）

（一百〇二）矿业条例（三年三月十一日教三四号）

（一百〇三）矿业条例施行细则（三年三月三十一日教四一号）

（一百〇四）矿业注册条例（三年五月三日教五六号）

（一百〇五）矿业注册条例施行细则（三年五月六日农商部令九二号）

（一百〇六）森林法（三年十一月三日法律一六号）

（一百〇七）森林法施行细则（四年六月三十日教二六号）

（一百〇八）狩猎法（三年九月一日法律十一号）

（一百〇九）制盐特许条例（三年三月四日教三三号）

（一百一十）制盐特许条例施行细则（三年九月二十九日财政部饬二六四号）

（戊）国际部分

（一百十一）法律适用条例（七年八月五日教令三二号）

（一百十二）修正国籍法（三年十二月三十日法律二十六号公布）

（一百十三）修正国籍法施行细则（四年二月十二日教令第四号）

（一百十四）约章（司法例规第八类）

（一百十五）涉外章程（司法例规第八类）

（一百十六）华洋诉讼（司法例规第八类）

（1）管辖　（2）诉讼程序　（3）拘传　（4）执行

（一百十七）管理无约国人民章程（八年六月二十二日公布）

以上各项规程得因情形之变更、时势之需要，随时增减之。除重要法令已有通行本外，其余各项章程择要刊集一帙，名曰"诉讼实习须知"。

第五条　各级假设法院分配之任务，按三审制分为甲、乙、丙三组，某组任第一审，某组任第二审，某组任第三审，由导师商同法律门主任轮流分派之。

第六条　凡被指定任务之学生，在一审级内，自开始辩论时起，至辩论终结时止，无论如何情由，不得辞退。惟因疾病实有不能担任之情形者，不在此限。

第七条　于同一案件曾为下级审之职员者，不得参与上级审之裁判。

第八条　假设法院应设置之职员如左：

（1）审判长

（2）推事

（3）预审推事

（4）检察官

（5）书记官

（6）律师

（7）原告

（8）被告

（9）证人

（10）鉴定人

（11）翻译官

前项人数之配置，各随假定案件之繁简酌定之。

第九条　假设法院职员之职务如左：

（一）审判长

（1）拟作命令书、决定书、判词。

（2）宣告开始辩论或停止辩论。

（3）维持法庭秩序。

（4）指导全庭人员。

（二）推事

（1）得发表意见。

（2）得假设审判长之许可，有对于假设当事人发问辩难之权。

（三）预审推事

（1）拟作决定书及与检察官来往函件。

（2）附送诉讼记录于检察官。

（3）会同书记官作制预审笔录。

（四）检察官

（1）拟作刑事案件起诉文。

（2）如该案件须预审时，须拟作与预审推事来往之函件。

（五）书记官

（1）记录辩论事项。

（2）依限催索书类。

（3）收发文件。

（4）掌理用纸。

（六）律师

（1）会同各造拟作委任状、准备书状、诉讼状、辩诉状、抗告状、控告状、上告状。

（2）出庭辩护。

（七）原告

（1）会同律师拟作文件。

（2）提出证据文件。

（3）到庭陈述事实。

（4）民事原告于起诉状外，并须抄录副状。

（八）被告

（1）会同律师拟作文件。

（2）提出证据文件。

（3）到庭辩论。

（九）证人

（1）具结。

（2）到庭提出证言。

（十）鉴定人

（1）到庭陈述鉴定情形。

（2）具结。

（3）作报告书。

（十一）翻译官

专司通译之事务。

第十条　旁听人应守之规则列左：

（1）不得发言或评论。

（2）不得哗笑及任意行动。

（3）不得吸烟或吐痰。

前项规则应于开庭日公布于假设法庭中。

第十一条　假设法庭之布置学生任之，由本校教职员协助进行。

第十二条　开庭期间中，除旁听人得列席外，并得由担任导师及法科职教员莅庭指导之。

第十三条　假设法庭中除按第八条所列之职员一一备席外，并须备旁听席。

导师及职教员于开庭辩论时，除任有职务外，应退居旁听席。

第十四条　假设刑事案件之起诉文，须于举行假设审判前三日缮交专司该案之书记官。

第十五条　假设民事案件之起诉状及副状，须于举行假设审判前四日一同缮交专司该案之书记官，书记官应即刻将该副状送交该案之被告。

第十六条　假设民事案件之辩诉状，须于举行假设审判前三日缮交专司该案之书记官。

第十七条　假设刑事案件预审中之书类，须于举行假设公判前三日缮交专司该案之书记官。

第十八条　假设民事案件之书类（契据、信函等）以开庭日交到为限。

第十九条　书记官接受上列文件后，宜速即登录，并须即刻汇交于该案之假设审判长。

第二十条　各该假设案件之审判长接受各项文件后，应于开庭之前一日会集全案之人员分别传观，以资预备。

第二十一条　假设审判之文件，除诉讼记录及抄录契据证件等应由各该案之书记官缮清外，其余之起诉状、辩诉状、上诉状、委任状、准备书状及刑事案件预审中之文件等，均由拟作之人缮清。

第二十二条　缮写假设审判文件均用本校制就之用纸。

第二十三条　每一书记官均应领取簿记一本，以备登记收发之文件。

第二十四条　各项用纸统于该案件开庭以前由校中分别付与各该案之书记官，再由书记官转发于各项当事人。

第二十五条　本细则如有未尽事宜，得由法本科四年级学生过半数会议修改之。

陈果夫日记摘录（下）

温乐群 整理

一九四四年

元旦颁发勋章，得章者数百人，余得一等景星章。（一月一日）

顾毓琇来，谈及小学教科书问题，余谓："小学教科书固一问题，而家庭教育课本尤关重要。在家庭中，识字之母亲固可以书籍为教，若不识字，则应以音乐或故事为教。如家庭教育能普及，十年之后，小儿均可受最基本之教育矣。"（一月五日）

松筠陪王历耕医师来诊。王谓：如不收口，则应剪去肋骨四根。但此手术亦应在春天做，此时只有待之。余谓：此系削足适履之法。若剪肋骨，分数次手续，仍因ＴＢ关系不能收口，则岂非一个创口变成数个创口，更为难治耶？王无言。（一月十三日）

陶桂林与周异斌等来，商定政校大礼堂建筑事，决定造价为六百三四十万元。（一月十七日）

崔子信介绍于绂兰女士来渝，为予按摩。当与谈论，觉其颇明理，言谈不似江湖派，故即请其试验。初以手指按幽门；次以全手按腹部，即觉其全部发出一种似电气的波动；次又按腹部，再次双手在腹上下反复按之；又次推拿手指等。约按五十分钟。此种按法实与电气治疗相同，可惜不能人人可为也。（一月二十

日）

　　陈光甫先生来访。彼以美之罗斯福总统、英之财政专家某，均因病而成事业慰我，并极信按摩发电之理为确实。（一月二十三日）

　　《史记·货殖传》之言治生可分三阶段：无财作力；少有斗智；即饶争时。此其大经也。（一月廿二日）

　　余因服药及吃红枣，稍有停食。于女士乃回复按摩肠胃之法，且谓：现按伤口或尚不宜，恐微生物得其热气亦能滋长。故仍拟先固本，渐近创口为妥。（二月一日）

　　作歌方法，改为先作二三句，得了一个韵脚，所谓找到了头。其次，将回〔同〕韵脚之字录出。再次，在《图书集成》或《佩文韵府》或其他有关之书中选择古人名句，然后装配成一好诗歌。此可谓科学的作诗歌之法。（二月八日）

　　今日起江康黎来记录《机关组织大纲》。（二月十二日）

　　余想：若余能完全恢复健康，则中国人之寿亦可延长。因余系人人所知为一多病者，余愈，则病人自信力必个个加强，余所著《卫生之道》亦必为人人之所信仰，而民族健康运动可不推而行矣。余以此语于女士，于认为余之病可称"功德病"。（二月十七日）

　　余拟将《本草分经》中之表做成计算表，以便计算身体不健全部分及教育应注意部分，可以一检即知，则卫生与教育均较有把握也。（二月廿一日）

　　今早试验以手擦足心，悟及此类运动作用颇大。如以足尖擦腿，以足大趾部擦踝骨，均为强肠子之运动。以手擦足心，更可强肺与腰部。（二月廿二日）

　　今与程医生争辩破例之病。彼等以为余之创口决难封口，决无例外。余则谓，凡事在百件中若有一件例外，即应研究其道理。也许此一件正是真理，而其他反为例外，亦未可知。余生肺

病而不死，即为一明证。（三月五日）

算病法可名为"先天体格检查法"，至今日止已近八十人，莫不准确。此后拟检查将来有病无病，好人坏人，可学什么，可吃什么……均可由此而定。以后医生及公共卫生人员可以减少，而人民可比外国人健康。（三月廿一日）

今用大杯吸创口，管内并无脓水流出。即用玉红膏纱布塞入，并不觉痛。（四月十四日）

凡留学何国，即一切学何国。今后留学政策不能不注意，否则将来留学生不免数典忘祖，认贼作父，卖国求荣，殊为危险。（五月三日）

余告程医生等谓：处方必须顾到人者有四点：（一）年龄、（二）时令、（三）地区、（四）体质。四者均顾到，则药能为力，而少流弊。（五月六日）

张简斋做对子，拟请立弟写："不谏往者追来者，尽其当然听自然。"（五月十一日）

人之行在心脏，心脏行得很畅则无病。人之动在脑之刺激，如神经正常，七情六欲不偏，则无病。只要此二方面能知修养，不受伤害，则必为健全之人。（五月十九日）

小温泉新居完成，上午十一时迁回小温泉。（五月廿一日）

我同志评人之力强，自己拿不出主张；做一件小事，总觉事小不认真。此必为将来被淘汰之主因。（五月廿二日）

今想身体有病，病必有微生物，有时虽未发现，其存在则无可疑。若照"物必先腐而后虫生"之理，此虫必为适应气质而生。身体上有不平不和之处而病，病则气候变更。凡气候之不同，必有适应之微生物居之。故此微生物非患此病之主力，实与病同为适应气候之物。（五月廿五日）

总裁今在中央全体会议提出以余为组织部部长。突然下令，未预知，甚惶恐也。（五月廿六日）

　　参观政校新大礼堂，气象堂皇正大，可算同学共同建设之始基。

　　余拟题《中正堂实录》："尊师爱校，出于至诚。登高一呼，赴义如争。群策群力，何事不能？一心一德，实录可征。扩而充之，建国必成。在我校友，继继绳绳。"（五月廿七日）

　　今订定《组织工作纲领》。（六月八日）

　　上午纪念周后，即与骝先同到组织部，办理交接。（六月十九日）

　　朱仰高医生来看创口，谓已封好，明日可不换纱布。（六月三十日）

　　十一时参加政校校庆及中正堂奉献典礼。余告校长已封口。校长劝仍应留心，勿使再溃。（七月二日）

　　晚宴医生，金署长、徐署长、陈方之、程佩箴、林伯华、章继安、刘夕惕、俞松筠、吴迪、张简斋、郑曼青、林业农、胡子宪、朱仰高、吴英凯〔恺〕、吴龄苏等均到。余以病之经过及特点与治法贡献各医生作参考。（七月十三日）

　　今验血，红血球达五六三万，白血球六千一百，其比例正常，血色素一〇五，为常人所无。因此张简斋药停吃。（七月十六日）

　　小温泉新寓命名为"健庐"。（七月十六日）

　　青年有志于事业者太少，对事理认识明白者尤少，勇于言行者更少，青年应有之志向与活力生气大多失去，殊为可虑。（七月二十日）

　　今验血，血色素忽减为百分之八十六，红血球三九八万，白血球六千九百，与七月十六日相比，相差太甚，不知何故。（八月十日）

　　研究异性相接近，心脏跳动，或可测知电之度数。例如未遇时为七八，一手相接为八〇，以身相接为一〇〇，则电之度数应

均可由脉搏次数之加减得之。（八月廿三日）

近来谈兴太好，有不能自遏之势，以后应加注意。（九月三日）

凡病均有微生物作祟，而有微生物之病均能传染。医谓盲肠炎无传染，余不能信。盖在某一场合之下，必有能生存者，尤其能致人死之病，何得无微生物潜伏其间？既有潜伏之物，如有适当之路可行，自将另求生存之地。近来患盲肠炎者日多，足证其亦一传染病也。（九月四日）

余所著之《大德》电影剧本，经人改编后，与原作意义不合。此可见中国之编剧与导演人员均未脱旧时窠臼，毫无创造能力。（九月廿日）

常会中，总裁报告军事，因史蒂威尔袒共自私，轻视中国，且美国欲以史蒂威尔统制全中国军队，使中国无法接受。因此总裁提出主张三点：（一）中国主权不能丧失。（二）立国主义不能改。（三）军事统率权不能放弃。以此限度与美国折冲，如不能办到，则宁可单独抗日，不与美合作。有此决心，则革命才有意义。总裁征询余之意见，余谓我早应采此态度。若不存依赖之心，则建设易成。今后教育应即改革，完全为军事与生产二道施教。（十月二日）

上午参加智识青年志愿军会议，余被推为主席团，因讲辛亥以前智识分子从军，系参加在满清所训练之新军中；十三年黄埔建军，系智识分子入军校；此期为第三期。每期距离均适为二十年，永与国际地位平等。智识分子入伍为兵，此系进步之事，同时又为救党救国、起死回生之一重要工作，愿吾人有以响应之也。余作一《青年党员团员从军歌》："党员团员应知耻，应知危险，革命与不革命之分即在此。成功即是主义成功，革命成功。先登记。党员为党；如非为党，即非党员。军事第一，军人第一，此为本党本国生死存亡关键。无军事技能者不能算全人，亦不能发挥高度之能力。从军乐，宣传转变风气，造新心理。党员团员从军。自己不从，必须有一子弟，或介绍一人。防弊希望，同志亲爱。"（十月十一日）

参加常会，通过《党员从军办法》。（十月十六日）

午刻，委座召见，谈史蒂威事，谓美国方面已允解决，将史调回，改换他人。此事委座有决心，而同志中竟有极端恐惧，以为如欲撤去史氏，中国即得不到美国之助力者。今得此结果，总算很好。此可见委座见事之明与其定力也。（十月廿三日）

开临时常会，决定更动政府及党部人选。总裁以余身体不好，改以立夫担任组织部长。（十一月二十日）

到江苏同乡会看蔡淑慎女士画展。有两幅为余所题，其一为《苏武牧羊图》，余因其不在漠北而在江南，只有二小羊依随，故题："塞外归来，小羊依随。离母从主，义所当为。"其二为：《青菜萝卜图》，题："生活困难吃白饭，此画常悬，滋味永不变。"于先生盛称余之题字较为活泼。《青菜萝卜图》有三人定，可见此题及画均较为他人所欢迎也。（十一月廿七日）

题送竺鸣涛兄之子世平与杜舜田女士结婚词："夫妇之道，敬爱为重；修身之道，诚正为重；治家之道，勤俭为重；卫生之道，保养为重；子孙之道，教育为重。"（十二月四日）

召开中国特效药研究所发起人会于衡舍。如此事能成，可为有价值之开创纪念。（十二月一日）

借磅秤来磅体重，计五十三公斤半，约一百十八磅。（十二月九日）

今早八时交代组织部部务。此次任部长共计一百七十五天。（十二月十一日）

接见柳维恒，始知彼系新县制之最初条陈者。惟研究此案之人将警察及社会体制删去，致现行之制度不全，而生流弊。（十二月廿四日）

今天为政校同学会，崇德报功，尊师重道，招待学校十年以上教职员及开中山堂筹募结束会议。余主张以余款作保险合作基金事，得多数通过。（十二月廿九日）

晚写春联二，其一："以青年忠勇奋发之精神，打退倭寇；用全民勤劳生产的能力，建设国家。"其二："捐弃私心，尊重党德；收复失地，巩固国防。"（十二月卅一日）

检讨本年身体，比去年以前均有进步。生活亦勉强可以过去。完成《中国教育改革之途径》、《机关组织》二书；又写成《鹤林歌集》、《理想的前途》；发明"先天体格检查法"、"喻中华怕声"、"关〔观〕星术之原理"、"佛家轮回说之理论"、"作诗歌之方法"、"丹田说的理论"等等。（年终札记）

一九四五年

《中国教育改革之途径》，正中已售去不少，闻可支版税六万七千二百元，《医政漫谈》版税约三万元。（一月十三日）

顾毓【琇】云：盘尼西林之药菌，在中国食物上已发现十余种，如霉腐乳、火腿骨、橘子上均有此种菌之发现。中国已用火腿骨治病。又云腐乳、臭豆腐可以免痧气，惜不知所以然耳。（一月廿八日）

接社会、财政两部公文，指定余为中央合作金库理事长。（一月卅日）

与吴大夫研究盲肠炎近年来较多之原因。余认为系曾服极犀利之泻剂，如在大肠积食较满之时，即易将泻剂流入盲肠，而成炎症。念祖割痔疮之后忽发生此症或即因此，其他人之患盲肠炎者亦或有此原因。故请吴大夫将曾割治盲肠之人开列一单，以调查统计。如所测属实，则可公诸世界，以为预防此病之参考。（二月三日）

作春联二：（一）"实行民权，胜于空谈民主；不能自治，

何得高唱自由?"（二）"肯研究本国事物，不必要出外留学考察；能竭力去做下层工作，就会选上参政代表。"①（二月十日）

拟作一本《儿童医药卫生故事》，将各种药物发明故事讲一讲，以普及儿童医药卫生智识。（二月廿二日）

有一家中医刊物创刊，余题："中医必须加习科学，西医必须加习哲学，然后通力合作，可完成最理想之新医，以共负救世救人之大责。"（三月十日）

令人做事而自居其功，则人往往不能热心去做，徒事敷衍，所以少成功。（三月十四日）

今召开第一次中国特效药研究所理事会议。（四月十五日）

中华教育电影制片厂指导委员会今商定《移风易俗》电影剧本之拍制办法。（四月十九日）

第六次全国代表大会开幕。（五日五日）

凡失意之人，能无愠于心者极少。或系革命性较强之人，个性均较强，而个人观念较淡。能如此，方不愧为革命者，所谓能牺牲小我以完成大我者也。（五月廿二日）

连日身体不好，热度不退，医生各有其看法，亦各有其专用之药，张医专治气，程医专治肺，朱医专治喉，于医专治胃。余之病实在胃中，彼张、程、朱均不承认，致久延未愈，身体日益疲弱，误事不浅。（六月十四日）

读书如读古文，而能以今文作批评或解释之，通其半矣；如能用其他文字，若诗歌、小说、童话、鼓词之类加以阐扬，则可谓通达全部而能化矣。（六月十八日）

消化不良之症，原因不同，治法亦不同。如神曲即酵母，能消化淀粉；山楂能消化肉类；鸡内金服之，可增消化液，能补胃液之不足。如各种消化不良概以同一药治之，便不易见效。（六

---

① 原文如此。

月十九日）

忽吐血，连吐小痰盂半罐。此为自辛亥以来吐血较多之第四次，第一次为民二，第二次为民五，第三次为民十九。（六月廿八日）

学识未充，且见解不准确，则决断力缺乏，因循复因循，最足误事。（六月卅日）

今与百先弟研究山谷水库与卫生风景之建设计划，请其研究后实行。又告以用开路机开辟螺旋体之梯田，以利灌溉及机械化；并希望能发明灌溉梯田法与自动开闭之闸。（七月廿一日）

去年托郑震宇专访静江先生，见其目已不能见，人已难动，仅说数语：（一）人民生活如何？（二）果夫现在健好否？（三）要果夫不可多劳动。（七月廿一日）

自十八日起感觉左肋与前年相仿之胀，按之而酸人，似在作脓。至二十日感觉骨上更酸人，范围亦大；又在翻身时觉有水动荡声。程、吴二医均听不出，即打电话请陈恒义医师及空军医院理疗科主任张天民来诊，均系委员长请来治骨病者。昨傍晚最难过，几乎不能安眠。今早陈恒义来诊，决定开刀。下午二时许，陈医生因寻脓管口，约三十余分钟，始觅得。（七月廿七日）

此次之病究以何者为先颇费猜测，肺呢？肠胃呢？肋膜炎呢？抑还是疟疾？陈医师说，胸中之气或系肺中所漏出者。余以为不然。余病肺卅余年，肺常受震动，一切均稳固，岂有肺之外围生小洞之可能？盖惟有肺嫩者或初患者可疑及此。（七月廿八日）

八时三刻闻到日本无条件投降的消息。（八月十日）

时局好转，来客太多，伤口固可好，而身体与前次一样，受了影响。（八月十三日）

十时，主席在外宣布，今早七时日本正式投降。余因近日客人每日有廿人左右，下午不能安眠，感觉不适。来宾大半为工作

而来。（八月十五日）

上星期反省录：（一）官僚作风与军阀作风不可再留。（二）政治应有方法，使早澄清，入法治之轨。（三）制度不立，无以为政。（四）为求安定，有时反种将来不安之根。（五）性格不可让人摸着，知注重某点，而窃取其他之点。（六）党无基础，共党如来合作，则我危险。（七）多听取老同志及新同志之意见。（八）同志应培植，否则将来无可用之同志，呼应不灵，难应付意外之事变。（八月十八日）

委座命侍从室三处均归并国府。（八月廿九日）

连用玉红膏三天，昨希望今天创口完全收口。今虽全封，但其旁发生水泡，内部胀得很。不得已用力割开，得水数滴，原来通道已自打通。但到下午流出两次脓水。推测此次发作原因，系前星期日吃虾及鲤鱼所致。（八月卅日）

经国弟来，谓奉委座命，征求余意，能否担任农行董事长。余允之。（九月十一日）

本日完成《教育电影剧本故事集》。（九月十五日）

中央财务委员会改组，以余为主委。（九月廿二日）

今想到一事，即以油类易发挥之物作底，挥发时以表看度数，作为测量身体逐部发热之量器。又可做一寒暑表，以量热度。（九月廿八日）

三处归并国府人数，委座核定为秘书一人，人事室廿人。（九月廿九日）

陈节坚受聘，将赴外国讲心理学，因缺乏本国资料，特来询余。余以由天时及于生理，由生理及于心理之道告之，陈认为甚新，可见外国各种学说甚少新意也。（十月一日）

拟就《中国农民银行经营方针》，凡十八条。（十月一日）

参加政校教授座谈会。余告以各人应各就岗位，发扬光大，如指导五千余学生发行月刊或周刊，必能发挥极大之力量。（十

月三日）

今为余生日，来客吃面者有廿余人。余因热未退，仍卧床上。（十月十二日）

作成送居先生寿诗："先知先觉居先生，仁爱心肠广济人。五十年来勤国事，而今司法更严明。在兹胜利双庆月，举觞宜称万众心。国泰乐成人益寿，再加七十不为增。"（十月十二日）

今研究中国人之缺点，应在教育上补救者为：（一）理智、条理、推究、发明、切实、本魄、纪律、公德、责任、至诚（心），（二）组织、信仰、主动、辨别（力），（三）服务、守法、互助、合作（精神）。（十月十二日）

今拟定财务委员会工作计划。（十月廿六日）

财政部指令已到，指定余为农行董事长。（十月廿七日）

与宋子文谈经济事。余以农行事请示，并谓如何与棉业、纺织业之业设法配合。宋谓，现在只有以外棉压倒华棉之价，以外米压倒华米之价，不能在此一年半之内言建设。谈次颇自负，谓经济惟有此办法。不知此种经济政策逐步走上资本个人主义，足以造成共党之祸，而国事亦将为之断送，可为慨叹。（十月廿八日）

为蔡淑慎写一条幅，以赠其医生："人生初无疾病，因其生之时令、地域不同，饮食起居各异，不知修养之道，致影响其脏腑有强弱及不平衡之处，遂遗传其子孙而成疾病。医者所以追踪其遗传，以补救医疗，或防患未然，或使遗传不再延续，回复健康之人生也。"（十一月三日）

郭镇华来见，谈悉其曾自动向日本取回总理重要文献。内有总理于十二年七月四日致徐季龙函，我抄录一段如下："我对于委员制绝对反对，因曾饱尝七总裁之滋味，以后不敢领教也。中国现局堕落一至于此，乃革命不彻底所致。革命之所以不彻底，乃因武昌之成功出于无意，咸得太易、太快，至隳革命党之精

神。"（十二月廿八日）

晚作春联：（一）"胜利还乡，勿忘八年苦战；和平建国，正是千载良机。"（二）"研究科学，必须赶上原子弹；从事建设，不可习染旧官风。"（三）"革新教育建民国；统一军令致太平。"（十二月卅一日）

一九四六年

与立弟邀梁漱溟在高庐谈中国文化，并劝其勿从事政治，多从事文化。彼此尚能相洽，因彼对我之《中国教育改革之途径》尚有相当之印象也。（一月九日）

到南开中学访张伯苓先生。张对时局极乐观，对委座极尊崇，说委座所做之事均是对的，可无条件接受。（一月十日）

政治协商会议今开会。（一月十日）

与李医生谈盲肠炎之原因及盲肠之作用。余之主张如下：（一）在盲肠内之微生物如从大便出来，或开刀出来，若不消毒，传染到他人，其微生物仍入人之盲肠而致病，是以盲肠炎日渐增加也。（二）食物入口，因有味而刺激生出唾液为一种性格。入胃后又分泌胃液素以助消化，是为又一种性格。此二种物质均属阳性（假定），入肠时得胆中所分泌之胆汁而助消化。因胆汁与口胃所分泌者之不同，发生了一种反动作用，亦可说胆汁及小肠内所分泌的均为阴性。但阴阳两性均有所偏，经小肠与大肠之处，必另有一种可以中和之分泌物以调和之，即盲肠内之分泌是。但盲肠之分泌，亦必有所刺激而发出。若大肠因便闭，或小肠动作不活泼，或大肠动呆滞，均可使盲肠内之分泌物减少；或吾人食物之味不能调和而有所偏，亦足以减少，即不能刺激其分泌。盲肠本身既无分泌物向外流，自不免为其他杂物所侵入。若气不舒而有所积滞，则不免于发炎而致病也。（一月十二日）

今阅报载法国戴高乐辞职，共党势张，因函总裁请其注意。

其大意谓："政治协商会议必无好结果。且无论如何，共党已得到好处，本党已受害。……法国情形……中国如行多党政治，照现在党政军均未健全之际，颇有蹈覆辙之可能。请临崖勒马，另行途径，并劝美国勿误中国并以自误为幸。"（一月廿二日）

刘海泉拟日内赴美治病，彼力劝余赴美。余谓："美国可治先生之病，而不能治我之病。我之病必须中国方法来治也。"（一月廿六日）

天气太恶，本拟上午休息。因党部与国防会均在同日开会，故出席。此会为废止限制一切有关人民自由之法律也。（一月廿八日）

政治协商会议今闭幕。本党分出若干政权交予各党派。今后当如吴先生所说，应道之以德，齐之以礼，不宜专道之以政，齐之以刑也。（一月卅一日）

吾人办党务多年，共党辈至今尚重视吾人之力量，但不断向吾人攻击，但自己检讨一下，顾感惭愧。因党的组织不如人，党的宣传不如人，党的训练又不如人，致受共党甚至其他无人之党之欺凌侮辱，实在无以对前辈，无以对死者。今后应如何努力，亟须检讨与改进也。（二月二日）

吴稚晖先生说，世界可分为四种：一为黑漆一团世界；二为完善世界；三为南无阿弥陀佛世界；四为千变万化世界。今之世界千变万化之世界也。（二月九日）

拟就《新中国文化建设运动纲领》十条，请布雷先生修正。此为加强民族独立精神，使国人不致随杨随墨，漫无主张，而仍纳入正轨也。（二月十四日）

叶楚伧先生今日病故，饮酒过度，减短其寿命也。（二月十四日）

满清遗老金梁致王润生信中有诗两首。其一为《颂蒋主席》："十载艰难极，谁操必胜谋？人心真一统，民望足千秋。

三国平三岛，五强定五洲。中华今有主，功德在全球。"其二为：《迎国军》："自天飞下好男儿，万口欢呼万国旆。老眼模糊唯血泪，居然重见汉官仪。"（二月十六日）

今日午后为送父亲行，拍一张合家欢，计到父亲、立弟、禄卿、一丨つ（？）赞夫、衍夫、民夫、民弟妇及三小孩、泽宝、顺妹、敬妹、百先、公鲁、慰祖及果明，计二十二人。（三月十二日）

早送父亲行，百先、顺妹等四人同机，十二时半即到京，平安。（三月十五日）

晚召集农业教育电影公司股东大会，通过章程及董监人选。（三月廿二日）

总裁召见，谓浙江黄季宽决辞职，拟改组，并询我意见。余答现在可当主席之人不少，余身体尚未痊愈，此时去任此职，一若前年之任组织部长，身体即无好的希望。三月又①总裁究竟要我办金融，抑仍欲余任政治？若不欲我任政治，则不必多此一举。总裁乃说："你做一部分政治做得好，在中央做不好。"余说："现在中央谁做得好？"（三月廿八日）

农业教育电影公司董事会开会，推余为董事长。（三月廿八日）

参加麻业公司第三次发起人会，余被推为常董。（四月十日）

为农行员工加薪办法签呈，批以："照此特殊办法，能使同仁生活安定，意固甚善。如四联总处决定中、中、交三行均即实行，则本行自当照办。但同人当知开支如此庞大，今后如何使本行营业发展，有盈无亏，如何扶助全国农民，使生产增加，农业繁荣，以报国家对金融界同人独特之优惠，此在吾同人之自反。

---

① 原文如此。

应由总经理告喻同人为要。"（四月十六日）

今日还京。五时三刻到飞机场，二婶已先我到矣。因雾，至八时一刻始起飞，同机有俞鸿钧、张道藩、杨绵仲等共二十人。一路风平气清，过汉口稍停。二时一刻到京，场中接者甚多。乘农行车子返家，见家中一切设备均全，惟略带有乡气耳。（四月二十日）

十时与仲秘书同谒中山陵，缓步上山，尚不吃力。上山后到新村视察，始知我家与二婶家均被焚去，改种麦子，仅水泥路未毁。二婶之池旁石块亦被掘去矣。附近所有房子均毁，无一存者。（四月廿二日）

创口脓水仍多，感觉胀痛。今到中央医院分院照 X 光，计照两张。（四月廿九日）

下午参加二叔殉义三十周年纪念会。何敬之演词，谓有二则系英士先生在沪军都督府之训话及字句：（一）"爱国"及"明生死"。（二）"亲爱精诚"。（系英士先生写赠林敏刚之单条，悬于作战科之办公室，后乃援用于黄埔。观此可知英士先生系能以身作则者。）（五月十八日）

照《本草分经》之"七传图"，谓如有肺病，可传至肝，肝传至胃，胃传至肾，肾传至心，心又传肺。如此为一传。连续七传，则必死矣。今若反观，用培补之法，则虽疑难各症亦可以治。如肺病，不补肺而补肝，补肝若干日再补胃、补心，然后补肺，成为一补。若有七补，则肺必能痊愈也。此理想今后当实验之。（六月十一日）

战后于十五日第一次赴申，到后连日访问亲友及接洽筹设特效药研究所事，于今日返京。（六月廿一日）

李总经理来见，谈及日前美新闻处记者来见我与立弟之谈话，谓希望吾人多接见外国人，俾其能明了真相，不然道听途说，皆可信以为真。即彼本人因与我少接触，亦初以为真也。

（六月廿一日）

午刻中央宴，饯别冯玉祥。张溥泉致词，始知冯有志于办黄河水利。如果其真能办水利，亦中国之福也。但恐其志不在此。
（七月十日）

余拟以三种农场之分类告农行农贷处及土地金融处同事：（一）为本行同人所经营者；（二）由本行收购荒地，租与农民使用，渐使变成自耕农者；（三）由本行派员指导组织合作农场，以减低其生产成本者。（七月十九日）

参加四联总处会议。上海各银行要设公库，余不赞成，认为如不满中央银行，可令改善，不能另设公库，而分割中央银行之职权也。（八月一日）

应主席召赴牯岭，九时起飞，十时半到九江，至农行午餐。十二时由山脚起程，三时许安抵牯岭。遇李叔明、寿勉成等，始知主席召我来，系其拟订剿匪区域内措施办法中有数事，与余平时之主张同，如发行土地债券收购土地，发行粮券收购粮食及合作社之分配等，故命余来，参与计议也。（八月十二日）

晚应主席宴，商谈土地债券、粮券及合作问题。余所建议各点均蒙采取，且命余明日召集商谈此事。惟余之土地券（即以土地为本位之券）未蒙采取，因嫌过于复杂也。（八月十三日）

今早将昨日所拟之方案呈主席，并面陈剿匪区应注意之事项。（八月十六日）

下午三时半飞返京，于五时半到。（八月十九日）

佩秋自美来函，谓遇美国人毕范宇于舟中，彼对余极不满，认反共为余之主张，中国之不统一亦由余幕后策动。此实太重视我矣！乃函复佩秋，告以：外国人实不明、且不易明中国国情。如认为能说好中国话，即为中国通，未免看事太易。如真欲明中国国情，非再用心研究五十年不可。（八月卅一日）

今得陈医生报告，知创口流出之液，证明确有杂菌潜入，故

颜色变黑。（九月八日）

上午八时，中央合作金库开幕。余致词后，十时到农行参加行务会议。（十一月一日）

晚宴中美农业考察团，谈及金融机关统一问题，美国正在谋统一，惟尚未经国会通过。彼等以为上面要有一委员会，下面分三部分，一为土地，一为合作，一为吸收资金及协助国营建设等等。余则主张：【一】为合作培养下属经济；一为土地，实行平均地权；一为农业、为节制资本及创造国家资本等。彼此交换意见，尚无多大差别。（十一月九日）

本日上午国民大会开幕，到一千三百余人。（十一月十五日）

国民大会下午开选举主席团会议，余得票一千〇三十五，当选。（十一月廿一日）

下午国民大会闭幕。（十二月廿五日）

一九四七年

至中央研究院访傅斯年（孟真），傅谈及北平为美军强奸沈女士事游行示威，发动于燕京大学。燕大为美国司徒大使主持之学校，因前时为维持学校生存，不惜多方敷衍，致为共党所乘。今共党竟利用燕大发动反美，司徒首当其冲，可谓自食其果。（一月二日）

脊髓丰满者阳盛，力能御寒。是以猫儿在极寒之日出外求偶，虽雨雪交加，视若无睹；如在平时，则入被或煨灶取暖矣。照此看法，畏寒之人，可必其肾亏。（一月廿二日）

去年冬某日，余忽忆及幼时，祖母教我杀枫树之法，系斩枝打洞于根上，用毒药绿矾，使根死而后掘去，则不复生，且墙垣可以保持之故事。联想到治癌之法，颇可参照，乃函查少农君，托其一查针灸书，居然查得治癌方法，与此经验及理想相同。或

者因此可以顺利解决此一问题，亦未可知。（一月廿三日）

在王苏宇医生处磅体重，计六十四公斤，合约一百四十磅。如衣履除外，净重当在一百三十磅左右，已达我应有之重量矣。（一月廿八日）

陈侃言夫人十日不眠，询余用何法治之，因其屡服安眠药，迄未奏效也。余告以可试服生地、麦冬、北五味三药。陈夫人照服，颇见效，但不能久睡。嗣得戴先生之指示，加重生地至五钱，病乃霍然。此药亦颇有研究价值也。（二月六日）

将来治病，只须每一种主要微生物求得一种主治之物，例如杆菌应用何物可杀，球菌用何物可杀，同时扶助白血球迅速增加，使力能杀菌。届时只须知道数种药物，即可扑灭所有主要之微生物，亦即可以治愈所有主要之疾病。（三月一日）

国防会开会，各委员为台湾二二八事变攻击陈仪处理不当。惟因余昨曾谈及制度，如省制之确立、专卖制度之改良等，认为制度不改，无论何人不能办好，故今日讨论已侧重于制度问题。（三月六日）

夜车赴苏州转湖州，二婶等同行，立弟则赴申转湖。（四月一日）

二日早到苏州，乘船到获埂〔港〕。五日下午三时到湖州，扫墓及追荐祖母。六日上午八时半，全家到五昌里巡视。满目荒凉，破坏不堪，甚难恢复旧观。敌人之仇固深，惟汉奸及地方宵小之任意破坏或掳掠，为更可恶也。连日访晤亲族戚友、参观及演讲。九日中午十二时十分离湖开车，四时到杭州，寓西冷饭店。沿途所见战时损坏似为全省之冠，可惜湖人不善宣传。湖南之损失为大城市，湖州则在大乡村，荒地太多，树木仅见，残垣破瓦，凄惨万分。今下午二时离杭上车，晚六时许到沪，十一时搭夜车返京。（四月十一日）

农教电影公司开成立大会。（四月十六日）

中心制药公司开创立会，选余为董事长。（四月廿一日）

在申吃饭时想及，如请年老者吃饭，应放一件咀嚼器在主人之旁，则齿坏不能食物者，可以此器嚼细之后，再送与吃。此器易做，稍稍用心，即可成功也。（四月三十日）

试放改良爆竹及花筒。此余于二月间，请维涛照余之意思改良者。余意此种花爆可与空军之信号枪、火箭炮等配合，即可成为最新之玩意儿。（五月一日）

罗良鉴（偕子）先生来辞行，并劝我少管他事，一心休养身体，中国有大乱的可能，宜善自珍摄。（五月廿三日）

曾于梦中，得知癌症系中马铃薯之毒而起，因其形似马铃薯，而其中毒乃为细胞所包裹也。（五月廿六日）

教育专门委员会举行第一次会议，讨论学潮及教育基本问题。余以余之理想向众论述。余以为：照现在这样办下去，足以亡国，因趋向不好。国民教育愈发达，普通中学学生愈多，相率要求公费，大学亦日多，而优良教师则日少，以做官为目的的人愈集愈众，是为造乱之源。故余主张先由改革普通中学入手。（五月三十一日）

政治委员会开会，有若干人对政治抱悲观。余指陈其错误，谓各省主席均想做好，但制度、作风及革命工作无中心、无目标，自然会到此地步。又人才不易得，十七年济南惨案发生后，谭、张二先生及余，以王正廷长外交不甚相宜，特专车赴临城谒蒋先生。蒋先生反询余等："然则诸君必有较佳之人选矣，请试言之。"余等瞠目不能答。于是蒋先生谓："既无更适当之人，只好用王。"是即能批评人未必即能得人之一例也。（六月四日）

辞修、立夫邀商党团合并问题，余知因昨日总裁已决定党团必须合并也。（六月廿八日）

常会讨论青年团归并事，决定为统一组织，而不说归并。（七月九日）

　　柳诒徵先生来谈，极称我新而能通旧，且能发挥其思想，《中华国民生活历》之编辑与特效药研究，均其例也。（七月十三日）

　　党团统一组织委员会开第一次会议。（七月廿五日）

　　今日飞青岛。上午十时乘中国航空公司五二号机起飞，十一时五十五分到青，寓金口三路三号刘哲宅。（八月廿三日）

　　连日视察财务委员会所办齐鲁公司管辖之啤酒厂、面粉厂、橡胶厂，中国农民银行青岛分行，农行收购之烤烟厂，青岛市立医院，美海军医院，观象台，各合作社及海水浴浴场、太平公园、青岛产业馆等处，并一游崂山。因饮水关系及吃坏，四次水泻，共泄十五六次。今上午十一时五十分起飞，下午一时四十分返抵京。（九月四日）

　　四中全会及党团联席会议于九日开幕，今闭幕。余因病自九日下午起即未能出席。（九月十三日）

　　热度久不退。至十一日，始感觉背部肋膜炎重发，凹处老疤亦较前凸出。下午至市立医院照 X 光片四张。今早九时又开刀，出脓约三十 CC，温度退至九十七度六。此为自青岛归来之后第一次温度复原。（十月十二日）

　　今想到应有嗅臭气机，由于查明大便臭气之度数，可知是否积食，或由于其他病症。（十一月七日）

　　辞去上海国大代表，竞选各人均赞成。（十一月十五日）

　　连日背部酸痛，昨请查君来炙。今起用炙法，即发明用石棉作套头，试用甚佳，可见一切均在运用。

　　金城砖瓦厂开创立会，余被推为董事之一。（十二月五日）

　　张溥泉先生昨晚病故。其病系因开会太累，食多不化，心脏停滞所致。今中央开治丧委员会，以余为主，狄为总干事。溥泉先生之作风亦不可多得，惜太易冲动。（十二月十六日）

　　中国塑像公司开创立会于介寿堂，高标以塑好之十余像陈

列，颇引人注意。（十二月十九日）

中合保险公司开创立会。（十二月二十日）

共党作战目的在经济，尤其在东北。此次攻势似甚严重，因煤与米均感困难，不能久守。我由面缩成线，又由线缩成点，一切处于劣势。军力不够用，固为一重要原因，而用兵似亦不无问题。（十二月廿八日）

一年又过去了！本年在著作上毫无成就，在经济上亦乏贡献，只是烦闷。身体仍未见好，表面上大家认为好些，实则不能劳动。想到外间去看看，只能到了青岛一处。惟在党的财务上较有贡献。各单位有努力事功者，亦有未尽人事者。（十二月三十一日）

一九四八年

今日一切事均为被动，如农贷与地政，均为美贷款之条件，而后我之声明始有此二条；若美方不说，我当局亦必不说。如此被动，国何以立？（一月三十一日）

参加中央政治学校高等科第十三期毕业典礼。戴先生此次训话极好，其中有一段讲总理接见日本田中义一之话，颇有历史价值。其言如下：欧战将终，田中义一来见总理，询有意见否。总理说："无意见。"询之再四，均答："无意见。"但田中坚欲探询，总理徐谓："必欲我表示意见，则只有四字：'条约有效。'"田中说："如此，岂非中国吃亏了吗？"总理说："是吃亏。"田中说："何以中国自认吃亏？"总理则说："我力量不及，只有自认吃亏；但若条约有效，则吃亏亦有益。"田中不懂。总理说："《马关条约》，中国吃亏，日本占便宜。但日本已许朝鲜独立，何以又吞灭了它？倘条约有效，何致有此？"（二月五日）

联合国粮食农业组织顾问团团长美国人柯敏士，率团员十人到特效药研究所参观。其中有一印度人说："印度有一种草药，

可治咳嗽。中国亦有咳嗽药否？"余乃于橱上检出咳嗽药十余种示之。彼等均惊异，始知吾人之研究，并非漫无计划也。（二月七日）

函总裁，陈述训练干部、运用干部意见。（三月二日）

明德学校校友推余为董事长。（三月四日）

照余之看法，外国人屋内装水汀，冬天不冷，日久成为习惯，舒适则舒适矣，但血压高者日渐增加，恐与此有关。（三月六日）

六日下午四时二十五分车赴沪，十一时到，寓祁齐路一九五弄七号。八日上午十时参加中心制药厂开幕典礼。九日，参加中合保险公司开幕典礼。晚邀宴特效药研究所理监事。十日下午到新生活俱乐部参加《东南日报》股东会及董事会。晚乘夜车返京，于今早七时到。（三月十一日）

上午十一时参加国民大会开幕典礼。余此时之感想为千辛万苦始得开成之国民大会应如何培育之，使其真能为国家、为人民谋福利，而勿为其本身谋？此实一大问题也。（三月廿九日）

上午到介寿堂参加中国塑像公司创立会。（四月十五日）

人心日坏，信义不讲，个人权利之争，锱铢必较，为国家为民族则置之脑后。如此中国，安得不乱？（四月二十日）

下午黄季宽来见，系探询口气。余告以："要实行民主，对于选举及提案意见，不可用军人眼光去看。如以选举当作打仗，不能失败，那就无法实行民主。最好要当作在球场上赛球，这一场是他方胜，另一场是我方胜，也许再下一场还是他方胜。选举时固然要认真，但胜负决定后要看得淡，则民主才有望。"（四月廿六日）

磅体重，已减至一百二十磅左右。（五月六日）

土地开发公司开创立会。（五月十一日）

今总统举行就职典礼。（五月二十日）

接到三年前朱经农代为请求学术审议会审议余所著之《中国教育改革之途径》之复书，批以"不予奖励"四字。最奇怪者，书中将人的姓名涂去。难道涂姓名，即可表示其公正无私乎？为何不予奖励则未说及。余非自欲送审者，实因稚晖先生有话在前，故朱先生乃有代为送审之举。（五月廿五日）

美国重整道德会有参议员、众议员五十余人来电，请立弟赴美演讲。今早八时二十分在沪送立弟夫妇动身，因天雨，勉强送到机场。（五月三十一日）

下午五时半忽得上海电话，知吴任沧同志于五时病故于沪寓，系中风。如此革命同志，实为不可多得，何不幸而短命逝世？乃函告总裁，请优予抚恤。（六月十八日）

十九日下午赴申。二十日上午十时送任沧小殓后，到万国公墓及永安公墓看墓地，决在永安公墓。下午三时大殓。今下午返京。（六月廿五日）

十六日下午赴沪。十七日下午二时到中国殡仪馆送任沧殡。余看天气将变，乃未到二时先行礼。追散，天大雨。晚未能安睡，又加以拿脚盆不得法，多日未睡好，故天亮后忽于痰盂中见血，终日未止。（七月十八日），

自七月至十二月离沪前诊治医生：（一）傅壮民。（二）黄钟。（三）程佩箴。（四）吴迪。（五）张简斋。（六）汪企张。（七）陈恒义。（八）俞松筠。（九）中医唐吉甫。（十）湖州喉科及内外科中医夏墨农。（十一）夏少农。（十二）中山医院胸部外科专家王家驷。（十三）徐可亮介绍李其芳。（十四）顾毓琦。（十五）王家驷带来孙桐年。（十六）王苏宇。（十七）曾养甫介绍江南大学教务长乐焕之。（十八）乐焕之介绍学生广慈医院皮肤科主任褚仲刚，自称能透视五脏。（十九）钱潮。（二十）顾毓琇介绍乐文照、杨济时、钱慕韩、朱履中、邵幼善，其中乐文照以内科著名。（二十一）竺鸣涛介绍陈蔼如。打葡萄

糖针后，忽身体发抖发冷。（八月十五日）

中央公布财政经济紧急措施办法四项，自力更生，我甚赞成，但无外援及充分准备，不免带些冒险性质。其中公务员薪给定得太小〔少〕，明定大洋一元换取金圆券二元，是物价在人民心理上比战前加了一倍，而高级公务员薪反打了一个二折，比照战前则为一折，如何令人生活？将来毛病必自此起。（八月十九日）

八时许，坐在椅子上动了几下，肺部受震，突然吐血，约半小痰盂。此正表现肺与肋腔相通，因创口亦有血流出来。（八月廿七日）

蒋先生派希曾弟送来一函，劝我到山上静养。（九月一日）

张简斋先生赠诗以表心迹："匪我于君阿所私，人生难得心相知。衰庸自愧无新识，奖许常蒙过厚期。朝野群伦推表率，邦家多难赖扶持。天活我公公活国，同舟风雨共斯时。"（九月五日）

立弟、禄卿今下午一时安抵上海，旅美游欧，共三个月。禄卿在檀香山下机时伤足，下午即往诊治。（九月六日）

昨起用止血新药"牛儿海蒙拍拉斯丁"，今日鲜血没有，吐的多是瘀血。新药中国还少，故各处托人购买。曾动员蒋夫人、卫生部长、卫生局长及外国新闻记者、中美陆军医院去探访，均未得到。现在总统嘱纬国向美军设法。（九月十六日）

总统手令农行购军米，而上海报纸大大攻击农行提高米价。经国叫农行不要再买，因此李总经理颇感困难。（九月廿八日）

今天是我的生日，九点钟以后，送来许多花蓝与蛋糕，真了不得，几乎弄得无处可放。蒋先生与经国弟八点多钟即来看我的病，坐了约有一刻钟才回去。蒋先生说我的面色很好。我告知："面色好，是因此病中特别设法维护肠胃。肠胃之消化系统，犹之国家之经济机构，经济健全，所以虽有病，气色仍好。"蒋先生又询我："用中医治，抑西医治？"我说："现在用西医，将来培补时需要中医。"蒋先生说："还是西医可靠。"我说："就是西医不能作整个计划；又中医有参蓍一类补气之药，西医却不会用。"（十月九日）

今日起来半日，上午吃一碗饭，晚吃半碗。（十月十四日）

湖社同乡晚为三叔六十九岁暖寿，计四十余桌。三叔各种物品大致已售出，晚上竞卖，亦达万元以上。今生日，湖社甚热闹。（十月二十日）

今完成不用药自己治病方法，交世杰抄清。（十月廿一日）

李总经理来谈困难情形，余托其告翁文灏等宜早改变，不然将更困难，以至不可收拾之境。（十月廿五日）

十四日磅重为一〇五磅，今增至一百十磅。（十月廿六日）

闻有某君为兑去金子，损失甚巨，为其妻所责。嗣往相面，相士谓其有病，因此不能入睡，竟患神经病。至此就诊于程、吴、张三医，实无病也。（十月廿八日）

嘱京寓将历年积存之全部会议录送党史编纂委员会。（十一月二日）

局势日益严重，上海谣言更多，不堪入耳。亲友颇多为余打算，余实不能打算私事也。人之生命实不能由自己做主，如其事业可随便放弃，生命即失却主宰。余病多年而不死，即因有事业维系之故。今如放弃事业，即无命可逃，况此时何能庸人自扰耶？（十一月六日）

布雷先生突以心脏病逝世闻！晚间闻其系服安眠药片自杀。（十一月十三日）

无论何事，其主持人如能有九分公心，已经算得好了。十分公心者真难得也。（十一月十三日）

上总裁书，为拟离申，请核定中财会、农行、合库等代理人。（十一月十五日）

党的宣传为民主自由，党的训练为军事化，党的组织，外表为学苏联，内部是中国的。如此东拼西凑，不成一套，如何是好？（十一月廿日）

总裁批准赴台养病，代理人由我拟定。（十一月二十日）

回忆此次之病，起于五月三十日到浦东，乘汽车时间太久，背后炎症扩大，每次流脓较前为多，致内部痰亦加增。六月间为任沧事到上海，又少睡眠。七月间又来申，用力不平衡，致吐血，热度积久不退。其实此微热可以不理，乃必欲退之，致打针发抖。为要做给医生看，在床上挤了几次，以致伤处扩大。某日睡眠太热，吐血处复发。医生如坚持要我不动，则可早愈，但未能办到，故延至一月之久。后打肺病特效药，为医生之失策。打了二十余公分，痰日渐多，增加了结核菌的抵抗力。又服张氏之补方，将病势补牢。有此种种原因，故至今未愈。（十一月廿七日）

蒋养春太太蔡淑慎率其子、媳、女，乘马利所驾驶之飞机，于三日赴台。二日晚来辞行，谓临时决定，且劝禄卿同行，禄卿不允。今上午突接养春致禄卿电话，谓马利之机在台湾失事，其全家完了！晚养春来，令我无以慰藉之。（十二月六日）

六日晚十时上中兴轮赴台，同船之人甚多。七日早准开船。出海后风浪渐大，同船人多呕吐。下午余起来进食，稍受寒。晚发热至一〇二度。今上午大家卧倒，余热度仍未退，听其自然。下午进基隆口。四时许到趸船待客室。六时到同志所办之南光公司吃饭。八时三刻上火车，九时零五分开车。晚三时许到台中站。四时到双十路八号寓所。（十二月八日）

此间天气确是天高气爽，日间稍暖，晚凉可安眠。余五时睡，八时起。十时换纱布，脓水之多为从来所无。可见昨晚车中颠簸之烈。今热度仍未退净。（十二月九日）

今起延一台中市内科最有名之巫永昌诊视。（十二月十日）

父亲已安抵厦门，其他各人均于今日搭船赴厦。（十二月十二日）

《自己治病简法》二十八则已抄好，序文亦抄好。（十二月廿五日）

前日上海赴港霸王号飞机失事，机中有冯有真、彭学沛及罗良鉴夫妇，均焚死，分别电唁。罗偑子先生之死于火，万万料不到。（十二月廿五日）

三十七年已完。本年无论在学问上、经验上及其他工作上，均无甚成绩。半年在病中生活，所成就者一本小小的《自己治病简法》，交台中卫生院去印行。金融方面，日渐做到亏本矣。党营事业方面，亦因经济紧急措施而损失，又因军事失利，损失济南、东北之厂。（年终反省录）

一九四九年

杜聪明先生来见。杜先生曾到特效药研究所参观，甚感兴趣。彼谓："台湾有三千医生，得博士学位者达二百余人，故人口增加速度超过内地。台湾四十年之间增加一倍，内地数十年来，不过增加五分之一，此可见医学之重要。"彼亦赞成中国医药必须科学化。（一月三日）

闻有人造谣，立夫赴美助杜威四百万美金，反被杜鲁门得胜，杜鲁门不愉快，故美援不来。此种谣言稚幼可笑。杜威系共和党所推选，该党经济基础极好，何至于要中国帮助。但造谣造到我们的头上，实在可恶。（一月十八日）

蒋先生第三次下野。前二次均有敌侵入，一般人因而觉悟。此次共军必更深入无疑，而各报对蒋先生之退并无惋惜之口气，人心如此，有何公理？（一月廿二日）

美国至今仅有一百五十年历史，举世皆贫，惟彼独富，故骄奢自满，流于浅薄。欲过问中国事，竟使中国沦入共党之手，此

时虽觉悟，亦已迟矣。（一月廿二日）

某同志又来函要做民政厅长。如此不重做事，而重做官，党如何可以办得好？（一月廿四日）

泽安来，余告以我对于农业上之希望：（一）橘子可在树上保留。（二）不用接枝方法改良果子。（三）推行区田及甽田制。（四）鸡孵加大一倍办法。（五）变香。（六）变色。（七）证明稗子系由于杂草与稻花交配而成。（八）雌鸡变公鸡，公鸡亦可变雌鸡。（九）其他有关农业革命之研究。均嘱其将来注意研讨，求其实现。（一月廿七日）

晚宴医生巫永昌（台中著名内科）、江德兴（著名外科）、李祐吉（著名外科）、陈嘉音（台北医院院长，台湾外科权威）、林锡生、张蟲生（博爱医院院长，医学界前辈）、陈彩龙（台中医院院长）等，由吴迪医师、陈市长等作陪。陈嘉音诊断颇仔细，谓我肺中之空洞，幸有后面之出路，为他人所求之而不得。（二月十三日）

闻立弟与希曾同飞穗。（二月十四日）

立弟与直、羽二儿昨由穗飞台南，今由台南乘火车到此。（二月廿六日）

余认为人身之五脏六腑，如多数健全，少数有缺点，则易治好；如多数不健全，少数健全，则不可救。余之身体，十一分之十为健全，仅一分有病，自易治愈。但一般医生均不足以语此。（二月廿八日）

看《资治通鉴·隋记》一百七十九卷：贾琼问王通息谤，通曰："无辩。"【问】止怒，通曰："不争。"通尝称："无赦之国，其刑必平；重敛之国，其财必敝。"又曰："闻谤而怒者，谗之囮也；见誉而喜者，佞之媒也。绝国去媒，谗佞远矣。"（三月五日）

昨晚吐血多口。今卧床，吃阿胶数次。上午有血，下午止。

（三月六日）

三日寄奉化函，今日始得委座复电，谓已请俞鸿钧代理农行董事长。关于合库及财委会事，委座准照余意，【合】库交谷任理事长，财委会仍由徐代。（三月十八日）

近日不知何故，感觉非常吃力，左肺空洞似更扩大。（三月廿二日）

今清理三处批表，酌予焚毁。（三月廿四日）

一个人的生活要有规律，但亦有非带点放浪不能调剂。生活需公开，但亦有非带点秘密不感兴趣。因此有些人，从旁人看，似乎是痛苦，甚至于自寻烦恼，但他们自己并不觉得痛苦，甚至于比旁人的兴趣还要好，其原因就在此。以农夫为例，从文人所写的文字上看，他们是苦的，但他们只苦在生活的享受上，而在精神上却似乎比我们还要愉快，因为他们在播种之后，除去荒年不说，平时看到田地上发芽滋长的情形，多么快乐。又如未婚女子，看人家生孩子是一件痛苦的事情，但不知道小孩由小而大，由笑而咿呀学语，再由行而学而自食其力，做大人的哪能不感觉兴趣呢？从此种种，我们可以得一结论，就是：一种理想如未身入其境，是不大可靠的。（三月廿六日）

俞鸿钧兄于廿四日到台，廿八日下午到台中，即来访。鸿钧兄谓："我对于公事，无论如何均勇于作为，对于私图，胆小得很，所以至今尚未置一私产，即上海住所也没有。"我说："人人如此，天下太平矣。"谈及农行董事长问题，彼初谦辞，经余敦劝，今日乃应允。俞去，余送出门外，亦即余自搬入此屋后第一次步出门外。（三月廿九日）

函蒋先生，附报告病情，内有数点，仍以医喻政：（一）我以经济第一，惜无良医配合。（二）用美国药不得当，反张敌焰。（三）一面用石灰，一面用水，致空洞加大。（四）车胎与胸腔之比。（五）结论致慨于医学校哲学未能与科学并重之失。

（三月三十日）

今磅重得一百廿二磅，比前月增加六磅。（四月九日）

陈市长来报告，我放弃南京。（四月廿三日）

明肠胃病，请张蟲生来诊，认为气不舒展。（四月廿七日）

骆美奂来见，报告恒大结束情形。天津恒大为敌所据后，在其国营事业中加入一"恒大部"，将恒大各厂及植物油料厂合并而成。恒大烟厂经理原自办一厂，本人股本亦不少，共党亦指为官僚资本，予以没收。又某厂经理原系本地人，有房产，其本人南下后，托其弟管理，现亦认为与恒大有关，没收之。可知共党一步不肯放松，有人希图侥幸，实为梦想。（五月二日）

闻有池某者，在保定无恶不作，想投机附共，设法使其特务工作人员寓彼家中，而窃其名单，送与共党。不料共党捕人时，连池某一并捕去。向其道谢名单后，即说："你作恶多端，人民要捕你惩办。"故邀亦入狱。投机者之下场大都类此。（五月十七日）

台中市参议会议长、副议长与陈市长同来专送"荣誉市民证"。此系参议会于今日决议通过，共三人，除余与立弟外，尚有王雪艇。（五月廿四日）

今为明延学祐吉医师来诊，断为胃溃疡之初期。（五月廿八日）

上海我军完全退出。（五月廿八日）

全省运动会在台中举行，运动场即在双十路余寓之对面，郝更生先生来见。彼因体育不能推动，甚抱悲观。余慰之，并建议如能藉提倡体育以训练组织，训练是非观念，训练纪律，训练民主风度，则体育之作用大矣。郝以此认余为确知体育之作用者。（六月五日）

父亲四月已由厦乘轮安抵台北，六日派周副官到台北接行李。今父亲由台北到此，即搬入新屋。（六月十九日）

谷正纲来商合库事，彼坚持仍由我任名义，彼代理，余允短期再担任名义两个月。（六月十二日）

台湾实施币制改革。（六月十五日）

与陈际唐、陈颖昆谈教育的趋向未定，先要普及教育是很危险的。中国人脑中充满了做官的思想，一读了书就想做官。要做官的愈多，国家愈不能安定，教育变成制造乱子的东西。（七月三日）

台中卫生院举行营养展览会，要我写几句文字，因写理想一则报之："若有一种营养品食之有味，听之有声，嗅之甚香，视之甚美，易于消化，迅于吸收，经久而不坏，价廉而易得，能滋补身体内最需要之部分，更能预防疾病之传染，即已有疾病者食之，亦能裨益病体之复元，决不助微生物之滋长，则吾人理想中最优良之营养品，方能达到目的也。"（七月十七日）

二婶因食腐坏之物，七日起自感有病，经医治稍愈。廿四日忽吐血，医断为肺部有病。（七月廿五日）

明自七日起痔疮发作，胃痛时发，热度亦高。热度更由何而来不得而知。（八月九日）

托人自台北购运柏油六桶，送台中市政府，为酬谢借住市长官邸也。（八月十日）

五日起患喉症，请耳鼻咽喉科医生林松卿诊视。十六日查明似有结核倾向。喉头声音低落。八月中旬以后喉更喑哑。廿七日请耳鼻咽喉科何火城医生诊视，认系慢性喉头炎，不似结核，涂药后连照太阳灯数次。（八月卅一日）

因齿痛请石泰三诊治。左上一齿，前曾三次诊治修补者，新加一金套，其他右面二齿须修补，又一颗抽神精［经］后，即填好。（九月二日）

托维涛照余之理想试制测温器，今交来试用。（九月六日）

友人来谈台北谣言甚多，颇有人主张托管台湾。此种谣言来

源似甚复杂，日人、台人、共党、美国人，以至一般自大陆避难来台者，为图苟安一时，均抱有同样幻想也。（九月十日）

林松卿医生断定余之喉患确系结核。余之喉部早为弱点，故在数年前已说过，将来大毛病恐怕要出在喉头，弄得不好，就生喉结核而死。自己虽明白，但说话仍多，天气变动时亦不甚注意保护。此次尚未溃烂，即打针药，今再加以不说话一个月或尚可救。现所顾虑者，此种针药（买爱新药针）对于我体是否能发生效果耳。（九月十八日）

十九日起开始不说话，三天后即渐成习惯。（九月廿一日）

今日几乎看完一本《续资治通鉴》。历史上往往为一个极少见的人或为了一件极小的事，处置不善，致杀人数十万，人民随之而反，而死，宣传政府①不注意民生，游民太多所致也。吾人虽注重，而造成不少欲望较高之游民，似比古时更危险也。（九月廿二日）

今拟第三集《医政漫谈》目录。（九月卅日）

闻全台有医师三千人，合于日本标准者不过一千五百人。医师之改业者甚多，最困难为药与器械无来路。用惯日本货者，似非用日本货不可。台中医师正式外科不过五人，鼻耳科二人，不能开刀。（十月二日）

为台中市新国民运动作《新国民道德歌》，其词曰："新国民要有新道德，新国民道德，雍容大方，食衣住行，生活依规则。为公事以服务为先，对公物爱护若私产。大家团结，互助重礼节。人有不善，大家规劝。若有存心捣乱的奸匪，决不容他潜入作恶或宣传。有新国民之风度，新国家之基础愈坚。新国民道德，人人能遵守，能表现。谁也会尊重亲近，不放轻慢。新中国，新国民，光辉无边！亿万斯年！"即由林鹤年作谱。余于今

---

① 原文如此。

日听中山公园播唱此歌，因念余虽病在床上，不能说话，但能作歌，使大家开口唱，其声广播出去，故无言亦可言也。有些人不肯做工作，或不懂工作方法，如余此种方法，当亦可引起同志宣传之兴趣也。（十月八日）

作《哑吧歌》："哑吧哥，说不出话真痛苦。做手势，大家都不懂；用笔写，纸张费用太加重；石笔粉笔有碍卫生不适用。只好见着人面面相觑若无情，勿声勿响没精神。听得人家说话，肚里更加不开心；若闻笑骂声，面孔胀得红又青；磨拳擦掌，胆小不敢争。有时候像煞吃过黄莲嘴里苦；有时候像煞受了冤屈没处伸。哑吧哥，不能说话苦得很。我见到他表同情，可惜无法帮助他发音，又不能做个好医生。"（十月十六日）

张简斋医生于五日由港飞台北，六日到台中，为余及明诊治，广州失守后，一心悬念香港，因于今日赴台北，返港。（十月十八日）

昨晚不知如何伤了左肺，早五时忽吐血，晚饭后又吐，半夜一时许又吐了一阵。（十月廿三日）

今日是我的生日，真令人烦闷。每值我的生日，总是病在床上的时候多。今天因吐血，所以客人来，连话也不能说一句。（十月廿八日）

今下午总裁自阿里山返，经台中，下飞机，特来望我的病。因知我吐血始止，又不能说话，故不谈，谓改用书面商量矣。见明谓勿太省俭。坐约十分钟即返。（十一月六日）

鸡蛋投水煮熟有两种方法：（一）以蛋投入开水中，约三四分钟后取出，其黄先熟白后熟。（二）用冷水煮蛋，则水开后白先熟，黄后熟。若于水开后以冷水浸之，再入煮，则黄可煮久不熟。若请客时，各以一枚请猜，如猜中则奖，不中则罚，变为有趣之余兴也。（十一月十二日）

下女阿兰揩玻璃，尝发现极好图画数幅。因于今日作《抹

布画》一文。（十二月一日）

拟就《用药经验目录》，得八十余节，又《中国药物故事》十余节。（十二月七日）

一九五〇年

总计去年全年接见之客为五百九十六人，见客次数约在一千次以上，来见之客约四分之一，约一百四五十人，平均每日约见三人。（一月一日）

蒋梦麟、汤惠荪二先生来访，余与谈文化。中国本身若不建设文化，成了真空，则任何国家均可利用文化侵略灭亡中国。吾人固需有强大之军事建设，但军事在非常时期始能充分发挥作用，而文化则无时无地可以或缺。（一月九日）

保留旧制度、旧习惯，为中华民族将来着想，实有必要。因外来文化之侵略力太大，不能不用此为最佳之抵抗防线也。（二月十九日）

本日，总裁回任总统职。（三月一日）

近日呼吸不畅，谈话时尤有感觉。力求减少谈话而意不能，自制之力较前更差矣。（三月十日）

今做好一副对子："合法、合情、合理，做成大事；轻权、轻利、轻名，修得长生。"（三月廿一日）

财委会事，总裁已指定俞鸿钧同志代理，通过常会。（三月廿四日）

鹤林歌咏会今下午开幕，专为歌咏《鹤林歌集》之歌，由音乐家林鹤年主持。所唱各歌大致还好，故晚间热闹非凡。台湾电台转播，亦颇清晰。（四月廿五日）

看《续资治通鉴》，宋太宗太平兴国八年，已有乔维岳发明船闸，建筑在淮阴附近。（五月廿九日）

理旧日记，将未写之页裁去，以减重量。（六月一日）

今起看《管子》。（六月十一日）

得港电，张简斋医生病故，即去电唁。（六月廿九日）

《全年八卦气象研究表》说稿。（七月十二日）

总裁回我一信，关于财委会事，彼无所闻，即有所闻，要我勿必介意。因我向总裁负责，总裁亦对我负责，而信任之也。（七月十四日）

中央常会于廿三日通过党的改造案，今宣布改造委员及评议委员名单。（七月廿七日）

立弟、禄卿、直儿、羽儿今早八时由台北乘飞机起程，由菲律滨转法、瑞，到机场送行者三百余人。余昨函立弟，嘱其考察及研究经济恢复与建设事业。（八月四日）

农教公司股东会今在台北举行，余托道藩代表。（八月六日）

拟写一本四十年来之主张，如水利、合作广播、电影、金融、礼俗、医药、卫生、建筑、计划经济、教育、人事、个人道德、组织、政治制度、世界大同、CC来源、"豪门"等等，俾世人能明了我心之所向，与遭谤之由来。（八月十日）

今由松筠兄等代约陆军医院徐副院长佐周、外科主任王佶、内科主任张协时及台中开业医师李攀五，又惠弟陪同朱仰高、黄潮海、吴迪三医师，连同原打针之胡课长惠德及巫医师永昌，共九人，来寓会诊，共商治法。道藩兄亦来，参加商讨。（八月廿日）

昨道藩兄劝我勿言，但有关国家前途之事，此时不言似乎有点忍不住。此为不能放开之一症，宜戒之！（八月廿一日）

今《中央日报》将我之《抹布画》一文登出。（九月六日）

报载张静江先生三日病故于纽约。静江先生为本党完人，可惜身体坏，近年不能做事。（九月七日）

十三日因打葡萄糖钙过量，致吐血，自此断断读续至廿一日

始止。今早换纱布，创口流脓突多，似为吐血后应有之现象。（九月廿二日）

每逢台湾光复节，中央似应在台召开全国各种生产品与文艺等展览会，可使台湾人民对全国不致隔阂，且能放大其眼光与气魄。（十月廿五日）

函郑西谷同志为台大附属医院葡萄糖事，建议其改良，托转达傅孟真。（十一月四日）。

余之纪念静江先生一文题目改《十五六年之一段党史》，而"纪念静江先生"变成小题，今于《中央日报》登出。（十一月五日）

立弟今可到纽约。（十一月六日）

《抹布画》最引人注意，来函说及者已不止十起。纪念静江先生一文，亦颇引人注意。（十一月十日）

某君来谈共匪到四川，在重庆、成都等地，均尝严查我之家产，谓"四大家族"之财产必须没收，结果并未查有蒋先生与我之财产，因此共党之清算，对于吾人反为有利，而共党平日对吾人之种种诬蔑，亦不攻自破矣。（十一月廿七日）

接台北电话，知棣华在美第二次开刀后，竟不治身死，我同志又弱一个矣！棣华在苏整理财政确是能手。国家失此良才，不知政府何以善其后。（十二月十一日）

闻棣华之死，系其夫人要开刀，医生不认识病，且错误之处甚多。（十二月廿二日）

姜伯彰同志收到其子达衢之信，附告油浸白果研究会议经过情形。姚克方前时认为笑话者，今亦承认为有效之药。可见其研究确有进步，共党各方对此似比吾人在京时更为注意。可见英美派医生较前态度亦有改变矣。（十二月廿三日）

《苏政回忆》稿今完成。（十二月三十日）

国医馆成立二十周年纪念，台湾分馆馆长苏锦全来函，欲余题字，余以下列之问题之："国医设馆二十年，仅仅做到保持国医、国药之原状而已，未尝作过国医、国药如何改进之研究，以及讲求与西医如何竞胜之道。现在科学虽已到原子时代，但中国之医学、医术，以及特效药物，若有人能根据前人之发明，切实求进，用科学方法研究改良，则尚有可为，尚有可能超越世界之处，是在今后国医药界之能否及时努力耳。"（三月十七日）

余自二十岁在汉阳，看到一般人之行为，颇为不满。至二十七八岁，在晋安庄，更深感必自修成超脱凡俗之气，始可算得做人，故常做超俗工作。今自认已做到超俗之处有如下各点：（一）住繁华都市多年，未尝入妓院、舞场、赌场之类为无聊之消遣。（二）管钱始终不将钱作为私有，或为钱所管，反之，愈不爱钱。（三）读书未尝为书本所囿，或自以为知足。（四）管人事不作弄人，不私于人，变〔亦〕不自用其人。（五）做官未尝作威作福、营私，或运用政客，作固位之想及幸进之图。我始终保持平民本色。（六）接进商业之工作，自己做到不做生意，不与人谈私利。（七）办党务不作植党之想。办教育亦然。（八）生病能摆脱烦恼，始终抱乐观与进取之心。（年终回忆录）

三月间患气喘，四月初消除。

十月间腿部酸软，走路无力。

一九五一年

台中市各机关首长，因余即迁居台北，晚宴饯于小北投三楼礼堂，计七桌。（一月十五日）

十二时半到车站，送行者约百余人。四时五十分到台北，接者亦有百余人。到青田街寓所后，维涛与惠夫请吃饭，初次吃教化鸡。吴大夫来诊，谓脉尚好。（一月廿二日）

午后一时半初次出门，到俞松筠处望病。松筠半身不遂，不能动，入时哭，出时又哭，自己似表示不会好。言语不清晰，故

有数语，均不明其用意所在。（一月廿四日）

苗培成等来见。苗说："台中天高。"我说："可惜皇帝远。"众大笑，以为说得很妙。（一月廿七日）

中国医学是从天、地、人、生物研究其本能、本性而得者，故中国医学不可不研究者有如下数点：（一）阴阳五行及哲学。（二）一切本能、本性。（三）汉唐时所定之五科，内科、疡科、针灸科、□由科、按摩科等之如何运用。（四）何者为自己之优点。（五）本草。（六）固有的望、闻、问、切四种诊法。（七）从前医学与现在医学不同之点。（一月卅一日）

台北送礼风气确属太盛，完全与台中不同。此种风气决非命令或宣传所能劝禁。一面提倡，一面教育，使渐成风俗，始有改变希望。（二月四日）

阴历、阳历至今未能统一。政府欲求统一，必须规定：立春前后若干日为春节，学校放假二十日或一月；机关规定自某日至某日放假几日。如此则可以尽情快乐，不致如现在之阳奉阴违也。（二月六日）

俞松筠同志今下午七时逝世。（二月廿六日）

吴则中同志送来稚老所作《苏政回忆序》，此书至是总算告一段落。稚老对此书闻看了数遍，推崇备至。明日可送季洪制版付印矣。（三月十七日）

三叔、三婶今由香港轮到基隆。（四月十二日）

为使女梅花作《老爷歌》："老爷老，脾气好。日日夜夜困在病床上，看书、会客、做文章，脱衣着衣忙勿了。有时眯眯笑，有时嘴吧跷。撳铃叫我来做事，还有给我吃糖了。讲起故事来，三日三夜讲勿了。"又《太太歌》："太太，太太，欢喜闹呕。性子急，脾气大。吃饭吃得快，肚子常常要吃坏。发起火来我顶怕，高兴起来给我买个洋娃娃。"（四月十八日）

尧乐博士来见，谈话之间，不觉流泪。彼说："先生素来为爱我者。今我未投敌，以清白之身来见，想先生亦乐见之也。"
（五月二日）

自前日起看《现代科学丛刊》，凡三十余册，今看完。（六月五日）

二叔墓顶之党徽是我的设计，当时配合再度等颇费周章。①
民国十七年，中央常会讨论统一党国旗格式时，我将我之设计报告，再加以总理自绘之明信片，乃得完成其工作。闻二叔墓顶之党徽已为共党所毁，此有历史价值之建筑，竟无法保存，殊为可惜。（六月九日）

闻总裁以我之《机关组织论》为基础，在扩大纪念周讲组织的原理和功效，并提及我于三十年时即向其讲组织问题。（六月二十日）

近来精神极为不振，岂台北天气意能打击我之精神耶？（七月十日）

脓愈多，心脏亦渐弱。自十二日起，由吴迪、林茂生二医商定用 PAS，一面服，一面由创口射入。每针药水原为十 CC，但初次仅打两 CC，约三刻钟后，咳痰味苦，可见其已入空洞矣。十四日注射四 CC 越十余分钟，咳嗽甚烈，吐出苦水苦痰，有时几乎转不过气。后减打三 CC，今停止。（七月十日）

吴静来照 X 光，共拍两张。今取来，谓右肺宣〔宜〕注意。（七月十七日）

今想到我的肋膜炎原与内不通，故外面可以封口。自卅七年大吐血以后，内外相通，致封口有影响于内部。今后的确比前为难也。（七月十七日）

今年我生日，有些同志拟编印我之著作，组织委员会，在二个月内完成。余、胡、陶三同志今来商，余允之。（七月廿二

---

① 原文如此。

日）

　　今完成《老病人谈中医西医》一文。（七月三十日）

　　今归并旧时各种意见于一纸，拟写若干则，以为诤谏之文。
（七月三十日）

蒋介石斯大林战时通信

李玉贞 编译

说明：下面发表的 32 个文件，取自《20 世纪俄中关系》第 4 卷《苏中关系 1937—1945》（上下册，莫斯科历史思想文献出版社 2000 年版）。由俄罗斯科学院远东研究所、俄罗斯联邦外交部历史文献司和俄罗斯联邦档案局合编。具体参与编选的是三位中苏关系研究方面的著名专家。其中两位任职俄罗斯科学院远东研究所。Р·А·米罗维茨卡娅（Мировицкая 已故）为多卷本《20 世纪俄中关系》档案的编辑做出了重要贡献；А·М·列多夫斯基（Ледовский）在陪都重庆担任苏联驻中华民国使馆的一等秘书期间是重大外交活动的亲历者，与国民政府官员、蒋中正和宋美龄、宋庆龄颇多接触；В·С·米亚斯尼科夫（Мясников）是俄罗斯科学院院士。书中文件因取自外国学者不易接触的俄罗斯联邦总统档案馆（文中用缩写 АП РФ）、俄罗斯联邦对外政策档案馆（文中用缩写 АВП РФ），其权威性和史料价值的珍贵不言而喻。

此次编译的文件涵盖了 1937—1945 年蒋介石围绕中苏关系和中国多边外交关系，以及世界重要动态，同斯大林和苏联驻华使节进行的交涉，揭示了抗战时期中国外交特别是对苏外交中鲜为人知的内情，具有重要的史料价值。

蒋介石为请苏联仗义兴师由 К·Е·伏罗希洛夫转
致 И·В·斯大林电
（1937 年 11 月 30 日）

莫斯科。杨上将杰请转伏罗希洛夫元帅转史太林先生：阅杨上将杰报告及张委员冲面述，先生对华友爱之笃与关怀之切，殊深感激。中苏两大民族本为东亚和平之两大柱石，不惟利害与共，休戚相关，而且暴日为共同唯一之敌也。中正屡蒙垂顾，当此存亡之交，故不辞冒昧，乃敢直言而道。中国今为民族生存与国际义务，已竟尽其最大最后之力量矣，且已至不得已退守南京。切盼友邦苏俄实力之应援，望先生当机立断，仗义兴师，挽救东亚之危局，巩固中苏永久合作之精神，皆维先生是赖也。迫切陈词，尚希垂察示复。蒋中正。中华民国二十六年十一月三十日于南京。

АП РФ，全宗 45，目录 1，案卷 4，第 18—20 张。

录自《苏中关系 1937—1945》，上册，第 164—165 页。

蒋介石同卢干滋①的谈话
关于欧洲、中国和平、"托洛茨基分子"在中国的
活动和中国向苏联供货事
（1938 年 5 月 29 日）

张冲、И·М·鄂山荫（Ошанин）在座。

蒋介石问全权代表可有来自苏联的新闻。代表回答说没有。

接着蒋介石提出了欧洲局势问题，并且表示希望捷克斯洛伐克问题不致引起战争。特别是一旦法国和苏联奉行强硬路线，欧

---

① И·Т·卢干滋—奥列尔斯基，苏联驻中华民国全权代表。以下文件标题翻译时均略去其职务。——译者

洲发生战争，对中国也有弊无益。

全权代表回答说，侵略者（他指的是德国）的气焰，在相当大的程度上乃因英国的妥协政策和法国的动摇而来。苏联的政策是世人皆知的，我国政府一向为争取和平采取最有力的措施。

然后蒋介石问全权代表对前线形势持何看法。后者回答说，如果能做到没有大的伤亡而撤出徐州的军队，那形势就不错。失去一城一地并非失利，更不是全局皆败。举了库图佐夫为例。

蒋介石针对此事说，徐州一战，中国军队没有大的伤亡。各路指挥官在战斗中都游刃有余。每支部队都有自己的出路。总司令告诉全权代表说，从台儿庄往东北方向撤退的中国军队同最高指挥部保持着电报联络，各部队的给养和弹药事先都有了安排，此外，还可以随时向那里空运物资。

然后总司令说，他认为近期内日本会打汉口。不过他又说，这事日本人做起来有相当大的难度，因为气候和地理条件都对中国有利。然而，中国军队不能设防于现阵地，因开封地区难以守住，所以日本人很快就会占领开封和郑州。为保卫汉口，中国会紧邻该处布防守军。

全权代表问防卫线离汉口有多远。蒋介石回答说，防线将设在信阳——武胜关一带。全权代表问日本会从哪个方向攻打汉口。蒋介石回答说，从郑州沿铁路线。不过在武胜关一线日本人不可能沿铁路线突围，他们会从东或西边包抄过来。全权代表提出请蒋介石注意日本人可能以东线为出发点来犯。蒋介石回答说，如果日军沿公路从合肥西来，那么到了潢川还是会被信阳——武胜关防线阻住。

全权代表后来问道，据总司令的看法，日本人是否很快就会接近武胜关防线。蒋介石回答说，这既取决于日本的战略计划，也取决于他们拿下郑州后的走向——是沿京汉路南下还是沿陇海路西进。不过这两者都需要相当长的休整时间。全权代表问，日本是否会从郑州向西去打西安。蒋介石模棱两可地回答说，日本西进，会困难重重。

全权代表告诉总司令说，据现有可靠情报，阎锡山同日本人进行过谈判，而且与之达成协议：不抵抗日军，并为日军放行。蒋介石听到此消息深不以为然，说阎锡山耍这种手腕定如竹篮打水，蒋强调自己有信心使阎的此类想法完全落空。

接着全权代表提出，请总司令注意托洛茨基分子在中国的活动。① 蒋介石立即插话说，他已经亲自明令禁止出版陈独秀的文章，而且说政府十分注意托派的活动。全权代表针对这一点说，当然要盯住托派的公开活动，不过还要把那些公开反对国家统一的人通通挖出来。他说，揭露这些人同托洛茨基和日本参谋总部的联系应当是很容易的。

后来全权代表提请总司令关注，说无论在中国报刊上还是一些知名人士的言论中，都经常流露出对苏联的中伤。代表举了开封的《前卫》杂志、蒋廷黻在《民心》杂志上的文章，讲了成都某学校的一个事件，以及汪精卫在长沙的讲话。听到蒋廷黻文章事后，蒋介石显然为之一惊，他吩咐张冲把有关此事的材料全部给他找来。

谈话快结束时，全权代表向总司令指出，中国向苏联供货行动太慢，特别是从上次谈话后只发出了80万美元的物资。蒋介石让张冲会同宋子良一起查清情况并做汇报。不过总司令说，向他汇报的发货数量价值是一千万美元，如果此事因宋子良欺骗所为，就要严惩过错人。

---

① 在说托洛茨基分子一事的过程中，张冲试图打断谈话，便报告说何应钦、白崇禧、徐永昌和其他著名军事专家已经来到，要开军务会议。全权代表说既然这样，就请蒋介石另择时间谈此事，蒋介石遂嘱他们等待。此事得以谈完。

АВП РФ，全宗 0100，目录 22，案卷 10，第 190 包，第 29—32 张。

译自同上书，上册，第 251—253 页。

卢干滋同蒋介石就苏联对华援助事的谈话记录

（1938 年 6 月 14 日）

出席者：甘宁①同志，鄂山荫担任翻译。中国方面出席者：宋子文和张冲。会谈于 17 时开始，18 时 20 分结束。

互致寒暄后，蒋介石问全权代表能否把他蒋介石对某些问题的看法转告苏联政府。全权代表说，如果元帅②认为必须由他本人立即向苏联政府报告其意见，他一到莫斯科就马上办理。沉默片刻后，蒋介石提出问题：“大使本人对当前政治形势和苏联能否出兵对日作战有什么看法？”全权代表答称，他的观点没有改变，依然与此前同元帅几次谈话一样。

蒋介石听后说，苏联迟早必主动对日开战，而目前恰恰是最合适的时机。不过他没有细说其原因。

全权代表简要答称，恐难说主动对日开战，因没有可能性作出主动开战的决策。

接着蒋介石请向苏联政府报告以下内容：

1. 即使武汉和广州不敌日军进攻而陷落，中国政府只剩下西南不大的一片领土，中国政府也绝对不会对日本做任何形式的妥协。

2. 有鉴于此，中国政府想知道苏联政府今后对中国问题持什么方针。蒋认为，这方面苏联政府应当采取进一步行动接近中国。全中国——政府、人民和军队期盼苏联这样做。蒋介石立即补充说，即使没有这个进一步行动，中国政府和中国人民依然会

---

① М·甘宁，苏联驻中华民国临时代办。——译者

② 原文如此。——译者

坚持抗战到底，绝对不对日妥协。蒋介石解释这"进一步行动"说，哪怕目前转而实行秘密的军事合作，中国军队的士气必定大为增强，反侵略求解放战争的前景会更加鼓舞民气。如果苏联政府愿意这样做，中国的抗日情绪必将倍增。所以蒋请全权代表向斯大林和伏罗希洛夫二同志转达，中国希望两国协商合作"再向前迈出一步"，翘盼全权代表带回佳音。蒋再次保证，只要他在，中国就不会对日本做出任何妥协。

全权代表提出一个问题，想确认：合作既然秘而不宣，它如何能鼓舞民情和士气？蒋介石回答说，无论如何秘密合作，肯定产生正面影响。全权代表请蒋介石放心，称一到莫斯科就立即向苏联政府报告蒋的想法。

全权代表问蒋介石，如何看待安庆陷落后出现的局势。蒋介石回答说，日本拿下安庆是预料之中的事，因为安庆实无防卫。防线是自安庆沿长江向西延伸，日军到那里肯定遇到重创。

最后，蒋介石请转达苏联政府，请苏联派遣久负盛望的司令部军事顾问加伦①前来。他在中国工作到 1927 年。

甘宁记录。

АВП РФ 全宗 05，目录 1，第 145 包，案卷 96，第 88—89 张。②

译自同上书，上册，第 261—262 页。

甘宁就巩固苏中关系问题同
蒋介石在后者汉口公馆的谈话记录
（1938 年 8 月 4 日）

鄂山荫同志在座。

蒋介石请我前去谈催促全权代表迅速动身离莫斯科事。

---

① 原文如此。指的是苏联元帅 В·К·布留赫尔（加伦）元帅。

② 此件首次发表于《苏联对外政策文件集》，第 21 卷，第 334—335 页。

我针对蒋介石提出的要求告诉他，今天收到一个电报，知全权代表已经动身离莫斯科来华。

蒋介石听了表示满意。后问我是否已经同孔（祥熙）交谈过，关于此次谈话的详情，向莫斯科报告了多少。我回答说，我已经把同孔谈话的内容详细向莫斯科汇报。蒋称他正等待苏联政府就此事的回答。蒋还请我对孔的谈话再补充下述内容："无论战时还是平时，中国将始终同苏联联合。"

接着他说明，中国驻苏联杨（杰）大使赋有就武器事签订条约的全权，但通过邮局寄送委托书给他会颇费时日，所以蒋请我报告苏联政府，他已经赋予杨大使签订这一条约的全权。

АВП РФ，全宗0100，目录22，案卷190，第82张。

手稿，首次发表。

译自同上书，上册，第274页。

蒋介石对斯大林1938年6月19日信①的复信
（1938年8月26日）

史大林先生阁下：

捧读六月十九日手书，高情厚谊，无任铭感！而对于抗战苦斗之孤军，竟能有如此诚挚热烈之期望，始终如一者，惟解放被压迫民族之苏联与领导世界为和平奋斗之阁下而已。将来中国民族解放战斗胜利，全中国人民将永久不忘贵国援助之盛意与阁下仗义主持之隆义。中苏两大民族在扶持世界和平与正义，负有同等责任。深信两国合作关系必日益增进，即侵略主义根本没落之时，惟愿与阁下共同努力，以促其成也。

专此奉复。顺颂

---

① 可能是斯大林得悉6月14日蒋介石同卢干滋—奥列尔斯基的谈话后给蒋介石的回信。此信待寻。

健康!

蒋中正手启

八月廿六日

АП РФ，全宗 45，目录 1，案卷 324，第 38—42 张。

录自同上书，上册，第 288—290 页。

卢干滋同蒋介石就捷克斯洛伐克事件后
的国际关系进行的谈话①
(1938 年 9 月 22 日)

在座的有蒋介石的值班秘书、国民党中央执行委员会委员张冲和鄂山荫同志。

谈话伊始，蒋介石就问全权代表，是否有关于欧洲的消息。后者说没有。蒋介石遂请其谈谈对法英在捷克斯洛伐克问题上所取外交行动和捷克可能取何立场等的看法。

全权代表回答说，事态的进一步发展在相当大的程度上取决于法国的立场。如果法国政府迫使捷克向德国做出领土上的让步，那么法国就会威信扫地。对法国的信任，对于同法国签订的条约的威信也会丧失殆尽，法国就会沦为第二级大国，沦落到 1871 年色当战役②后的地位。欧洲局势十分困难和复杂。列强对侵略者的态度越是强硬，战争的危险就会越小。至于说捷克的立场，那么这将取决于它对法国的依赖程度。现在有材料表明，捷克不会投降，然而一旦爆发战争，法国还是得为捷克而战，可是与英法在捷克斯洛伐克问题上采取外交行动前相比，到那时候，法国进行作战的国际环境会差得多。

---

① 谈话在汉口蒋公馆进行。

② 指普法战争时期的色当会战，结果是普鲁士军队俘虏了法国皇帝拿破仑三世及其麾下的军队，这一役实际上决定了法国的失败。——译者

　　蒋介石问，如果捷克不投降，苏联会采取什么立场。全权代表坚定回复，苏联将恪守捷——苏公约，援助捷克。

　　蒋介石接着指出，日本的立场现在十分清楚，它希望欧洲发生大战，届时它就可以援助德意，并将在远东进行反华和反苏战争。因此，蒋介石认为，现在应当把中苏谈判提到日程之上，以制定两国共同对日的行动计划。

　　全权代表对此回答说，眼下还没有能供讨论的具体问题。不过无论中国还是苏联的原则立场都是十分清楚的，不需要讨论。需要立即详细讨论的问题目前还没有。全权代表问，蒋介石是否有什么具体问题要提出讨论。

　　蒋介石回答说，他想请全权代表先笼统地向苏联政府提出这个问题，建议苏联政府自行提出问题以供讨论。全权代表允诺将此事报告苏联政府，不过又补充说，既没有具体事项需要讨论，他还是认为没有必要进行谈判。

　　蒋介石问，鉴于国联议决用宪章的第17条来对付日本，中苏两国应当有何举措。全权代表遂分析了英法和一些小国在这个问题上的立场。他指出，小国总体上愿意制裁日本，因为这等于它们的安全也有了保障。国联之所以议决用第17条对付日本，就是因为英法受到包括一些小国在内的世界舆论的压力，被迫同意用这一条来对付日本。它们若继续受到压力，就能在一定程度上做到对日本的制裁。然而如果一些小国将像瑞士那样讨好英法，事先声明自己不会参与制裁，那么第16条就永远不会有起色。全权代表建议中国就此大张旗鼓地宣传，特别要致力于吸引美国（通过美国在日内瓦的代表团和其他渠道），并迫使美英在远东问题上采取更加积极的态度。

　　蒋介石问如何才能做到。全权代表提请他注意经济问题，建议他要么采取措施增强各大国对远东利益的关注，要么就强调它们的经济利益受到威胁。

　　蒋介石回答说，中国方面明白要让美国关注此事，而且也正在做这方面的工作。然而，中国以经济利益吸引列强关注远东的努力落空了。无论英国还是法国，都没有对提高其在中国的经济利益的建议做出反应，即使它们的利益受到威胁，它们也依然无动于衷：事情竟然发展到这样的地步，一旦爆发欧战，英法居然要把他们在天津和上海的租界让给美国。最后，蒋介石说，他要到长江前线去，从汉口回来后再同全权代表会面。他不在期间，请全权代表就这些问题同张冲谈判。

　　谈话最后，全权代表问蒋介石可有关于日本国内的什么消息。蒋介石回答说没有任何消息，并向全权代表提出了同样的问题。全权代表说没有更详细的情报，但有消息说日本部分地区的反战情绪有所增长，某些地方出现了反战传单，还有关于该国经济困难等的报道。

　　蒋介石回答说，日本财政的困难状况是显而易见的，有一个事例可以说明，原本应该在7月份通过的预算至今还没有批准，日本国内的金融家和军国主义者之间有冲突，且冲突将进一步激化。

　　全权代表就此指出，金融家们反正不会多出钱来打仗，但从民间搜刮的税款毕竟还在军国主义政府手里，所以预算的问题并不太重要。

　　最后全权代表问蒋介石前方形势如何。蒋介石回答说，长江上的防卫固若金汤，但是日本正强攻豫南并已经占领罗山。全权代表强调，在这个关头，平汉路特别重要，掌握了这条铁路，只要中国军队有后备力量，就能迅速地在前线的任何地方集结，以打击日本战线的薄弱点。例如，可以从日本的左翼迂回北上，用李宗仁部的左翼部队打击之。同时全权代表强调，用一切条件把武汉变成像马德里和韦尔登那样更加坚固的堡垒。但是一定要完成总司令部的防卫计划，修建并翻修信阳——汉口、西安——宜昌、宜昌——汉口的公路，在武汉外围各线严密设防。

И·鄂山荫翻译并记录。①

АВП РФ，全宗0100，目录22，案卷10，第190包，第173—176张。

工作记录，打印件。首次公布。

译自同上书，上册，第327—329页。

卢干滋就西方列强慕尼黑协定后的苏中关系
同蒋介石的谈话②
（1938 年 9 月 30 日）

蒋介石告诉我，他刚刚收到欧洲的电报，得悉了四大国慕尼黑会议的结果：会议最后签订了一个协议，规定了把苏台德地区交给德国的手续。蒋介石问全权代表对今后事态发展有何看法。

全权代表回答说，他认为欧洲局势会稳定一定时间。不过由于敌人没有受到约束，英法的立场导致侵略者得寸进尺，所以这种稳定不可能维持太久，侵略者很快就会提出新的问题，可能要轮到波兹南和但泽了，也许是亚尔萨斯和洛林。全权代表非常激烈地批评法国立场，指出这种不履行自己义务的做法，仅有的先例就是第一次世界大战期间的意大利，可是意大利还有其理由，说当时的政策旨在维护国家利益，法国连这样的理由也没有，因为法国政府的政策明显违背其国家利益。

蒋介石同意全权代表的所有看法。同时他指出，慕尼黑会议的结果定会引起欧洲和亚洲大陆的剧变：英国对捷克斯洛伐克问题的立场丧失了最起码的国格。所以其他大国对英法的态度势必

---

① 档案第 173 页右边有注记："绝密"；上面是："已解密。1991 年"。第 176 页上有："分送 7 份材料"。

② 档案第 180 页有注记："张冲和鄂山荫同志在座"；右上方有："绝密"；上方："解密。1991 年"。

急剧变化。蒋介石据此得出结论说，鉴于局势已经变化，中苏务必更加紧密合作的时机已经成熟。

全权代表问，蒋介石想用什么具体形式来进行这种更加紧密的合作。后者回答说，"至少要签署一个互助的公约"。接着蒋介石详细阐述道，中国人民看得很清楚，欧洲的稳定不会持续太久，欧洲的战争已经近在眼前。中国人认为日本不会参加欧战。中国呢，不管做出多大努力，也无力参战。结果就是，中国单枪匹马地对抗日本，那么通过战争途径把欧亚问题捆绑解决就没有可能。中国人民害怕孤立，要求同苏联签约，这倒不是为了请苏联立即采取武装行动，而仅仅是想与苏联密切合作，把中国问题同欧洲问题的解决联系起来。

全权代表问，如果不把武装行动的条款纳入公约，那我们怎样理解这个互相帮助的公约。蒋介石回答说，军事帮助的条款当然可以纳入公约，但是这个问题的重心应当是建立中苏两国最密切的互相联系。最后蒋介石请全权代表再次把这个问题向苏联政府提出，并且强调，这是中国第三次提起这一问题了。

全权代表回答说，苏联政府对这一问题的态度是清楚的。代表本人也不止一次向蒋介石表述了自己的看法，他不想再说什么，以免重复。主要当说的仅仅是：特别是现在，如果说英法在捷克斯洛伐克问题上的做法使形势如此扑朔迷离，那么对于苏联来说，形势已经相当明朗，在这样的时候，苏联政府认为公开就中苏关系表态是不适当的，不合时宜的。中苏两国在这个问题上的看法有分歧。慕尼黑会议的结果表明，英国定会采取一些措施在某个地方举行一个会议，靠牺牲中国利益同日本达成协议，因为这些大国喜欢把不属于自己的东西进行分配，以此来达成协议。这样的情况可能出现。有鉴于此，苏联和中国必须保持高度警觉，防止这类事情发生。同时还必须特别考虑"中国赤化"这一威胁的存在，这是英国特别害怕的。全权代表最后说，苏联拟竭尽全力帮助中国，但是认为中苏关系的进一步发展，应当在巩固和充实现有关系实际内容的基础上进行。不过全权代表说，他会第三次向苏联政府提出蒋介石的建议。

接着蒋介石请全权代表向苏联政府转达"李维诺夫同志在日内瓦会议上"就使用国联宪章第16条对付日本事"给予中国的大力帮助"。蒋介石问全权代表，苏联如何看待对日本的实际制裁。代表回答说，他并没有接奉本国政府就此事的指令，但指令很快就应该到了。此外，全权代表强调，关于用第16条制裁日本的表述本身是含糊不清的，事态会因此而如何发展，眼下还不好说。全权代表强调，必须加强对作为海军大国的英美的工作，只有它们的海军力量足以给日本致命的打击。

蒋介石接着问全权代表对前线形势的看法。全权代表回答说，近几天没有研究此事，不过近来的军事行动无疑表明，中国军队能够重创日军，取得重大胜利。同时全权代表告诉蒋说，他同 Я·И·契列潘诺夫（Черепанов）谈过话，后者据蒋介石的命令同他讨论过最近的军事行动计划。全权代表援举中国军队有平汉铁路作后盾这一优势强调说，凭这一点，中国军队就可能迅速调集兵力，在前线给日本人以致命打击。然而要做到这一点，中国最高指挥部门必须有后备队——在这个问题上他完全同意契列潘诺夫的看法。

蒋介石告诉全权代表说，田家镇要塞两个师的守军已经"弹尽粮绝"，该地于9月29日被日军占领。这是因为日军使用毒气弹狂轰滥炸，要塞受到毒气弹炮火猛烈的攻击。不过田家镇的陷落还算不上什么大的损失，因为汉口以外还有五片布有水雷的地区，海军不可能接近。

全权代表对这种看法的回应是：这个要塞的失守，仅仅说明日本海军已经逼近的程度。他认为，日本的全部进攻靠的都是海军，正因为如此，它们才紧紧贴住长江。也恰恰是因为海军的深人，日本才能从合肥——六安地区发起进攻。全权代表认为，日本的弱点就在北线一带，他们自己也感觉到了。

蒋介石告诉全权代表说，近来军情对中国很有利。仅最近一周日本的伤亡就达到60，000人，此外他们在山西也有重大伤亡。蒋介石介绍说，据截获的日本情报可知，6月15日至9月15日，日本的伤亡总数已经超过180，000人。

全权代表同意蒋介石的看法，认为日军现在确实受到了重大损失。他并且告诉蒋，据来自上海的情报，9月中旬一艘驳船把两条被中国摧毁的大型鱼雷艇拖到了上海。这说明9月初，日本海军在长江上的伤亡确实很大。谈话的最后，全权代表告诉蒋介石，他打算在10月3或4日到重庆去呆几天，并拟乘汽车前往。蒋介石表示同意，并且当即吩咐张冲给全权代表安排陪护，同时说明在广西境内和广州一些地方不是很太平。此后蒋介石表示指望全权代表回来时到汉口一行，并且笑称全权代表赴莫斯科前曾经问过他归途中是否要赴汉口一行。全权代表也以同样的语气笑称，那是在探询总司令拟安排他去何处，此次当然是要遵从总司令之命了。这个玩笑引得蒋介石愉快地乐了起来。最后全权代表说，他愿意随时跟蒋介石到其驾临之处。分手时全权代表希望赴重庆前蒋介石再次赐见。

此次谈话后过了半小时，张冲来到全权代表处找鄂山荫同志，代表总司令要求把下述内容补充进方才的谈话。

总司令请全权代表第三次向莫斯科提出中苏进一步接近的问题，援举的仅仅是一些次要的理由：担心远东问题的解决与欧洲问题脱节，这不过是代表中国的社会舆论，近期一些知识分子代表多次同蒋介石会见，这想法就是通过他们的口反映出来的。

蒋介石要求向莫斯科提出这个问题，他举出的头等重要的想法基本上是：

1. 迄今为止苏联一直是根据国联的决议精神来处理同中国的进一步接近。目前国联做出了用其宪章第 16 条制裁日本的决议，这一条规定了对日本的经济和军事制裁。国联的决定使各大国得以自由制裁日本，所以苏联目前可以据第 16 条精神采取进一步接近中国的措施，并按该条第三段的规定，采取包括军事合作在内的联合行动以对付日本。据第 16 条精神，中苏互助公约应当予以签订。

2. 慕尼黑会议后欧洲局势安定下来了。同时应该看到，今后列强定把注意力转向远东，故此解决远东问题的时机也就到了。鉴于目前欧洲局势稳定，苏联不必再那样强烈地担心其西部边界的安全，因为西线将平安无事。蒋介石希望苏联利用这个方便时机给中国更加实际的援助。张冲临走时说，蒋介石刚刚收到前线战报，说中国军队再次攻入田家镇，眼下正浴血奋战，有情况表明中国将收回田家镇。

鄂山荫记录。

АВП РФ，全宗 0100，目录 22，案卷 10，第 190 包，第 180—186 张。

译自同上书，上册，第 331—334 页。

卢干滋就苏中关系和中国军事行动同蒋介石的谈话[①]
(1938 年 10 月 9 日)

蒋介石问全权代表，莫斯科方面是否有什么消息。全权代表回答说，没有特别消息，但是收到一封电报，知蒋介石上次谈话中提出的问题已经转至苏联，报请苏联政府裁定，不久即可得到回答。全权代表本人补充说，政府显然要等到李维诺夫同志从日内瓦回来再研究这些问题。

---

① 档案第 188 页有注记："谈话在武汉大学配楼蒋介石府邸进行。张冲和鄂山荫在座"；正文右上有："绝密"；正文上方正中有："已经解密。1991 年"。

　　蒋介石向全权代表致谢，后者把话题转到赴重庆期间如何同蒋介石联系一事。蒋介石请全权代表及时通过电报告知所有情况，因没有密码，蒋介石吩咐张冲安排此事。这次谈话时，蒋介石坚持要派张冲和武装卫队陪同全权代表前去。

　　全权代表告诉蒋介石，他打算很快就回汉口来，遇有莫斯科的重要消息，他甚至会马上从重庆飞回汉口。他的参赞 Н·А·塔拉巴林（Тарабарин）同志会留在汉口，目前已经吩咐他，一俟收到重要消息，就立即全部转告蒋介石。

　　接着蒋介石讲了欧洲形势。全权代表简短地批评了列强的政策，蒋介石表示完全同意。此后，全权代表向蒋介石问起前线局势。蒋回答说，自上次谈话后，形势没有什么变化。唯一的变化就是日军一小股骑兵占领了平汉路上信阳以南的柳林站，不过这无关大局。

　　全权代表向蒋介石提出了下面一个问题：还在徐州战役进行时，日军指挥部就提出了一个任务，要包围徐州的中国军队并歼灭之。此次日军大举进攻武汉，是否即为实施此一计划的新动作？

　　蒋介石回答说，徐州战役期间，日军指挥部确实提出过这样一个目标，但是此举未获成功。徐州战役本身证明这个计划是不能实现的，日军吸取了这一教训。他们明白这更不可行，特别是中国军队有广阔的后方，甚至在敌后，一些地区的防卫也固若金汤，所以日军已经不再把包围武汉的中国军队当作目标。日本人的目标是消耗武汉的中国军队，使之在撤出武汉时已无力对日军做强烈抵抗。说到这里，蒋强调中国军队也有相同的目标，现正为消耗日本的军力而战。

　　全权代表同意这样的估计，但是特别提请蒋介石注意武汉地区的联络途径，并举了当年红军与白军作战为例。代表指出，武汉地区集结了隶属关系不同的大量军队，如果受到来自日军各方面的压力，它们会向武汉撤退。一旦北上或南下的道路被切断，往西或西北方向又没有通畅的道路，武汉地区就会出现很大的混乱。所以全权代表建议蒋介石，立即动手修建从武汉往宜昌和襄阳方向的道路。

蒋介石称他早就注意到这个问题，上述各路已经修建完毕，而且路况良好。蒋介石认为，在武汉城下歼灭日军不太可能，因为这个地区仅有武汉本地的部队集结，其他各部队已经奉有死命令：撤退时务必绕开武汉。如果在这中间部队沿大路撤退，那么不言而喻就不可能歼灭之。如果某部队无路可走，那么他们就要撤退进山里。既然大别山横亘于北，南又有衡山山脉诸峰，日本人不可能进山里来进逼武汉，相反，会迂回包抄集结在山里的中国军队的后方。蒋介石指出，前线士气高昂，战斗决心越来越强。尽管日本使用了毒气，有时中国士兵整营整营地死亡，就像前不久信阳出现的情况，但战士们牢牢保住了阵地。蒋介石说，目前中国已经把相当多的兵力投在日本后方：第5战区有一个军队集群，司令部设在蚌埠；第9战区一个军队集群，司令部设在东山；最后是南京和芜湖第3战区，司令部设在徽州。蒋介石接着说，如果日本人西去，那么中国军队就大胆地开向东边，在日本人后方打几个大仗。蒋介石同意全权代表的意见，并请催促苏联游击运动专家前来，还特别问了来者的人数。

谈话过程中蒋介石指出，中国军队运送援兵是一个问题，因为运送的速度慢于战役的开展。同时蒋介石告诉说，契列潘诺夫同志正和军事部战役侦察处一起加紧研究这个问题，并采取一切措施保证之。

全权代表此后表示，如果再有新的军队组建，日本人就四面楚歌了。蒋介石回答说，他感谢全权代表急中国之所急，并说他自己会竭尽全力去组建这样的军队。

　　全权代表说，现在的苏中关系并非仅仅立足于眼前，两国将有充足的条件向对方表示自己的热情态度。

　　蒋介石热烈赞同这一点。全权代表向蒋介石介绍了得自日本的消息：战争开始强烈影响日本的政治、经济和社会生活，并强调持久战对中国有利无弊。

　　谈话中，全权代表请蒋介石协助卡缅（Кармен）同志的工作，蒋介石当即吩咐张冲办理。

　　鄂山荫记录。

ABП PФ，全宗0100，目录22，案卷10，第190包，第188—190张。

译自同上书，上册，第335—337页。

卢干滋同蒋介石的谈话

就苏联政府对后者关于发展苏中关系第三次建议的回答事

（1938 年 10 月 10 日）

　　鄂山荫同志在座。

　　全权代表在离开汉口前于10月10日拜访蒋介石，并向他转达刚刚收到的苏联对蒋介石第三次建议的回答。

　　蒋介石听完回答后对全权代表说，他希望在下一次会见时同后者讨论各有关的问题。

　　短暂的情况通报后，谈话便转入全权代表即将上路的事。

　　谈话持续了约30分钟。

　　苏联驻中华民国全体代表（卢干滋—奥列尔斯基）。

　　鄂山荫记录。

ABП PФ，全宗0100，目录22，案卷10，第190包，第190张。

译自同上书，上册，第337—338页。

卢干滋同蒋介石的谈话

关于中苏军政形势、中国战事、中英联系、
中华民国驻美国大使胡适的讲话，
以及派遣加伦到中国担任总顾问等事①
（1938 年 12 月 15 日）

蒋介石在礼节性的寒暄后问道："莫斯科方面是否有什么消息传来？"

全权代表回答说，蒋介石在前两次电报中提到的问题，其内容已经由立法院长孙科先生传达，但莫斯科方面对此没有任何消息。

蒋介石问加伦同志现在何处，能否派遣他来中国担任总顾问。

全权代表回答说，蒋介石关于派遣加伦来中国担任总顾问的要求已经向莫斯科汇报过，加伦眼下可能身在莫斯科，他是在远东军区改组后回莫斯科的。

蒋介石重申关于派遣加伦来中国的要求，并且补充说：派加伦一个人来能顶上 10，000 人，"此人人才难得"。

全权代表回答说，蒋介石对加伦的才干过奖了，他（蒋介石）本人及其幕僚都是最伟大的天才。代表并补充说，会把蒋介石的要求电告莫斯科，同时还说据他推断，苏联可能现在需要加伦。②

---

① 档案第 16 页上有注记，左边是："取自苏联驻中华民国大使馆全权代表 И·Т·卢干滋的日记"；右为："绝密"；稍左："解密。1991 年"。

② 此时加伦因受到诬告已经被捕。种种不实之词中有一种说法是，他在工作之余经常穿一身 1925—1927 年间中国国民革命军的将军服，那是他从中国带回而且十分在意予以收藏的。——原书编者

　　蒋介石问全权代表对政局有什么看法，后者回答说：蒋介石本人十分了解政治形势，我没有什么新东西可奉告。如果专门说到中国政局，那么一切都在预料之中，因为大元帅关于战争进入新阶段的推断正在应验，不同的仅仅是时间的早晚。眼下时局基本与元帅先生的预料相同。虽然中国的困难增大了，但是在困难中却依稀可见中国抵御外侮中的优势。元帅先生更加了解局势，因为各路情报都汇总于他一身；况且元帅先生的经验和知识都极其丰富，所以我想请教于他。

　　蒋介石回答说，他本人与全权代表意见相同，并当即问："您是否看过一位日本将军写给我的信？"全权代表说没有，并问此信在何处发表。蒋介石说："信由美联社发表，内容是：您是一名军人，为什么怕打仗，为什么不和我兵戈相见？我有300，000人，咱们打吧，尽快结束战争。""日本将军的这封信流露了他们害怕持久战的情绪。"蒋介石说。

　　全权代表说，这种"武士道的叫战"表明了日本对大元帅的企望，因后者的领导使中国万众一心，日本人不能征服中国。

　　此后全权代表又谈起中国的军事形势，问"广东省形势怎么样？"

　　蒋介石回答说："中国军队情况逐渐好转，中国正向那里投放兵力。过去日本人曾经想打北海，但他们势单力薄，什么也做不成。就连广州，他们守得也很吃力。"蒋介石补充说。

　　接着，因全权代表提到关于日本想封锁沿海地区这个问题，蒋介石回答说："日本派空降兵在海南岛登陆无关大局，而且也不会成功，因那里的人不开化，派日本部队在那里登陆没有什么用处。日本想封锁整个海岸线，但他们没有这个能力。"

　　全权代表问蒋介石同英国大使会见的情况，问："英国如何看待中国局势？英国大使该是以某种方式表达过自己的看法吧？"

蒋介石回答说，英国大使是应他的召唤而来，并非受英国政府派遣："我向他提出了一个问题——英国是继续奉行迄今为止的既定政策，还是会为帮助中国而前进一步？如果继续奉行迄今为止的既定政策，那我就没有什么好说的了。我请英国大使就此事询问本国政府。"蒋介石说。接着他又补充："英国大使本人为人很好。"

全权代表说日本可能从经济上同英美分道扬镳。后问："元帅如何看待美国和英国对中国的态度，它们向中国提供援助的可能性如何？"蒋介石回答说，正在就贷款事进行谈判，这方面可能有点希望。

全权代表回答说，外国报刊有消息说，英国驻东京大使克莱吉先生正设法打听日本政府对和谈的立场。

蒋介石说，他也看到关于克莱吉行动的报道，但是克拉克·克尔根本没有提及和谈的事。

全权代表接着说，中国驻美大使胡适先生在报刊上发表的文章和他同各界人士的谈话，令所有中国友人不胜惊奇。例如，1938 年 11 月 2 日他在记者招待会上说：1. 中国不指望苏联援助，因为苏联本身正受到德国威胁，另外，苏联国内政治局面不稳定，正在清党；2. 他肯定了侵略国在慕尼黑会议上解决问题的方针；3. 他表示希望第三国居间斡旋解决中日问题；4. 他谈了向苏联购买武器的总价值。

蒋介石说他还没有得到这方面的消息，但他会采取措施予以调查。

"您是打算到西安去，还是已经去过了？"全权代表问。

"我打算去视察西部的防卫情况。您是否有什么高见？我该注意些什么？"

全权代表说，蒋介石可能已经知道甘肃省政府主席朱绍良先生采取的措施，看到回族可能出现动摇的报道。

蒋介石回答说他知道这件事。

全权代表问："您如何看待西北的局势，特别是考虑到敌人可能利用回族的行动。我在前几次谈话中已经表露过对此事的担心。"

蒋介石说："日本是正在这方面下工夫，但他本人相信日本不会得逞，因为宁夏和青海省的回族领导人坚守中立。"

全权代表指出，这些省份的回族领导人总体上说与日本人有密切联系，并问："比如，艾萨·别克率领的中国回族代表团目的是什么？此公的亲日情绪是众所周知的。"

蒋介石回答说，这个代表团"什么目的也没有，艾萨·别克无事可做，我们才派他出去"。

全权代表说："我们有情报，知日本人对回族领袖寄予很大希望。"

蒋介石回答："日本是有意利用这些人，可是他们不会得逞。"

"也许他们不会得逞，但是他们在回民中间做了大量工作。此外，这些回族领袖在北平银行有巨额投资，日本人就向他们施加压力，说他们可能丢掉资本。"全权代表说。

元帅再次请代表放心，说没有什么好怕的。

"有消息说日本人可能集中兵力进攻西北，此消息不知准确否？"全权代表问道。蒋介石回答说："日本正向那里运送武器和给养，但他们在那里没有什么太大的力量。再说我们也在备战。"

在后来的谈话中，全权代表指出，今天的中国报刊有日军从关内调往满洲的消息。蒋介石说他也看到这样的报道，但不好做出评估。

司高磋记录。①

ABΠ PФ，全宗0100，目录23，第193包，案卷9，第11—16张。

译自同上书，上册，第365—367页。

蒋介石就巩固中苏关系问题致斯大林信②

（1939年3月22日，重庆）

由蒋介石的私人代表立法院长孙科转交。

斯大林同志：

去年我在汉口收到您1938年6月10日的信，它使我大受鼓舞。我当即给您寄了回信，由衷感谢您向中国提供的慷慨而实际的帮助，我还向您谈了我们两大民族应该对世界和平负有的共同责任。**谅您已经收到此信**。③

眼下中国为民族独立而进行的战争已经进入第二阶段。胜利，则中国人民获得自由；失败，则沦为奴隶。——这将取决于我们英勇的斗争。

我请孙科同志将此信面交与您，并致**衷心问候**。④ 由于您和伟大的苏联人民如此友好地雪中送炭，向我们提供难能可贵的**技术、人力和物力的援助**⑤，我国反抗侵略者的战争正如火如荼地进行中。我要代表全体中国人民，代表我们在前线英勇杀敌的战士，再次向您，斯大林同志和苏联政府，表达我们**至深至诚的感激**。⑥

---

① 档案第11页上没有签名。没有注明分送何人。

② 未见此信中文原文。——译者

③ 原档案第4张斯大林用铅笔划出了此句，并写上："好像是收到了。"

④ 原档案第4张斯大林用铅笔划出了此句，并写上："谢谢。"

⑤ 原档案第4张斯大林用铅笔划出了此句。

⑥ 原档案第4张斯大林用铅笔划出了此句。（注释中的第4张，原文如此。——译者）

现在我向您介绍我国的时局，说明苏联进一步提供援助，使中国人民继续加强抗战直至最后胜利的必要性。

近 20 个月来，敌人依恃其最新式武器，迫使我们退出大城市和沿海、沿江以及铁路线上的要冲。敌我都在利用目前这一相对平静的时期，以为继续战争决一胜负做好准备，运送补充兵员和物资。**我国军队的伤亡已经达到 1，000，000 人。**①牺牲很大，但我国人民的斗志和军队中的士气，却随着战争的开展而越来越高昂。事态的演进不断增强大家的信心，我们必胜。至于我们的敌人，从战争开始以来，**他们的伤亡也已经达到 700，000 人，而其军费已经消耗了 9，000，000，000 日元。**不管从军事、经济、政治还是士气方面，他们都开始表现出衰败和惶惶不可终日的情绪——担心自己发动的冒险侵略行径不能取得意想的结果。

自然，我们今天最急需的还是军用物资。迄今苏联向我们提供的两笔贷款，已经用于偿还上年的债务。

既然我们现在已经进入战争的第二阶段，有一部分装备最好能从苏联方面得到，这样我们就能弥补此一时期我们军用物资的不足，据我们的计算，**其总价值约为 150，000，000 美元。**在未来的 18 个月里，如果我们能够从苏联得到这些急需的装备，我们就有了克敌制胜的保证。

去年孙科同志从莫斯科回国后，向我们介绍了您对中国的深情厚谊，和您关于继续向我们提供援助直到我们取得最后胜利的许诺。您的许诺使我们深受鼓舞。现在中国再次请求苏联进一步援助。我们相信您，斯大林同志，以您的雍容大度，会再次答应我们这一迫切要求，从而帮助我们尽快克服眼前的

---

①　此处和本件以下的黑体为原档案上斯大林用铅笔划出的句子，他并在左边做了记号。

困难。

下面是第二个我想提请阁下考虑的同样重要的问题。

中国革命的终极目标是建设新中国。为了保卫战后中国的建设，首先必须保卫远东和平。中国在国际上的处境是十分艰难而复杂的。苏联是中国最伟大的朋友。因为苏联和中国都是革命的国家，它们应当互相支持和密切合作。这在一定程度上也是我们两国未来的需要，是维护国际和平的需要。日本帝国主义一日不除，中国就一日不能实施建设，同时，**苏联在远东也要时时受到日本的威胁，一旦日本帝国主义同西欧的法西斯集团联手，苏联就不得不分兵于东西两线，时时准备反击。**所以我坚信，**在未来的 50 年里，苏联和中国应当结成紧密的统一战线。**我们两国除了已经签订的互不侵犯条约外，**还应当进一步签订保卫远东和平的普遍性公约。**

惟其如此，才能对付法西斯集团反共产国际联盟的威胁，并使之无从施展。我们两大国签订这样的公约，就能为巩固国际和平奠定牢固的基石。至于其他奉行集体安全原则和愿意加入这个一般性公约的爱好和平的国家，只要他们愿意合作，那自然会受到十分真诚的欢迎。既然这一举措对于两国和两国人民具有如此重大的意义，中正不揣冒昧，代表全中国人民提请阁下考虑这一公约，翘首以待此一建议蒙阁下采纳并于近期得以实施。

为方便起见，最好不通过一般的外交途径就上述建议进行谈判。为此中华民国政府委派孙科同志为全权特使，同时我委派他为我的私人代表，赴苏联完成这些使命。他会以口头和书面形式向阁下详细转达我信中没有提到的建议。

恭候回音。再次以我个人名义致热情问候。

蒋中正敬上

重庆，1939 年 3 月 22 日

АП РФ，全宗 45，目录 1，案卷 325，第 31—34 张。

译自同上书，上册，第 411—413 页。

蒋介石致斯大林电

请将关于增援中国抗日战争的谈判继续下去

（1939 年 5 月 24 日，重庆）

斯大林同志收。孙科同志已经将前次同您的会谈情况电告与我。我为您对敝国抗战的同情致深厚谢意，同时感谢您关于继续向中国提供援助的慷慨许诺。据悉，В·М·莫洛托夫同志已经告诉孙科说，鉴于此一消息已经被外交团获知，苏联政府决定推延目前正在进行的苏联援助中国的谈判。从苏联政府的角度说，这无疑是正确的，我也理解阁下据以采取此一立场的原因。同时，我相信这一权宜之计不会引起您的任何动摇，您会向中国人民雪中送炭，提供援助，以保证其抵御侵略者为民族解放而进行的革命斗争取得胜利。因为战争正日益紧张，全中国人民和军队都热切翘盼尽快得到贵国物质援助。故此请您尽快运送贵国业经同意向我们提供的军火。我还请孙科同志两次同您会见，聆听您的决定。[①] 祈复，并望允我所求。

АП РФ，全宗 45，目录 1，案卷 325，第 55、52—53 张。

译自同上书，上册，第 446—447 页公布的英文原件。

---

① 原文如此，当为"争取请您尽快决定"。

潘友新[1]同蒋介石的谈话

关于苏联——波兰关系，苏联参加欧战和美国、法国同苏联在远东的合作

(1939 年 9 月 11 日)[2]

谈话伊始蒋介石问："您近来是否收到莫斯科方面的什么消息？"

全权代表回答说，没有什么特别的消息。接着元帅问了欧洲形势。全权代表回复称，欧洲战云密布。据一些通讯社的报道，德国军队向东线推进速度甚快，很可能已经拿下了波兰首都华沙；近期德国军队之所以迅速东进，英法要负相当大的责任，它们在西方行动无力，英国至今没有派遣什么兵力过英吉利海峡。

蒋介石在后来的谈话中说：

"1. 我请您给斯大林同志发电报，问清波兰形势。苏联对该国取何立场？

2. 请斯大林同志给以回答：苏联是否会参加欧洲的战争？"

蒋介石在阐述何以提出波兰问题时说，中国应当就波兰问题表明自己的看法，中国不能总是沉默。"中国政府还没有就此问题做出任何决定，但是舆论同情的是在受到侵略的波兰方面。"中国当然不会派遣军队到欧洲，但是中国应当表明自己对侵略者和被侵略国家应有的立场。

蒋介石针对第二个问题说："美国非常关心苏联是否参加欧洲的战争。它提出这一问题，是因为它对远东问题的态度将

---

①　A·C·潘友新，苏联驻中华民国大使。以下文件标题翻译时均略去其职务。——译者

②　此日期系据蒋介石接见苏联全权代表潘友新的时间（9 月 11 日上午 10：50 分—11：20 分）标示。

取决于这一点。美国想在远东问题上同苏联合作。"蒋介石回答全权代表的问题时说，美国政府已经就此事发表了正式声明。（我同蒋介石谈话时，在座的张冲先生在谈话之后说，三天前，中国驻美大使胡适先生同 F·罗斯福谈过话，知道这些声明就是他发表的。另外，约在同一天，美国驻中国大使 N·T·詹森先生拜访蒋介石时，也做了同样的声明。）蒋介石说，法国准备就远东问题同苏联合作。（从蒋介石的谈话听出，中国想使美国、苏联、法国和英国在远东问题上形成合作。）全权代表问，有哪些根据认为美国和法国想就远东问题同苏联合作。蒋介石回答说，有这些国家的正式声明。（谈话后张冲说，中国驻法大使顾维钧访问了 E·达拉第，后者做了这样的声明。此外，在这里担任中国军队总顾问的达拉弟的朋友 P·贝尔热将军也做了这样的声明。）

　　谈话间，蒋介石问及我国正在进行的局部动员及其意义。我回答他说："苏联奉行和平政策，但时时应当拥有强大的实力，以震慑冒险者，使之不敢侵犯我们的利益；我们同波兰的关系是由互不侵犯条约规定的。"

　　蒋介石说："由此观之，苏联在对待受侵略的波兰关系上，将遵守善意的中立了。"全权代表称是。

　　蒋介石在谈话中几次重复其要求——向斯大林同志提出下述问题并得到其回答：

　　1. 苏联对波兰的态度；

　　2. 苏联是否参加欧洲的战争。

　　同时，蒋介石请我尽快办理。

　　全权代表回答说，会把元帅的要求立即转告斯大林同志。

　　蒋介石在谈话结束时说，美国对全权代表呈递国书时的讲话非常满意。他也请把这个情况转告斯大林同志。

　　同蒋介石的谈话持续了约 30 分钟。

司高磋记录。

АВП РФ，全宗0100，目录23，第193包，案卷9，第281—283张。

译自同上书，上册，第504—505页。

蒋介石同潘友新就苏联对华军事援助事宜的谈话

(1939 年 9 月 20 日)①

全权代表介绍了刚刚来到的总顾问伏尔根（Волгин)②同志。蒋介石问伏尔根同志何时抵达的，后者做了回答。他们之间有下述谈话。

蒋介石：希望您来到以后，会给我们极大的帮助。③

伏尔根：我和我的同仁愿意在您的领导下，为中国人民反侵略斗争在军中尽绵薄之力。我离开莫斯科前受到伏罗希洛夫元帅的接见，他嘱我为帮助中国军队殚精竭虑。

蒋介石：谢谢。

伏尔根：请接受苏联元帅伏罗希洛夫同志的问候和祝愿，祝中国在反侵略斗争中取得胜利，祝蒋介石元帅身体健康。

蒋介石：十分感激。请您和全权代表先生向伏罗希洛夫元帅转达我的问候。您离开莫斯科前见到过契列潘诺夫吗？

伏尔根：没有。

蒋介石：如果有什么问题请找我。

---

① 此日期系据蒋介石接见潘友新的日期标示：1939 年 9 月 20 日上午 10：00—10：30。

② 伏尔根，中文又作"福尔根"，原姓名：К·М·克恰诺夫（Кычанов），在中国工作时用名（伏尔根 Волгин）。1939 年 9 月至 1941 年 2 月任国民政府军队首席军事顾问，后升任少将师长，代替契列潘诺夫任总军事顾问。（此注释略有修改。——译者）

③ 至 1939 年 2 月中旬应中国政府之邀，在中国工作的苏联专家和顾问达到 3665 名。引自 С·齐赫文斯基《中国通向联合和独立之路 1898—1949》，莫斯科：东方文献出版社，1996 年，第 334 页。（此注释略有修改。——译者）

伏尔根：是。日常工作中我同哪一位保持联系？

蒋介石：找军政部长何应钦、总参谋长徐永昌和训练部长白崇禧。

伏尔根：是。

以下的谈话是在蒋介石和全权代表中间进行的。

蒋介石：莫斯科方面可有什么消息来？

全权代表：没有什么特别的消息。

接着，全权代表介绍了苏联何以采取措施保护乌克兰西部和白俄罗斯西部居民的生命财产。

蒋介石问：苏德部队间是否发生过什么冲突？

全权代表回答说，苏联和德国的先头部队已经相见，据电讯社消息，双方互致问候。

蒋介石：我想派遣一个高级军事家到莫斯科解决各种问题，请通知贵国政府并征得同意。

全权代表：您打算派遣哪一位？

蒋介石：还没有最后定，想派贺耀组。他曾任中国驻土耳其公使。

全权代表：我立即汇报。

谈话结束后，张冲陪同全权代表走出蒋介石府邸时说，贺耀组将出任中国驻苏联大使，杨杰将应召回国。

司高磋纪录。

АВП РФ，全宗 0100，目录 23，案卷 9，第 269—270 张。

译自同上书，上册，第 514—515 页。

潘友新同蒋介石就中苏关系问题的谈话①

（1939 年 11 月 13 日）

一番礼节性的寒暄后，全权代表和蒋介石之间进行了下述谈话：

全权代表：我向斯大林和莫洛托夫同志转达了您上次谈话中表达的要求。昨天我得到他们的回答云，苏联对中国的政策一如既往没有改变。斯大林同志的电报中说，一部分中国报刊对莫洛托夫同志讲话的看法是正确的，后者没有提及中国问题，是因为苏联对中国的政策一如既往没有改变。上次同您——元帅先生和张冲先生谈话时我说过，苏联对中国的政策一如既往，现在这个问题得到斯大林和莫洛托夫同志的确认。

蒋介石：我们上次谈话中我还提到苏美在远东问题上合作的事，对此问题可有什么答复？

全权代表：没有专门的答复，但我国同美国保持着很好的外交关系，根本没有什么关系的改变可言。

蒋介石：目前美国在远东的政策日趋活跃。明年开始它就不向日本供应军用物资和原料了，这对中国的抗日战争是非常有利的。如果苏联将向日本出售原料，那就会违背中国的利益。故此请转达贵国政府，不要同日本进行任何贸易。如果苏联同日本进行贸易，那就很难迫使美国不同日本进行贸易，这对中国的抗日战争是有害的。美国可以说，既然苏联同日本进行贸易，那美国也要同日本进行贸易。

全权代表：现在美国向日本提供多少援助？

---

①　原档案第 356 页上有注记：上方中间是外交人民委员部第一远东司的印章，"秘密，来文 1939 年 12 月 8 日第 168C 号"；右上方是："总书记办公室 1939 年 12 月 16 日来文第 4136 号"。

蒋介石：从明年开始，美国就不向日本供应军用物资和原料了。

全权代表：如果苏联将同日本进行贸易，难道能根本上影响美国对中国的援助吗？

蒋介石：是，毫无疑问，甚至会严重影响。

全权代表：好吧。我会把您的要求转告敝国政府。

全权代表：目前国民党中央执行委员会正在开第六次全会。① 能否介绍全会工作的内容？

蒋介石：全会要解决的主要是宪法和召开国民会议的问题。

全权代表：什么时候拟通过宪法和召开国民会议？

蒋介石：明年。

全权代表：大概在几月份？

蒋介石：还说不准。

全权代表：准备如何实施人民政协通过的关于政府民主化的决议？

蒋介石：打算以通过宪法和实现孙中山先生三民主义中的民权主义的形式实施之。请问您有何高见？

全权代表：没有，我不想就此问题发表任何意见。我提出这个问题的目的，是想尽可能详细地了解中国。我不太了解中国国情。中国是一个大国，人多，事也多，我还不太清楚各党派和团体间的关系。国家民主化的问题对于中国十分重要，不言而喻也就引起人们相应的兴趣。

全权代表：如果您没有事想问，我就不敢再打扰您了。

蒋介石：请向斯大林和莫洛托夫转达我对他们来电的谢意。

张冲送我走的时候告诉我，他听说 1940 年 10 月 10 日将要

---

① 1939 年 11 月 12—20 日中国国民党举行五届六中全会，这里所指当是 12 日的开幕式。——译者

成立民主政府，这是一个联合攻府。此外张冲说，他今天要去打听，看是否由宋子文出任行政院长，然后告诉全权代表。

司高磋记录。

AВΠ РФ，全宗0100，目录23，案卷9，第193包，第354—356张。

译自同上书，上册，第535—536页。

蒋介石致斯大林的回信

（1939 年 12 月 1 日）

史大林先生阁下：

前接七月九日尊函，回诵之下，无任感奋！当时即拟奉复，并派定贺耀组将军前来晋谒，以报盛情，嗣以等候联航机开始启行，以致延迟至今。然对于阁下期望我国抗战胜利之热情及贵国不断与我国之接济，则固铭感沛腑，无刻或忘者也。欧战发生以后，国际局势变动至剧，同时日本实力亦益见衰微，因之中国之抗战之使命较前更为重大。对于如何解决远东问题，贯彻吾人之目的，以奠立世界和平，极愿阁下详示一切，俾作指针。盖我中苏两国唇齿相依，利害与共，而在外交上尤须共同一致，方能消除暴日侵略大陆之野心，重现东亚与世界之和平也。兹派贺将军亲承教益，务祈详与指示为荷。

　　敬祝

康健！

蒋中正（印）手上

中华民国二十八年十二月一日

AΠ РФ，全宗45，目录1，案卷325，第69—73张。

录自同上书，上册，第547—549页。

蒋介石致斯大林信

为感谢苏联援助并趁远东战争出现转机

中、苏、美应团结共赴胜利

（1941 年 2 月 2 日）

史大林先生阁下：

兹因福尔根总顾问回国，特修寸书，敬向阁下致仰慕之忱。敝国对日抗战，正在努力加强我军之实力，以期早获胜利，用副贵国援助之盛情。关于抗战近情，福总顾问当能向阁下详述一切。中正所引为感慰者，敝国对日抗战三年有半，迄今得以持久不衰，且使敌国深陷泥淖、竭蹶困疲者，实惟贵国援助之力为独多也。贵国对敝国之援助，其在精神上意义之深切，更超越其他各友邦而上之。盖我中苏两国皆为革命之国家，无论现在及将来，必为完成创造世界和平之共同使命而提携奋斗也。现在远东方面，因美国态度之积极，形势已较前为佳，日本帝国主义者之侵略暴力，其溃败必不在远。中正与我全国军民必能团结一致，努力以赴之，以期不负阁下之殷望也。缅怀高谊，感谢莫名！尚希时惠教言，以匡不逮，是为企盼。

敬祝

健康！

蒋中正手上

中华民国三十年二月二日

АП РФ，全宗 45，目录 1，案卷 325，第 20—25 张。

录自同上书，上册，第 636—640 页。

潘友新同蒋介石就苏日签订中立条约所做的谈话记录

（1941 年 4 月 19 日）

礼节性的寒暄后进行了下述谈话。

蒋介石：大使先生是否收到莫斯科的什么消息？

全权代表：我没有收到敝国政府任何特别的消息。不知道元帅先生想知道哪方面的情况？

蒋介石：请谈一谈您对苏日中立条约的看法。

全权代表：蒋介石先生当十分了解，苏联一向坚持不懈地奉行和平政策。苏联积极致力于缩小战争的范围，苏日中立条约就是敝国政府这一外交政策基本路线的证明。苏联外交政策是始终不变的。您显然已经知道莫洛托夫同邵力子先生谈话的内容，莫洛托夫就这个条约的内容和今后的苏中关系，做了极为详细的说明。

蒋介石：是，我知道莫洛托夫先生同邵力子谈话的内容。我十分了解苏联外交政策的方针。我也明白苏联何以采取（中立条约）这一行动。我对此条约的看法，与我从邵力子先生那里得到的消息没有分歧。

全部困难发生在中国人民和军队中间。他们可能不十分理解国际事态，所以对于这个条约的签订反应相当强烈而敏感。

全权代表：然而，我觉得，这是由中国舆论所做的报道引起的。比如，我指的是今年4月15和16两日《大公报》的社论，它的内容不可能不让人感到惊奇……①

蒋介石：具体说的是什么？

全权代表：社论中特别提到了斯大林同志的名字。社论作者认为，中国知识分子20年来错看了苏联；知识分子对斯大林同志失望了，等等。

蒋介石：我想对您说，大使先生，事实上《大公报》反映的是我国人民和知识分子普遍的情绪。我不得不承认，我国人民和军队确实为这个条约的签订感到震惊。您知道，我国人民和军队太相信一直帮助我们的苏联了。您应该明白，苏联的这一做法不可能不引

---

① 删节号为原文所有。下同。——译者

起包括知识分子在内的所有人的强烈反响。这一举动确实对中国产生了极其强烈的影响。不过，请相信，无论发生什么情况，我国人民对斯大林同志的信任都是不可动摇的，《大公报》社论的这一点不会影响我们的心情和我们对斯大林的感情。我要找《大公报》过问这件事。

我想表达一个希望，如果苏联将对日本采取一些行动，请不要对我们保守秘密……

全权代表：请问您指的是什么？

蒋介石：我想说，如果苏联在对日关系上准备采取某些涉及中国的措施，希望苏联告诉我们，哪怕是秘密地告诉我们，以便使我们不致感到突然，我国人民也好有相应的准备。这对我们尤其重要，因为我们在对外政策中首先看重的是对苏关系。苏联居于我们对外政策的首位。我想特别强调这一点，并请报告斯大林和莫洛托夫同志。我个人对苏联的关系一如既往，就像没有这个条约一样。

全权代表：我一定把您的观点和要求转告敝国政府。我本人则想说，苏日中立条约不会丝毫改变苏中关系。有两方面的情况可以证明，一是签订这个条约时根本没有提到也没有涉及到中国，二是我国一直向中国提供援助。

费德林记录。

АВП РФ，全宗0100，目录25，第8包，案卷8，第96—97张。

译自同上书，上册，第645—647页。

蒋介石为斯大林担任国防人民委员会主席事致斯大林贺电
（1941 年 7 月 21 日）

邵（力子）大使转呈苏联人民委员会主席史太林先生勋鉴：欣闻阁下亲任贵国国防人民委员长，以举国共戴之领袖膺统率全军之重任，威名所被，足使侵略主义者之纳粹闻而丧胆，遂听之余，无任欣贺！我中苏两国友谊深厚，唇齿相依，在今日更立在反侵略之同一线上，中国抗战军民，誓必竭其全力，共同奋斗，尽应有之责任，以达我两国同舟共济之使命。深信东西侵略国家任何野心与暴力，在我两民族反侵略之伟大力量前，必完全粉碎。谨代表中国军民诚恳致贺，并祝贵国胜利。蒋中正。七月二十一日。

АВП РФ，全宗 45，目录 1，案卷 326，第 27—29 张。

录自同上书，上册，第 653—654 页。

潘友新就蒋介石关于建立远东美、英、苏、中反法西斯统一战线的建议同后者所做的谈话记录

（1941 年 12 月 8 日）

今天下午 3：20，我应元帅的邀请到了他的宅邸。

元帅的秘书李惟果先生迎接我，在元帅会见前，李同我进行短暂谈话时，试图从我这里打听苏联对日本同英美间爆发的战争持何立场。我简短地回答说，苏联将一如既往进行卫国战争，打击主要敌人——希特勒军队。全歼这个轴心国主要成员国的军队，是一场最为艰巨和重要的任务。李惟果举出的论据是，日本才是轴心国的主要成员国。我没有同意他的说法，对他说，苏联和所有反侵略的力量现在不仅不应当削弱反对希特勒的斗争，而相反，应当加强这一斗争。所以我发表了自己的意见说，在反侵略的统一战线中，分散苏联的力量未必是上策。为回答我的话，李惟果先生开始激昂慷慨地着重论述苏联立即对日出兵作战的必要性，同时指出，如果从前苏联单独对日作战无疑没有好处，那么目前在国际形势发生根本变化的条件下，苏联十分有必要和英美等盟国一起对日作战，以便在春天前消灭来自后方的威胁，然后再借助英美力量向希特勒德国

发起进攻，一举歼灭之。谈话中间李指出，英、美、苏、中反侵略国家联盟，可以不费力而迅速地在春天之前打败日本，然而如果苏联不参加对日作战，要尽快战胜日本就会遇到很大的困难。我问，李先生和中国人是否清楚日本出击的确切日期，他做了否定回答。

上面的谈话因亚西司司长邹尚友先生的到来而被打断。

我同邹先生进行了简短的谈话，其间他对我说，目前日本的行动①出乎大家的意料，我是为此事受到元帅邀请前来的。元帅在外交部长郭泰祺的陪同下接见了我。美国大使高思在我之后也应元帅邀请前来。

一番寒暄之后，元帅声称，他今天特意邀请了苏联、美国和英国大使，为的是向他们宣布日本背信弃义袭击美国和英国这一重要消息。这时外交部长郭泰祺补充说，英国大使 C·卡尔没有到，因为他到成都去了，今天还没有回来。他回来后会马上把今天元帅谈话的内容向他通报。

元帅先对我说，现在日本背信弃义地袭击美国已经是既成事实。侵略势力从而再次表明他们沆瀣一气。太平洋沿岸各国反侵略国家的势力必须迅速联手，立即采取有效行动以对付共同的敌人。元帅说，今天我提出的建议，目的就是为了实施反侵略国家对付侵略国家的有效行动。

元帅读了其倡议书后转向我，要求我立即将其内容报告斯大林同志。同时，元帅强调，他的倡议书是以个人名义直接给斯大林同志，以及丘吉尔首相和罗斯福总统的。接着，元帅指出了尽快就倡议书做出决策的必要性，声明中国在收到各方回答后，将把决定公诸于众。

---

① 指 1941 年 12 月 7 日日本袭击珍珠港的事件。

我回答元帅说，我会立即把他的倡议书向斯大林同志报告。

接着元帅转向 C·高思（Gauss），向他重述了倡议的内容，同样也请其尽快向美国元首报告。

高思回答说，他会立即把元帅的倡议书转告罗斯福总统。

倡议书的事谈完后，话题转到太平洋的军事形势上。元帅问高思，是否有关于军事行动的新消息。

高思回答说，他只收到来自华盛顿的关于珍珠港被炸的正式消息。其他没有任何消息。

元帅继续问高思，对太平洋战争的前景有何看法。后者回答说，日本因先发制人，战争初起无疑会得势一时。接着高思说，美国甚至会放弃关岛、威克岛和菲律宾，因为那里一直就没有足够防御的军队。

高思的话总的是说，战争初期日本会占优势，但日本最终肯定败北。高思说到这里时，把日本的行动同德国进攻苏联相提并论。

值得指出的是，高思说话时显得有些压抑。

高思问元帅，是否有日本从中国调兵南下的消息。元帅回答说，据中国情报，日本正从满洲调兵。此时郭泰祺补充说，日本还几乎把停在汉口的所有飞机都调往南方。

持续一小时的谈话就此结束。

谈话时在座的有：蒋介石元帅、外交部长郭泰祺、美国驻华大使高思、苏联驻中国武官 В·В·瓦西科夫（Васьков）、外交部亚西司司长邹（尚友）和元帅的私人秘书李惟果。

苏联驻中国武官瓦西科夫记录。

苏联驻中华民国大使潘友新。①

---

① 原档案第 41 页上有：苏联驻中华民国大使潘友新的签名；"材料分送 4 份（莫洛托夫、洛佐夫斯基同志、总书记办公室、存档）"。

АВП РФ, 全宗 0100, 目录 29, 第 205 包, 案卷 11, 第 37—41 张。

打印件, 原件。

译自同上书, 上册, 第 671—672 页。

潘友新同蒋介石的谈话记录
传达斯大林对蒋介石关于在太平洋战争中
建立民主国家统一战线建议的回答①
(1941 年 12 月 12 日)

一番礼节性的寒暄后, 我叙述了斯大林同志对蒋介石 1941 年 12 月 8 日②信的回答。在翻译把回函译成中文的过程中, 蒋介石特别注意斯大林同志关于太平洋反日统一战线, 以及中国的抗日战争是反对轴心国统一战线组成部分的提法。

蒋介石指出, 这意味着斯大林同志也认为反侵略统一战线是一个不可分割的整体事业, 而且应该看到斯大林本人也感到满意。

介绍完毕后, 蒋介石称, 他十分清楚斯大林同志回答中所述的内容和想法。

我问, 应当如何回答斯大林同志。蒋介石指出, 待他研究过信的内容后就会做出回答。

此后我简短地向蒋介石谈了我国贸易的情况, 特别强调近 15 个月来我没有见到孔祥熙先生 (因他生病), 没能与他谈签订 1941—1942 年财政年度向我国供货合同的事。

我请蒋介石协助签订这个合同。他回答说会采取相应措施, 并补充说中国当然应当援助苏联, 尤其是以供货的方式。

---

① 原档案第 33 页上有下述注记: 左上方: "41 年 12 月 12 日从 19: 10 至 19: 30, 在黄山蒋介石的别墅"; 右上方: "秘密, 第 4 份, 1941 年 12 月。已解密"。

② 原文如此。

谈话时在座的有邹尚友和 H·费德林。

苏联驻中华民国大使潘友新。

ABП РФ，全宗 0100，目录 29，第 205 包，案卷 11，第 33—34 张。

译自同上书，上册，第 673 页。

蒋介石同潘友新的谈话记录①

（1943 年 1 月 17 日）

蒋介石在其公馆见客，在座的有外交部长宋子文，外交部总务司司长李惟果，军事委员会顾问事务处处长卜道明。

互致寒暄后，蒋介石问我旅途情况，自我感觉如何。我向他表示感谢，也问了元帅的健康状况，他回答说一切如常。

然后蒋介石问我在莫斯科看到了最高指挥部的哪些人，是否同苏联元帅们和过去在中国政府担任顾问的伏尔根和崔可夫将军会过面。

我回答说见过国防委员会的斯大林，他是总司令。我没能会见伏罗希洛夫和 C·K·铁木辛哥（Тимошенко）元帅，他们在前线。诸元帅中我见到的仅仅是 C·M·布琼尼（Будённый），遗憾的是未能同他谈话。关于伏尔根 和 B·И·崔可夫二位元帅我已经说过，没有见到他们，二人都可能在前线，我并且指出崔可夫任第 62 军军长，正在防守斯大林格勒。接着我说，许多前在中国的苏联顾问现在都置身苏德战争前线。

我接着转达说，斯大林同志为我带交的蒋介石元帅的信向后者表示感谢，蒋介石也说让我向斯大林同志转达谢意，很感激他

---

①　这是潘友新从莫斯科回到中国后，蒋介石与他的谈话。本次谈话在《战时外交》第 3 编（三）"中苏关系"第 399—401 页已经发表，但并不完整。下面是据俄文译出的该文件的全文。——译者

的信。①

　　然后我说，斯大林同志同意元帅信中所述的观点，和元帅一样，认为现在中苏关系是友好的，符合双方的国家利益。

　　蒋介石问斯大林同志对国际形势有何看法。我回答道，事实上，斯大林同志没有专门谈这个问题，但是斯大林同志深信一定能彻底打败轴心国，必须加强我们两国的友谊。后来我继续说，现在苏德战线出现了有利于苏联的形势，盟国在太平洋地区的力量得以加强，近来中国军队取得了一系列的胜利，特别是在第5战区。我表示坚信这就是轴心国必败的证明。我补充说，我在苏联期间密切关注中国军队的作战情况。

　　蒋介石说，近来中国军队确实取得了一定胜利，现在主要关注的是缅甸和华北。我表示同意元帅的看法，并补充说，我明白，元帅之所以看重缅甸，乃考虑到它是中国对外交通线上的必经之地。

　　蒋介石对我所述苏联军队已经开到离罗斯托夫和斯摩棱斯克附近这一情况很感兴趣。我确认说，我国军队已经在沃罗涅什、南线、顿河和北高加索战线，在魏里基卢基地区全线挺进，而且这一进军，事实上使罗斯托夫和斯摩棱斯克危如悬卵。我进一步阐述说，如果欧洲开辟了第二战场，我们的战役会进行得顺利得多。蒋介石同意我的看法，并说近期可望开辟第二战场。

　　稍事停顿后，我说给元帅带来了一支自动猎枪，这是我国军工技术的最新产品。蒋介石表示感谢，仔细看了枪后让我给他说

────────

　　① 迄今为止俄罗斯学者尚未找到此信。据国民政府外交部长宋子文（于1943年1月13日）同潘友新谈话可知，宋子文见到了斯大林的这封亲笔信。其主要内容大致是：邵力子已经离职，现傅秉常任中国驻苏大使。美国不能再像前些年那样持观望态度，而应当尽快开辟第二战场，以加速德日侵略者的灭亡。另外二人谈到新疆独山子油矿的开发。详见《20世纪俄中关系》，第4卷，上册，第711—712页。——译者

明书。我答应立即给他送来。

接着我说，我带来了我国政府对独山子油矿联合企业的意见，此事我已经同外交部长宋子文谈过。蒋介石说他从宋的汇报中已经知道情况，并且为此感到高兴。

谈话就此结束。

苏联驻中国使馆二秘 Е · Ф · 科瓦廖夫（Ковалёв）同志记录。

苏联驻中华民国大使潘友新。①

АВП РФ，全宗 0100，目录 31，第 220 包，案卷 14，第 13—16 张。

译自同上书，上册，第 713—714 页。

蒋介石就苏联红军第 25 个建军节和卫国战争捷报频传致斯大林电

（1943 年 2 月 20 日）

重庆来电。中国驻苏大使馆代办刘（泽荣）先生请速转苏联人民委员会主席斯大林先生阁下：近两周来贵国军队扫荡敌寇如卷席，相继攻克大城市。贵国军队以此预示轴心国强盗匪军的全面溃败，进一步证明盟国联军加速反击的及时性。我们知道，这些辉煌的战果乃完全归功于您英明领导下的贵国英雄军队和人民英勇卓绝的斗争。我为贵国捷报频传而欢欣鼓舞。值此苏联红军建军 25 周年之际，中谨代表敝国军队和全体人民，向您致以真诚的祝贺！祝凯旋之歌更加响亮！鉴于消灭东西方轴心国的武装力量是牢固建立世界真正和平的必要前提，所以盟国联军的命运息息相关，一个国家的胜利就是大家的胜利。中国和苏联必须同舟共济，互相提携，互相帮助，倾全力尽快奠定全世界公正和

---

① 档案第 16 页上中间是潘友新的签名："苏联驻中华民国大使潘友新"；中间偏左："分送 4 份（莫洛托夫、洛佐夫斯基同志、总书记办公室、存档）"。

平的基础。2 月 20 日。蒋中正。①

АВП РФ，全宗 0100，目录 31，案卷 11，第 220 包，第 10 张。

译自同上书，上册，第 739 页。

蒋介石为苏德战争两周年及苏联人民的英勇作战致斯大林电②

（1943 年 6 月 21 日）

重庆来电。古比雪夫中国大使馆傅大使译转斯大林委员长阁下：兹传值贵国抵抗纳粹侵略二周年，特向阁下及苏联英勇之军民诚恳致敬。此数月间，贵国之战绩更见恢张，不仅大量消灭侵略者之武力，亦根本打击其精神，捷报频传，令我国军民同深感奋。轴心作恶无分东西，贵我两国为反侵略战斗所负之使命实同一目标。深信吾人共同努力，必能使世界上摧毁人类自由之寇盗同归扫除，以早日重奠人类正义和平也。蒋中正。一九四三年六月二十一日。

АП РФ，全宗 45，目录 1，案卷 6，第 66—67 张。

录自同上书，上册，第 769 页。

蒋介石为苏军在东欧战场胜利致斯大林贺电

（1943 年 8 月 8 日）

古比雪夫中国大使馆傅大使译转史大林委员长勋鉴：贵国军队猛击德军，获得大捷，奥勒尔与比尔哥罗德两名城同时克复，捷音传来，同深欣忭。此一战绩足使敌寇丧胆，益趋崩溃。此皆阁下贤明领导，与贵国将士英勇奋斗之成果，亦为我反侵略战争胜利之明征。谨代表敝国军民诚恳致贺。蒋中正。一九四三年八

---

① 档案第 10 页上有注记："1943 年 2 月 20 日。经核对无误。别洛娃。"

② 蒋介石此件曾被译为俄文，发表于 1943 年 6 月 26 日的《消息报》上。原中文未予发表。——译者

月八日。①

АП РФ，全宗 45，目录 1，案卷 326，第 71—72 张。

АВП РФ，全宗 0100，目录 31，案卷 11，第 30—31 张。

录自同上书，上册，第 781 页。

蒋介石为感谢苏联援助并愿中苏进一步合作事致斯大林信
（1944 年 5 月 12 日）

史达林委员长阁下：

兹因潘友新大使回国之便，特对阁下谨致诚挚之问候！贵国军民英勇抗战，使纳粹寇军节节败退，战绩彪炳，殊深钦佩！而我中国自抗战以来，迭承贵国予以一贯的同情与援助，实为我全国军民所永感不忘。而我两国素具深切之交谊，望能就已有之基础，作进一步之发展，以共同贡献世界之正义与和平。此为中国人民一致之信念，余所特为奉告者也。

敬祝

健康！

蒋中正

中华民国三十三年五月十二日

АП РФ，全宗 45，目录 1，案卷 326，第 81—83 张。

录自同上书，上册，第 809—810 页。

蒋介石致斯大林电
贺苏联红军攻克柏林并预祝为世界和平再奏凯歌
（1945 年 5 月 3 日）

中国驻莫斯科使馆转总司令、苏联元帅斯大林先生阁下：中

---

① 此电于 8 月 9 日由中国驻苏大使傅秉常交苏联副外交人民委员洛佐夫斯基。

谨代表中华民国政府、中国人民和军队就攻克柏林这一重大事件，向阁下本人、贵国英雄的人民和英勇善战的军队表示由衷的祝贺！受到纳粹残暴侵略的苏联人民，在阁下英明领导下，艰苦卓绝，历尽艰难，众志成城，同仇敌忾，贵国军队无论攻守都表现了高超的作战技艺，取得了辉煌胜利，受到全世界的赞扬。我们相信，消灭纳粹后，欧洲盟国军队将为恢复人类的正义和保障世界持久和平继续努力，消除世界大战的祸根。蒋中正。①

АП РФ，全宗 45，目录 1，案卷 326，第 100—101 张。

译自同上书，下册，第 35—36 页。

蒋介石通过行政院长、参加中苏谈判的中国代表团
宋子文团长转交斯大林的
涉及中国主权和领土完整三重要问题电
（1945 年 7 月 9 日）

电报日期是 1945 年 7 月 9 日，由蒋介石大元帅签署，致行政院长宋子文先生。

中国政府做出了极其巨大的牺牲，真诚希望根本解决中苏关系的问题，排除未来的种种麻烦和分歧，以期按孙中山博士的遗教，实现两国的长期合作。

领土主权和行政权的完整，以及真正的国家统一，乃是中国现在的最高要求。中国政府真诚希望苏联十分善意而坚决地予以支持，并就以下三个建议给予具体而肯定的答复：

1. 中国政府深深感谢斯大林元帅关于尊重中国领土主权和满洲行政完整的承诺。考虑到两国的共同利益，中国同意把旅顺口变为两国共同使用的海军基地，并宣布大连为自由港，上两者

---

① 档案第 100 页上有注记：右边为"译自中文"。第 101 页上有"原件为中文"。

的期限都是 20 年。为了真正实施东北主权和行政主权的完整，旅顺口和大连的行政权归中国。中长路和南满路为中国财产。两铁路主要干线的开发由两国在 20 年内共同实施。运输企业等不在两铁路线管辖范围内的铁路支线和辅助企业，不在共同开发之列。

2. 近年来，因起义和匪患，新疆局势动荡，中苏之间的联系因而中断，贸易和商业活动难以为继。故此真诚希望苏联根据过去的协定，尽一切努力帮助中国消除中苏边界的混乱状态，以尽快恢复中苏联络和贸易。阿勒泰山区作为新疆的一部分，今后应当归属中国。①

3. 鉴于中国共产党个别军事和行政组织的存在，中国军政权力不可能完全统一于中央政府之下。未来苏联向中国提供的所有军事、物质和道义上的援助应当只给中央政府。

考虑到外蒙古问题是中苏关系中的特别障碍，为两国间的利益和持久和平计，中国政府在抗日战争胜利后和上述三项建议达成协议后，同意提出外蒙古独立的问题。此外，为避免今后可能出现的麻烦，这一相当复杂的问题应当采取全民公决的途径予以解决。如果全民公决的结果是外蒙古独立，中国政府就不会反对其独立。外蒙古的版图应当据中国地图最初的标示确定。

中国政府迫切希望，苏联充分考虑中国做出的牺牲和中国的真诚态度，以达成两国持久牢固的合作。请以我的名义，把上述建议向斯大林元帅具体清楚、原原本本地转达。②

---

① 指新疆三区革命。1945 年 6 月 10 日，苏联事实上停止了向起义者提供武器并召回了苏联顾问，建议起义领导人同蒋介石政府进行谈判。

② 档案第 35 页上有注记：左上方是："1945 年 7 月 10 日莫洛托夫收到宋子文先生转交的电报"；右边是："译自英文"。第 36 页末："波特卢巴奇翻译。巴甫洛夫：经校对无误"。

波特卢巴奇（Потрубач）翻译。

分送斯大林、莫洛托夫、А·И·米高扬、Л·П·贝利亚、Г·М·马林科夫、А·Я·维辛斯基、В·П·杰卡诺佐夫、远东一司存档。

АВП РФ，全宗 06，目录 07，第 35 包，案卷 506，第 35—39 张。

英文，打印件。

译自同上书，下册，第 102—104 页。

彼得罗夫①同蒋介石就太平洋战争前景和美、英、中三国关于日本投降条件公报的谈话记录

（1945 年 7 月 28 日）

本年 7 月 28 日，我同蒋介石进行了一次短时间的谈话，时在主席于其消夏别墅设午宴招待我之后。

我就英国选举结果事问主席对 С·R·艾德礼内阁的政策有何看法。蒋介石说情况会普遍好转，同时强调英国外交政策有望取得一定的进步。

"您指的是英国会加强在太平洋地区的军事行动还是别的什么？"

"我们最关心的不是英国加强在太平洋的军事行动问题。"蒋介石说，"我们想英国内阁更迭后会放弃其帝国主义和殖民主义的政策"。

"也就是说，您认为印度问题会妥善解决了。"

"印度在改善自己的地位方面有一些希望，但是印度问题的最终解决，即使由英国工党执政，也是不可能的。"

---

① А·А·彼得罗夫，时任苏联驻中华民国大使。以下文件标题翻译时均略去其职务。——译者

　　接着蒋介石把曾经访问他并谈过话的 S·克里普斯（Cripps）大加称赞了一番，称他为"清醒的政治家"。

　　谈到丘吉尔、杜鲁门和蒋介石就日本投降发表联合公报一事时，我问蒋介石，日本对这一问题会做何反应。

　　"现在不好说会有什么结果。我想需要三个来月，这一举措才能起作用。"蒋介石说。

　　"但是有一点很难否定，那就是这个公报会进一步动摇日本的军心和民心，这也是很重要的。"我说。

　　蒋介石强调说："不过苏联参加对日作战毕竟是比这个公报更加有力、更加重要的手段。"

　　我指出，除了苏联外，还有华南和华中，我认为那里的军事行动也应当转化为强劲的反攻了。

　　"完全对。"蒋介石说，"中国也要加强攻势，因为这一仗应当是万箭齐发，全线出击。"

　　谈话时费德林在座。

　　苏联驻中华民国大使 A·A·彼得罗夫。

AВП РФ，全宗0100，目录33，案卷14，第244包，第195—196张。

打印件，原件。

译自同上书，下册，第148—149页。

彼得罗夫就中国政府军移防东北各省同蒋介石的谈话记录
（1945 年 10 月 18 日）

　　第一，蒋介石说，熊式辉已经向 Р·Я·马林诺夫斯基（Малиновский）元帅提出要求，请苏联向中国提供运输工具以调兵赴东北。马林诺夫斯基元帅说，他原则上同意提供帮助，但只有苏联政府才能做出最后的决定。他将向政府请示。（蒋介石说）如果苏联政府认为能借给我们几艘船运兵至东北，我们将不胜感激。

第二，熊式辉请马林诺夫斯基元帅允许中国军队在大连登陆，因为这个港口有现代化的设备，便于运送军队。

蒋介石说，他请我尽快把他妥善解决大连问题的要求转告苏联政府和斯大林大元帅本人。蒋介石说：“斯大林大元帅应该设身处地想想中国情况，我们是友好盟国，所以不需要时时刻刻固守法律上的义务。”蒋介石强调道：“实际需要迫使我们本着互相谅解和协作的精神，寻求解决这个问题的办法。”

我对蒋介石说，关于大连的事没有任何新情况可奉告，并答应把他的想法转告苏联政府和斯大林同志。

АВП РФ，全宗 0100，目录 40，案卷 КИ－032，第 248 包，第 7 张。

打印件。

译自同上书，下册，第 275 页。

彼得罗夫就蒋介石提出由苏联提供军舰运送国民党军队登陆大连的要求于 10 月 23 日所做谈话的记录

（1945 年 10 月 23 日）

10 月 23 日，我拜访了蒋介石，并向他叙述了苏联政府就中国军队登陆大连问题的回答如下：

“苏联政府不同意中国军队在大连港登陆，因为据中俄协定，该港口纯属商港。不能从违约开始履行条约，因为在大连港登陆是违背苏中条约的。”

我补充说，斯大林大元帅完全同意苏联政府的这一观点。

蒋介石听完我的声明后说，如果撇开法律和条约方面的考虑，那么他觉得，他不仅能够得到关于中国军队在大连港登陆这一问题的肯定回答，而且鉴于中苏间现有的友好同盟关系，还能够得到苏联在这个问题上的鼎力相助。

接着蒋介石强调说，况且中国更加有理由派军队在大连港登陆，因为这里的土地和港口本身都是中国领土不可分割的部分，如果中国在这种特殊条件下不能派遣自己的军队在该港口登陆，那就是中国主权受到了侵犯，自然也就违背了中苏条约。蒋介石说："我再次请求您向斯大林大元帅转达我个人关于妥善解决中国军队在大连港登陆的要求。"

为解释我国的观点，我回答说，中国在大连的主权从未受到质疑，苏中协定肯定了这一点；然而，关于旅顺和大连的协定，也还有要在这些地方建立特殊制度的规定，苏联政府不能违背这一协定。

蒋介石声称，他不打算从条约和法律方面讨论这个问题。他向斯大林提出个人要求说："斯大林大元帅应当设身处地替中国想想。如果我们不能派遣自己的军队在大连登陆，就意味着我们不能派军队到东北来从苏联军队手中接收这片土地。"

我重申斯大林大元帅完全同意苏联政府关于中国军队在大连登陆的观点，并答应蒋介石，说我会把我们的谈话内容向我政府汇报。

然后蒋介石问道，苏联政府对我们上次谈话中提到的其他问题是否有什么答复。

我说暂时还没有新情况可奉告。针对这一点，蒋介石再次要求我向我国政府说明以下四个问题：

1. 能否租借军舰给中国运送兵员；
2. 苏联是否参加远东协商会议；
3. 关于在莫斯科举行五国外长的例会；
4. 关于召开欧洲问题的和平会议。

我向蒋介石保证，我会满足他的请求。同时我向他指出，苏联对于参加远东协商会议的态度始终如一，也就是说，该协商会议的成立，要以妥善解决建立对日监督委员会为前提。

谈话时在座的有费德林和卜道明。

АВП РФ，全宗 0100，目录 40，案卷 КИ－032，

第 248 包，第 66—67 张。

打印件。原件。

译自同上书，下册，第 280—281 页。

彼得罗夫同蒋介石就中苏关系问题的谈话记录

（1945 年 12 月 31 日）

1945 年 12 月 31 日，蒋介石和夫人宋美龄设午宴招待 G·C·马歇尔。宴罢，蒋介石请我和其他苏联客人 Л·М·米克拉舍夫斯基（Миклашевский）、Н·В·罗申（Рошин）、费德林留在他的公馆小坐，品茗叙谈。内容如下：

蒋介石谈到莫斯科三国外长会议的结果，对会议工作给予肯定……①

我介绍了一个情况，说 1945 年 12 月 30 日斯大林同志接见了蒋经国，谈话时在座的还有莫洛托夫和傅秉常。蒋介石表示十分满意，并对马林诺夫斯基帮助中国军队接管东北表达谢意。

然后蒋介石主动介绍中国国内局势。他说中华民国政府正致力于消除国内的武装斗争，恢复交通联络和保证接受日军投降工作的完成。

关于中国共产党的行动，蒋介石说，据种种情况判断，中国共产党人以国民党似乎要武力消灭共产党军队为由，正在制定自己的军政计划。蒋介石强调说，事实上，"我们根本不想消灭中国共产党的军队。中国与其他许多国家不同，有其特殊性，在中国不同政党和派系的武装力量可以和平共处。事实上，我们允许一向以革命性著称的广东军队、西北军的存在，就可以作为这方面极具说服力的证明。"

---

① 删节号系原文所有。

　　蒋介石接着说，不过，各派军队只有在下述条件下才能存在，这就是"所有军队不管其归属和派系，都必须严格切实执行最高统帅的命令，否则就不能达到国家的联合和统一……"

　　讲到正在进行的国共谈判，蒋介石指出，国民党向中国共产党提出了停止国内军事行动的方案，其中规定建立一个三人小组，由其决定停战条件。进入该小组的有：国共代表各一名，第三名是马歇尔将军，为居中斡旋者。

　　蒋介石把马歇尔将军的使命界定为纯军事性的：马歇尔似乎拒绝干涉中国内政，但声明愿意帮助交战双方议和。

　　蒋介石问我如何估计中国国内政局的前景。

　　我说，苏联人民对这个问题的态度相当透彻地反映在莫斯科外长会议的决议中，我强调，建立统一民主的中国符合中国人民的利益，也符合联合国各成员国的利益。

　　谈话最后蒋介石试图证明，如果中国共产党同意严格执行最高统帅部的命令，那么中共参加最高军政机关的道路就打开了。蒋介石解释这一想法时说，这里指的是中共和其他党派代表参加国防最高委员会，这一机构可以改组为"最高政治机关"，也设在行政院之内。不过蒋介石不得不承认，这些人在多大程度上参加上述机关的问题"还没有具体解决"。

АВП РФ. 全宗 0100，目录 40，第 248 包，

案卷 КИ－032，第 1—3 张。

打印件。

译自同上书，下册，第 339—340 页。

抗战时期的红色文艺（下）

李丹阳等 采访整理

孟波口述

孟波（1916—2015），原名孟绶曾，江苏常州人。中国著名作曲家、音乐教育家。1939年加入中国共产党。1940年参加新四军。1943年到延安，担任鲁艺音乐系教员、戏剧音乐资料室主任等职。解放战争时期曾任华北人民文工团团长。建国后，先后担任中共上海市委宣传部副部长、上海市文联副主席、上海市对外友协副会长等职。2001年荣获首届中国音乐"金钟奖"终身荣誉勋章。代表作有歌曲《牺牲已到最后关头》、《高举革命大旗》、《我们年轻人》。著有《麦新传》。参与创作电影文学剧本《聂耳》，并任电影音乐顾问。

我出生在江苏常州，小的时候，家住在江阴码头附近的一条叫浴堂弄的小巷。家里孩子多，生活很困难，因为交不起学费，我只上到小学。我家附近有个澡堂，工人们洗完了澡高兴时就扯开嗓门唱小曲；夏天，有些工人到河边拉琴、唱歌，我也跟到河边，听着他们动听的歌声和优雅的琴声，也迷上了音乐。于是，我也试着吹笛子、吹箫，渐渐地吹出了曲调。

1931年，我在上海打工的三哥送货时不小心掉到了黄浦江里。于是，我在 13 岁那年，就顶替三哥到了上海，在河南路一家"堀井誊写堂"上海支店当学徒，在那里干了四年。我每天踏着送货车到处送货。那家店铺里有架旧风琴，晚上下班后，别人走了，我留下来看店，就坐在琴边，学着弹奏着自己知道的曲子，如《苏武牧羊》、《满江红》、《汉宫秋月》等。

大约 1934 年末，一次我到四川路送货，看到基督教青年会在举行民众歌咏会，刘良模自己将外国民歌改为救亡歌曲进行教唱，他还把会员按不同地区编队。于是，我与周巍峙就参加了刘良模组织的民众歌咏会。从那时起，我就开始参加救亡歌咏活动。

不久，我在上海认识了冼星海、吕骥等人，受他们的影响，参加了歌曲作者协会、歌曲研究会、业余合唱团。我在这些团体学习了很多，除了跟冼星海学习作曲，还跟他学过指挥。那个时候，我白天在店里干活，晚上常到冼星海的家。他那时住在法租界福履理路（现在的建国西路）仁安坊 7 号，与一些从事进步音乐活动的人聚会。这些人里除了冼星海，还有吕骥、任光、沙梅、麦新、孙师毅、安娥、周钢鸣、周巍峙等。我们经常在一起探讨当时音乐上的问题。

这年的秋天，我开始到基督教女青年会女工夜校教歌，指导她们练唱抗日救亡歌曲。有时我还去"新安旅行团"、"立信音乐训练班"、"洋行华员联谊会"和大场的"山海工学团"教唱救亡歌曲，培训歌咏团骨干。有一次，女工夜校的学员们要求我为她们写些歌曲，冼星海知道后，很鼓励我，并辅导我进行歌曲创作。我先是写出了《农民苦》，后来又为沪西纱厂工人自己用上海方言编写的歌词《工人自叹》谱了曲。以后我还写了《工人读书歌》、《长工歌》等。这些歌曲唱出了工人的心声，很受上海工人的喜爱。

到了 1936 年，抗日救亡的呼声更高，我们就以音乐为武器，

呼吁抗战。我同麦新编辑出版了当时很有影响的救亡歌曲集
《大众歌声》，以后又陆续出版了两集。就是在 1936 年 11 月，
我与麦新创作了《牺牲已到最后关头》。那时，东北已经沦亡
了，我们去参加要求抗日的示威游行，在小东门集合，然后走到
陈英士纪念碑。国民党的宪兵、警察冲过来，于是我们就四个人
一排，手挽着手，否则一个人走会被宪兵、警察拉走。

　　第二天，我们一些词曲作者在冼星海家开会，参加者有冼星
海、吕骥、麦新、盛家伦、沙梅、任光、安娥等。这天刚巧报纸
上发表了蒋介石的讲话，其中他说："牺牲未到最后关头，绝不
轻言牺牲；和平未到绝望时期，绝不放弃和平。"他那时正在同
日本谈判，不想抗战。在这次会上，大家谈了这种情况，在一起
商量怎么应对，最后决定让我和麦新针对蒋介石的言论写一首
歌。在创作歌的时候，我和麦新没有地方，就在外滩比较安静的
爱多亚路（现延安东路），一起商量、修改，最终写出了《牺牲
已到最后关头》（唱）：

　　"向前走，别退后，生死已到最后关头！

　　同胞被屠杀，土地被抢占，我们再也不能忍受。

　　亡国的条件，我们决不能接受，

　　祖国的领土，一寸也不能失守。

　　同胞们，向前走，别退后，

　　拿我们的血和肉去拼掉敌人的头！"

　　一共有两段歌词。当这首歌刚写出来的时候，抗战还没有开
始，国民党政府禁止唱。因为当时不让讲抗日，即使在租界里也
不让讲。那一时期出版的东西，不能写"日本"，比如写"打到
日本帝国主义"，"日本"两个字只能用 × × 来代替。直到
"七·七"抗战以后，这首歌在国统区和共产党的根据地都可以
唱了，就流行开了。国民党的部队里也传唱。1938 年，当我国
的中山舰遭到日寇轰炸，全体官兵在舰艇即将沉没时，就高唱着

这首《牺牲已到最后关头》。

那一时期，我们在上海还唱了《义勇军进行曲》、《毕业歌》、《大刀进行曲》等鼓舞人们起来抗战的歌曲。

1937年"八·一三"淞沪抗战失利后，刘良模建议在上海组织"国民救亡歌咏协会宣传团"，到国内各地进行宣传。活动经费是来自民众教育馆，这个馆是由国民党CC派的潘公展负责的。出发前，刘良模告诉我和麦新，说我们的名字（我原来的名字是孟绥曾，麦新原名孙默心）已经上了黑名单。于是我们两人分别改用"孟波"和"麦新"的名字。这个宣传团当时名义上的团长是鄢克定，实际上由何士德负责，我担任服务部部长。

我们宣传团先进入浙江，一路经过永康、金华、江山等地，受到当地群众的欢迎。很多学生表示要参加这支歌咏宣传团，但因为经费有限，无法吸收他们。我们到了江山县后，麦新参加了驻扎在那里的张发奎的第八集团军战地服务队。在江山县我为麦新作词的《自卫队歌》谱了曲。然后，我与何士德等率团继续前进，进入江西省，经玉山县辗转到达南昌。本来我们是打算去延安的，但南昌新四军办事处的盛振叔劝我先不要去延安，而去坚持抗战的国民党桂系第五路军宣传抗战。何士德留在了南昌。

当时，第五路军驻在安徽大别山地区，中共的地下工作者侯甸在这个部队里做干事。1938年初，我到了六安三十里铺大蜀山第五路军的176师。这个师原来是十九路军的，师长欧寿年不知道我是共产党派的，就将我留了下来，任上尉艺术干事，主要教唱抗战歌曲，如《牺牲已到最后关头》，以及我到这里后由侯甸写词、我作曲的《五路军军歌》。我曾多次指挥这支国民党部队的官兵唱抗战歌曲。有张照片就是我在指挥第五路军的人唱歌，有的刊物和网上这张照片下的说明写的是1941年我指挥新四军合唱，是不对的。

1938 年孟波在国民革命军第五路军 171 师指挥唱歌

　　在六安，我还遇到江都文救会①的流动宣传团团长陈素和副团长江上青，当时他们正率领这支宣传团在那一带用歌曲和美术来宣传抗日救亡。后来陈素去了桂系部队 138 师当政治处主任，江上青到皖东北作地方工作（受张爱萍领导）。那时我还参加了六安当地群众的歌咏活动，教唱抗战歌曲。

　　1938 年，我接到通知，要我到武汉去找麦新，与他商讨《大众歌声》第三集的出版。去武汉之前，176 师师长欧寿年怕我不再回来，特地要我带一个照相机去修理，其实那个相机没有坏。

　　1939 年 6 月，经洪雪邨介绍，我到立煌县（今金寨县）任安徽省政府办的政治军事干部训练班第四中队少校主任指导员。那里每个星期一举行总理纪念周仪式，由我指挥唱国民党党歌，

_____

　　①　全名为江都市文化界抗日救亡协会。——整理者注

背诵《总理遗嘱》。12月，经李逊（又名李谦逊）介绍，我与王崇恩加入了中国共产党。不久，地下党的李风平通知我，要我转去新四军部队。于是，我只身步行经叶家集、三十铺、下塘集、吴堡、藕塘集等地前往。在下塘集，曾在政治军事干部训练班受培训的保长要我当心当地有土匪和新四军。我就按这个线索，找到了戴季英（后来担任新四军第四支队政委）。在藕塘集我见到郑位三后，将缝在鞋底的给赖传珠的介绍信交给了他。

1940年3月，我终于到达了安徽、江苏交界处的新四军江北指挥部所在地半塔集。第二天就受到刘少奇、张云逸和邓子恢的接见。当时刘少奇同志化名叫胡服，他问了我大别山的情况，然后让我向他汇报国统区文化界人士的情况。他说，要搞好根据地和军队的建设，一定要有文化，需要各方面人才。他提出要在新四军江北指挥部组织一个剧团。我告诉他，刘保罗、许晴（许幸之的侄子）、莫朴他们在大别山有一个青年抗敌剧团。少奇同志就吩咐秘书刘斌，打电报把他们调过来。

我正式加入新四军后不久，被委任担任新四军江北指挥部抗敌剧团的团长。从大别山来的刘保罗、许晴等人都参加了这个团。这个团是直属刘少奇领导的。我作为团长兼指导员，白天要率领全团演出，又要担任合唱指挥；演歌剧时，还去当乐队演奏员，什么都干。一次剧团在为新四军第五支队演出时，我指挥演唱了《黄河大合唱》中的《保卫黄河》。当我们唱到"风在吼，马在叫，黄河在咆哮……"时，下面的战士也跟着唱。唱完后，支队司令罗炳辉跳到台上，大声问："唱得好不好？再来一个要不要？"下面战士大声回答："要！要！要！"就这样，罗炳辉反复地问，战士们反复地回答，于是我们唱了一遍又一遍，直到军装都湿透了，罗炳辉才让我们休息。

在繁忙的工作中，我还坚持歌曲创作，经常是边行军边构思，用小本记下歌词，酝酿旋律。到了晚上，别人睡觉了，我就

坐在床上谱曲。在半塔集时，林槠写过一些歌词，如《我们的
岗位在前哨》、《文化战士歌》、《反"扫荡"》，我谱了曲。我还
为刘保罗编的剧《从苦难中出生的孩子》写了插曲《流浪者之
歌》。我和许晴写过《抗战两周年纪念歌》等歌曲，还把王久鸣
的《太行山进行曲》改为《路东进行曲》，在根据地广为传唱。

　　刘少奇在总结"皖南事变"教训时曾说，新四军吃亏的一
个重要原因是没有做好民主政权建设，新四军打下一个地方，不
建立民主政权，国民党就占据了那些地方，结果我们筹粮、筹款
就有了问题。所以一定要加强民主政权的建设，要有自己的财
政、教育、文化机构。到盐城后，根据刘少奇的要求，为大量吸
收知识分子，培养自己的人才，新四军创办了两所学校：一个是
抗大五分校，培养军政干部，陈毅任校长；另一个是1941年初
成立的鲁艺华中分院，主要培养文化艺术人才。原来这个分院想
请鲁迅的夫人许广平当院长，但上海方面认为不方便，就由刘少
奇亲任院长，何士德任音乐系主任，莫朴任美术系主任，刘保罗
任戏剧系主任。我担任教务科长，并兼任音乐系教授和鲁艺实验
剧团团长。新四军首长对我们这些知识分子非常优待，给我、刘
保罗、何士德、莫朴等的工资是每月10元，而新四军的团长每
月津贴只有3元、战士1元。我们没要。当时根据地的生活很艰
苦，经常吃发霉的山芋干。有些人因为不习惯那里的生活，就离
开根据地回上海了。

　　这一时期，我们开展了一些创作。我与许晴合作创作了
《中华民族好儿女》等歌曲。这首歌在当时很流行，被广为传
唱。鲁艺实验剧团创作、演出了《皖南一家》、《反投降》等剧，
我为其中的《反投降》写了歌曲。

　　1941年的夏天，日伪对苏北根据地进行大"扫荡"。反"扫
荡"之后，华中鲁艺分成两部分：一部分由何士德当团长，留
在新四军军部；另一部分由我当团长，刘保罗、黄灿当艺术指

导，到新四军三师慰问。在三师，我被政治部任命为三师鲁工团团长兼政委。鲁工团还成立了党组，吴法宪任书记，我任副书记。

黄桥战役后，新四军很困难，三师是八路军115师教导旅南下半塔集为支援新四军而改编的。这个师的一个旅就有好几千人，全师数万人，战斗力最强。初到江南，北方的战士非常不适应盐城一带的河网环境，战士们说："大米好吃，独木桥难过。"为此，需要训练战士游泳。恰巧这时董竹君（锦江饭店创始人）的女儿夏国英来到新四军，在桥上跳水，战士们看了大为惊奇。于是就由夏国英教战士们游泳。

黄克诚是三师师长，治军很严，非常注意部队风纪，大家都有点怕他。因为他眼睛不好，大家叫他"黄瞎子"。开始，我们排了一个戏叫《游击队长》，黄克诚看了后很生气，说："现在我们正在反对游击习气，军队要正规化，你们排这样的戏干什么？"这时正好邱强从延安带来《黄河大合唱》的油印歌谱和李伯钊的《农村曲》，抗敌剧团拿到这个歌谱后，很快就开始了排练。当时只有二胡等简易乐器。乐器不足，我们就用洋铁桶当低音鼓，把中药房用的铜钟当打击乐器。

1942年刘少奇打电报指示要求组织新四军文化人、科学家和革命家遗属去延安。1943年1月，我被任命为新四军第一批赴延安干部队支委，与恽志强（恽代英之弟，化学家）、恽继卓（恽代英之子）、沈其震（留德医学家）、王兴刚（新四军高参）、左英等十几个人从半塔集出发，徒步经过好几个省，历时9个多月才到达延安。

我到了延安后，在鲁迅艺术学院担任教员和研究员。在延安，我又见到了冼星海。我原来就同他很熟，在鲁艺又与他有交往。我在延安还认识了张寒晖、马可、刘炽等作曲家。张寒晖是东北人，写了著名的《松花江上》。可惜他和冼星海都去世得比较早。冼星海的女儿冼妮娜现在住在杭州，经常给我打电话。

在鲁艺，我与师生们一起开展秧歌运动，进行民间音乐和戏曲的调查、研究，与马可、刘恒之合作整理出版了《边区民歌集》、《郿鄠曲选》等民间音乐的资料。我还创作了《难民花鼓》、《苦瓜瓜》等作品。《难民花鼓》曾在延安招待马歇尔将军的联欢会上由严金萱演唱，获得美国客人的好评。

我是在延安认识我的老伴严金萱的。她1945年春从晋察冀根据地调回延安鲁艺学习。以前她在晋察冀三分区的冲锋剧社演唱过《黄河大合唱》的《黄河怨》。她到鲁艺后，也演唱了这首歌和《丈夫去当兵》等歌。我觉得她唱得很好。慢慢地我们接触就多了。抗战胜利后的第二年年初，我和严金萱结婚了，这是我们两人1946年在延安的照片。

1945年8月15日，日本投降的消息传来，整个延安都沸腾了。人们都在欢呼："中国胜利了！""祖国万岁！"我和其他人一样，高兴得把自己棉被中的棉花掏出来扎成火把，洒上灯油，点起来。大家狂欢到深夜。

你问我是怎么学作曲的。其实那时我没有怎么学作曲。我觉得作曲也很简单，就是把自己生活中的感受、情绪，用音乐写出来。如果没有感受，光有技巧也写不出来。抗战救亡当时是时代的需要，共产党的号召，所以我们就不顾危险去写救亡歌曲。那时我们创作的歌曲，实际上是人民大众发自内心的呐喊！

（2013年11月8日李丹阳采访，后孟临陆续发来与父亲孟波多次谈话内容。李丹阳根据孟波多次口述和他本人提供的资料综合整理。孟波于2014年6月1日修改。）

王琦口述

王琦（1918—），别名文林、季植，重庆人。中国著名版画家、美术理论家。1937年毕业于上海美术专科学校。1938年在延安鲁艺美术系学习。曾参与发起中华全国木刻界抗敌协会和中国木刻研究会。在重庆创办《战斗美术》杂志。1949年后，历任中央美术学院版画系教授，中国版画家协会副主席、主席，中国美术家协会常务副主席、党组书记。曾任《版画》、《美术》杂志主编。创作了多幅版画作品，后收入《王琦版画集》。1991年获中国美术家协会、中国版画家协会颁发的新兴版画"杰出贡献奖"，曾获日本东京富士美术馆荣誉奖、法国金质十字奖章。

我在重庆上中学时就对美术发生了兴趣，也接触过木刻。后来我考上了上海美术专科学校，主攻油画。上海美专三年毕业之后，我想到法国留学，去学油画，以后当油画家。那时没有想到搞版画专业。1937年抗日战争爆发了，我就投身于抗战的洪流。所以，没有抗战，我不会搞版画。

1938年4月，我到武汉，参加了国共合作的国民政府军事委员会政治部第三厅的工作。三厅负责抗日宣传工作，郭沫若任厅长。三厅有个第六处，人最多。里面有戏剧科、美术科、电影科。音乐科不能独立，因为音乐家只有两个人，冼星海和张曙，所以音乐科就跟戏剧科在一个办公室。美术宣传科，本来要请徐悲鸿任科长，他没有来，就由我的老师、上海美专教授倪贻德代理科长。美术科成员有：吴恒勤、段平右、李可染、卢鸿基、力扬、罗工柳、沈同衡、王式廓、丁正献、冯法祀、周令钊和我。三厅美术科还有一个漫画宣传队，叶浅予是队长，张乐平是副队长，成员有廖冰兄、陆志痒、陶谋基、梁白波、宣文杰等人。

三厅当时的美术队伍相当庞大，有来自上海美专、杭州美专、中央大学、上海新华艺专、武昌艺专等处的画家，可以说是汇集了全国的美术人才。我们那时主要是画宣传画。李可染画过《为死难同胞复仇》。周令钊画了不少抗战的联环画，画得又好又快。这些画大多张挂在武汉街头，产生了很大影响。"七·七"抗战周年时，三厅组织了一次大的纪念活动，我们画了几十张画，其中有王式廓的《台儿庄的胜利》、冯法祀的《平型关大捷》，我画的是《四·二九空战》。后来我们在黄鹤楼搞了一幅大壁画，画的是蒋介石骑着马，前方军人在抗战，后方民众在支持。这幅壁画由王式廓起稿，很多画家参加了绘制。后来日本人占领武汉，把这幅壁画销毁了。

在政治部三厅时，我听过几次报告，其中印象深的有周恩来副部长的时事报告、冯乃超关于抗战艺术问题的报告。冯乃超当时是三厅内的中共特支书记，这次是美术科专门请他来作报告的。他用平易近人的语言谈论艺术的现实主义和抗战形势对美术创作的影响和带来的变化。他说："现在三厅的美术家把自己的艺术与国家的命运联系在一起，画了很多抗战的宣传画。我预感到，一次新的艺术革命即将到来。伟大的民族解放战争把无数有良心、有正义感的美术家吸引到新现实主义的艺术道路上来，将为我国的美术，开辟远大光明的前景。"他的报告给我们美术工作者以很大鼓舞。

在武汉，还有一些画家也画抗战的画。如武昌艺专的唐一禾画了一幅大布画，起名《为死难同胞复仇》，张挂在汉口街头，产生了很大影响。张大千的哥哥、国画家张善子画了一只老虎，把日本人吃掉，标题就叫《山君爱国吞此倭寇》。后来他到了美国。不久，大武汉失陷了，我们也离开三厅到延安去了。

抗战美术活动主要是在国统区和延安开展的。延安美术活动很兴旺。延安主要是木刻和漫画，那时还没有油画、国画。原来国统区 1938 年在武汉成立了一个中华全国美术界抗敌协会，我们也去参加了。但那是由张道藩控制的，排斥木刻，而且这个协会实际上没干什么事。于是我们于 1938 年 5 月间在武汉成立了中华全国木刻界抗敌协会，同时成立了中华全国漫画界抗敌协会。这两个协会实际上把领导美术界抗战的责任担负起来了。到了 1939 年，中华全国美术界抗敌协会在第二年开年会的时候，就把名字改了，不"抗敌"了，改成了"中华全国美术会"，于是，组织抗战美术的工作就落到了全国木协和全国漫协两个组织身上了。

1938 年 8 月底，我和冯法祀一道去延安，考入鲁迅艺术学院美术系第二期。美术系第一期没有几个人，第二期有三十多个学生。系主任是沃渣，老师有胡一川、丁里等。丁里是教漫画的，实际上没怎么上课，因为他主要搞戏剧。后来有王曼硕，他是来自北平艺专的教授，教我们素描。我在鲁艺学到了一些木刻的基础，还没有开始搞木刻创作。当时在延安进行版画创作的主要是沃渣和胡一川。古元那时还在陕北上学，他是鲁艺第三期的学生。

1938 年底，我离开延安到了重庆。从延安一道回来的有四个人：我、冯法祀，还有两个女同学刘寿增和钮因棠（她们两人原来是中央大学的学生）。在重庆，我们几个人，还有从武汉三厅来的卢鸿基一起创办《战斗美术》刊物，每人掏 20 块钱，共凑了一百块钱办刊。成都还有两个同志王朝闻和洪毅然是《战斗美术》的成都编委。王朝闻、洪毅然和卢鸿基三人过去在杭州艺术专科学校曾办过《艺术论坛》，鼓吹为人生而艺术。

当时在重庆开展了很大规模的抗战文艺运动，包括美术运动。那时画展多得不得了。我们曾在重庆举办过两次木刻展，有国统区、各个战区、延安和其他根据地的版画家的三百多幅作品。有彦涵的经典作品《当敌人搜山的时候》，有华山的表现王家庄抗敌故事的 30 幅连环画《王家庄》，以及其他表现八路军战斗生活的版画。古元的作品反映了解放区后方的新生活。还有国统区版画家荒烟的代表作《残敌的搜索》和《末一颗子弹》。刘仑的《前线军民》、《茶水站》表现军民合作，老百姓慰劳抗战将士。荒烟的两幅作品后来在美国《生活》杂志被整版刊出。李桦的很多版画表现了保卫大长沙的长沙会战的战斗生活。因为他夫人的姐夫是第七战区司令长官薛岳，他当时任第七战区司令部的上校机要秘书，所以能经常到部队，写生很方便。

40 年代初，重庆举办了两次全国木刻展后，由于交通不方便，不容易收集木刻作品，所以到 1944—1945 年举办过一次九人木刻联展以后，就开始漫画时代了。重庆举办过很多漫画展，有汪子美和高龙生合作办的题为《幻想曲》的漫画展，谢趣生搞了一个《新鬼趣图》漫画展，张光宇办了《西游漫记》漫画展。1945 年举办了"八人漫画联展"，有叶浅予、丁聪、廖冰兄、沈同衡、余所亚、张文元、张光宇、叶苗的作品。这些漫画展轰动一时。

在重庆，吴作人曾画了油画《重庆大轰炸》。原来在三厅工作的李可染到重庆后，主要画国画，到国立艺专教书去了。蒋兆和的《流民图》是在日占区画的。在重庆，我没有看到版画家温涛的作品。他是个老党员，去延安很早，但不久就离开延安到国统区作地下工作了。后来他在香港发起"人间画会"，我们曾在一起，可惜刚解放就去世了。

抗战期间，我创作了一些木刻作品，其中很多是与抗战有关的。1938 年我初学木刻时，刻了《在密密的树林里》和《在冰天雪地中的游击队》。这两幅作品都是凭想象画的，刻画了坚持抗战的游击队和东北抗日联军的形象。《在冰天雪地中的游击队》发表在《新华日报》，那是我发表的第一幅作品。1939 年我

王琦木刻《在冰天雪地中的游击队》

创作了歌颂与敌机同归于尽的中国空军勇士的《肉弹勇士》，以及《通过敌人的封锁线》。重庆大轰炸后，我创作了《不忘此仇》组画、《野蛮的屠杀》、《警报解除以后》，还刻了表现抗日宣传的《街头演出》。1944 年湘桂战役失败后，有很多难民逃到重庆，我刻了一组表现湘桂大撤退的木刻作品。

　　我还为一些刊物创作了木刻作品，如《抗战歌声》是 1939 年为李凌、赵沨等人创办的《新音乐》月刊刻的封面。《跃马杀敌》是为中共南方局青委办的刊物《战时青年》刻的封面。周恩来同志看到这幅画后，夸我："我们还有这么好的木刻家，以后请他给我们的刊物多提供作品。"后来这个刊物的封面就由我包了，每个月一幅，一直到"皖南事变"刊物停刊。

另外，在重庆期间我创作了很多表现大后方下层人民生活、揭露国民党反动统治和反映民主运动的作品，如表现"一二·一"运动的《民主》木刻组画。我的很多版画作品都参加了各次木刻展。

香港出版的《大地》画报1939年3月号，整个两版都是抗战美术作品。有周令钊、李可染、唐一禾的作品，有王式廓的《台儿庄的胜利》。我的一幅作品是《忠烈的空军阎海文》。阎海文与日本飞机作战后，跳降落伞落到了敌人阵地上，就用最后一颗子弹自杀了。可惜这个画报找不到了。

"皖南事变"以后，国民党查封了48个进步文化团体，我们木刻协会的工作也几乎停顿。中共南方局怕进步文化人士遭到国民党迫害，于是疏散了数百人到香港、缅甸等地。我和光未然、李凌、赵沨由八路军办事处负责安排，离开重庆，撤退到缅甸。我们四人是先后走的。沿途我亲眼看到修筑滇缅公路的情况，就刻了《开山》、《滇缅路上的女民工》等版画。后来我们又回到重庆。1942年，我们成立了中国木刻研究会，成员包括解放区和国统区的版画家。

抗战期间木协、漫协谁来领导啊？在重庆领导大后方抗战文艺工作的是中共南方局文艺组，南方局书记周恩来同志亲自兼任文艺组组长，副组长是徐冰、冯乃超，具体负责文艺工作的是冯乃超，他是直接领导。那时重庆有个隶属国民政府军委会政治部的文化工作委员会，是三厅解散后成立的。郭沫若在文工会担任主任，他当时埋头写历史剧，如《屈原》等。负责实际工作的是他的两个助手阳翰笙和冯乃超。阳翰笙负责行政事务，冯乃超负责思想工作。我们有什么行政方面的事，就去找阳翰笙；有什么思想方面的问题，就去找冯乃超，他那时担任文工会的中共特支书记。在重庆，冯乃超先生先后找我谈过两次话，向我了解版画界的情况，我就向他汇报。他对版画界的工作评价很高，他说："你们是埋头苦干，鲁迅精神。"他希望我以后常邀集版画界朋友来文工会交换意见。于是，我每两个月就和陈烟桥、丁正献等版画家向他汇报木刻运动的情况。

文工会召开过两次美术方面的座谈会，郭老主持过一次。1945年漫画八人联展以后，我们在天官府7号文工会（另一个在乡下的地址是赖家桥）开了一次座谈会，是冯乃超主持的。他发言说，漫画展是革命文艺向国民党反动文化进行的第二次冲锋，第一次冲锋是郭老等人的历史剧。他对这些漫画的作用评价很高。座谈会中，胡风有个发言，他说，漫画的矛头不应当对准弱者。因为有个漫画展"别字词典"，里面有幅画《叫吉花》是讽刺交际花的，说"交际花"是"叫吉花"，指叫美军乘坐的吉普车的女郎。他认为这些女郎也是弱者，本身也是可怜的。参加这次座谈会的人很多，如漫画界的叶浅予、余所亚、廖冰兄、沈同衡等人都参加了，还有新华日报社的工作人员。

南方局文化组有两个联络员，一个张颖，一个陈舜瑶，她们主要做联络工作。1946年周恩来接见木刻界的几个人，就有陈舜瑶在座，那时张颖回延安了。在座的还有在文化组和文工会工作的戈宝权，他是特别党员；两次周恩来请我们吃饭，他都在场。第一次接见是在新华日报社采访部。周恩来、叶剑英等人离开重庆八路军办事处后，冯乃超曾实际负责八办工作。1946年4月在我们离开重庆前，冯乃超做东，何其芳、张颖、陈舜瑶作陪，宴请了美术界的叶浅予、廖冰兄、王树艺、丁正献和我等几个人。那次，何其芳想让我参加编一份综合艺术杂志，但我过两天就要去南京了，无法答应。这次聚餐是在重庆分别前的最后一次。我们离开重庆没多久，中共代表团就撤退了。

抗战时期，我们的很多木刻作品拿到苏联、英国、美国、印度等国家展览，版画展的规模很大。运到苏联的版画作品最多，在那里举办了两次展览，1942 年一次，1945 年一次。版画展在美国举办后，美国的《艺术》杂志发表了评论，认为中国的版画有现代的生活，有古代的传统；虽然没有林泉隐士，但它没有抛弃中国古老的绘画传统，并具有民族的特色。在中外举办的各次画展上，观众反映都很好。尤其是 1946 年在南京举办的"抗战八年木刻展"，是抗战木刻的总结。当时二十几个报刊，包括国民党的报纸都报导了。观众留言有厚厚的一大本，以前我一直保存着，解放后我捐给中国美协了。

"抗战八年木刻展"快结束时，周恩来同志又在上海马思南路 47 号中共代表团驻地接见部分木刻家和漫画家，有陈烟桥、李桦、丁聪、余所亚和我等人，戈宝权、张颖也在座。周恩来同志充分肯定八年木刻展所产生的社会影响，认为是木刻运动的一次高潮；他谆谆教导大家以后要好好工作，要善于讲究斗争策略，保存实力，以应付更复杂的斗争环境。这次接见为抗战木刻运动划上一个圆满的句号。

不久，国共关系破裂，中共代表团撤回延安，我们都去了香港，在那里又成立了新的组织"人间画会"，仍然在香港党组织文委负责人夏衍、冯乃超、邵荃麟等同志的领导下，开展新的工作，直到全国解放。

（2012 年 8 月 28 日李丹阳采访并整理。王琦审阅并修改补充。）

严良堃口述

严良堃（1923—），湖北武昌人。著名指挥家。1937年在武汉投身抗日救亡宣传。先后参加抗敌演剧九队、孩子剧团。1942年考入国立音乐院。1947年毕业后到香港中华音乐学院从事教学工作。1949年10月担任中央音乐学院音乐工作团合唱指挥。1952年担任中央歌舞团合唱指挥。1954年成为莫斯科柴科夫斯基音乐学院指挥系研究生。1958年毕业归国后任中央乐团合唱兼交响乐队指挥。1964年担任音乐舞蹈史诗《东方红》指挥组组长。1982年出任中央乐团团长。1985年任中国音乐家协会副主席。现为中国音乐家协会顾问和中国合唱协会名誉理事长。曾多次获国内外大奖。

我的家庭在武昌是城市贫民，父亲是店员，算半无产阶级出身吧。我在武昌小学上的是九小，中学上九中，以后又在演剧九队。湖北人不是被叫做"九头鸟"么，我什么都是"九"。我上小学时，音乐课女老师教音乐只喜欢女生，不喜欢男生。所以我那时并不怎么喜欢音乐。

我上到初中一年级时，抗战爆发了。那时正逢国共第二次合作。所有的中国老百姓都有这么个愿望：打了十年的内战，民不聊生，日本人一步步占了中国好多地方，把东北占了，把热河占了，还要占内蒙古，老百姓就希望能抗日，对国共联合抗日都非常拥护。

那时候，全国很多文化人集中到了武汉。冼星海、刘雪庵、赵启海、林路等音乐家都在武汉。我最早看冼星海指挥是1937年中华民国的"双十节"在阅马场开歌咏大会的时候。这个歌咏大会，很多团体都去参加了。冼星海先出来指挥大家唱几首歌。他指挥挺有意思的，唱《义勇军进行曲》的时候，第一个"起来"，他出左手；第二个"起来"，他出右手；到第三个"起来"，他把脚往前一伸，两只手一起举起来，特别激动人心。

那时，因为要抗战，打日本，大家都唱抗日歌曲。大约1937年底或1938年初，我们学校里一些高中的大哥哥、大姐姐们到街头去宣传，我就跟着。不久，我又开始到群声歌咏队学唱歌、指挥。那时，中学生们在街头宣传，要人家来听啊，就要先唱歌来吸引人。有个高中的大哥哥把我后脑勺一拍，说："严良堃，你出去打拍子。"可能他觉得我这个小家伙学过指挥，就让我打拍子。所以我14岁就开始指挥了。

后来群声歌咏队合并到中共的外围组织青年救国会，我就到武昌三道街青年救国会少年先锋队当合唱指挥。少年先锋队的队长是胡学芬，是个初中男学生，后来改名为晓风。少年先锋队和群声歌咏团都属于"青救"。我每周一次去三道街"青救"唱歌。冼星海、张曙、刘雪庵、盛家伦等也常常去那里教我们唱歌。我们学唱的都是抗日歌曲，如：《义勇军进行曲》、《牺牲已到最后关头》、《救国军歌》、《大刀进行曲》、《救亡进行曲》（唱）："工农兵学商，一齐来救亡。拿起我们的铁锤刀枪！……"还有，星海创作的歌曲我们都唱。

不久，我参加了歌咏干部训练班（简称"歌干班"）。这个班是冼星海办的。我们跟他学唱歌，学指挥，学乐理，学作曲。有人回忆说，冼星海看到我的指挥动作大，特别喜欢我。我没有觉得他特别喜欢我，冼星海对谁都好，没有特别喜欢哪一个人，他是有教无类。

一天早上，我们在青年救国会参加歌咏活动的时候，有个大哥哥让我在门口守着，说："冼星海先生今天要来教歌，他是法国留学生，你把他领进来。"时间都过了，大哥哥过来说："你看的什么门？冼星海先生已经进去了。"我以为冼星海是法国留学生，一定是穿着西装革履，戴着金丝眼镜，结果我进去一看，冼星海就穿着青布棉大衣，也没戴眼镜，就跟东北流亡学生一样。这样的人进进出出多得很，谁知道他是冼星海呀。有人了解到星海还没有吃早点，就让我帮他买点包子去。冼星海就从口袋里拿出从码头上买的报纸包着的糯米包油条，在那儿啃。

星海这个人老老实实，人很朴素。他不善于言辞，平常教课，话也不多。我记得他教我们指挥的时候说过一句话："你学习的时候，要把各样的功夫都要学到家，学得扎扎实实的。可是你要用的时候，不要把各样功夫都用上去，要根据音乐的需要来用。不然的话就是卖弄功夫，不是表现音乐了。"

我们在"歌干班"学了抗日歌曲以后，在群声歌咏队和少年先锋队也唱这些歌。我们出去演出时，有时候打歌咏队的牌子，有时候打少年先锋队的牌子，有时候打青年救国会的牌子。但少年先锋队一般是到街头演出，很少以自己名义参加正式演出。如果正式演出，都是以"青救"的名义。那时我既是少年先锋队成员、又是青年救国会会员，还是群声歌咏队队员，身兼三职。

在抗战爆发的第二年，国民政府军事委员会政治部在武汉成立。陈诚是部长，周恩来同志担任副部长。1938 年的 4 月，政治部属下的第三厅成立，郭沫若当厅长。这个厅实际上由共产党人主持。第三厅下面有好几个演剧队，还有个孩子剧团。

孩子剧团是从上海过来的，成员年纪最小的才 8 岁，最大的是一个 19 岁的教员吴新稼。吴是团长，领着这批孩子到了武汉宣传抗日，演些街头剧，唱些抗日的歌曲。孩子剧团演出的街头剧有《捉汉奸》，就是大家发现有个汉奸在做坏事，就把这个汉奸捉了。观众们一起喊："走哇，送到公安局去！"就跟着孩子剧团一起跑到公安局。一到那儿，噢！才知道原来这是孩子剧团在演戏。孩子剧团还演过街头剧《放下你的鞭子》，这是跟金山、王莹的流亡演剧队学的。一开始就是在街上"哐！哐！"敲锣，大家围起来，以为是卖唱的。然后父女俩就唱歌，一面唱一面翻跟头。那个唱歌的女的饿得倒在地上了，老头就拿个鞭子要揍那个女的。这时有个工人在观众里头，出来喊道："放下你的鞭子！"拿住老头举鞭子的胳膊，质问："你为什么要打她？"老头说："先生，我打的是我的女儿"。接着就说那么一段：我们从东北出来了，流浪，没有吃的，没有喝的，现在要回东北也回不去了。然后就唱了个歌，这个歌挺好听的，叫作《新编九一八小调》（唱）："高粱叶子青又青，九月十八来了日本兵……"这一唱，围观的人就更多了。这些就是孩子剧团演的街头剧，不是在舞台演的。

在舞台上孩子剧团就唱歌，那时候歌唱得很不错的。其中一首很感动人的歌叫作《流浪儿》。这首歌不知是谁写的曲子，是用了莲花落的曲调（唱）："我们都是没家归的流浪儿，流浪儿，采枝花儿开，一个一枝莲花，流落在街头没饭吃，没饭吃……"就是讲爸爸、妈妈都被杀，房子也被日本鬼子烧了，现在我们流浪，一定要报仇，一定要跟着大人一起抗日，把鬼子赶出去。唱歌的时候观众都很感动，他们看到，这么些小孩子，七八岁、十一二岁的，一个个穿得不怎么漂亮，在台上很有精神，唱起歌来挺有劲儿的。老百姓看到这些小孩都跑来宣传抗日，当然是很感动的。

有一次，演出感动了几个大人物，其中有平民将军冯玉祥，还有周恩来、邓颖超、王明。他们在旁边听着孩子唱这个歌很感动。冯玉祥流着眼泪说："我们对不起你们孩子，因为我们这一辈人没有把国家办好，害得日本人欺负我们，还要你们这些孩子们当流浪儿，并且还宣传要我们抗日，我们这一辈很有愧。"站在周恩来、邓大姐旁边的王明摸着小孩子的头说："我们这一辈人一定能把中国办好！我们把中国办好了，不但你们不流浪，将来你们的后代都不流浪。"这句话到现在大家都很感动。为什么呢，因为在那个时候，日本鬼子欺负我们中国人，把中国人的房子都烧了，把小孩的父母也杀了，害得一批孩子流浪。结果共产党说：不，我们能够不让你们和后辈流浪！现在我们不是都能安居乐业了嘛！这是孩子剧团在武汉演出时候的事儿。

在武汉的时候，我记得有一次在黄鹤楼，看到一个东北流亡学生穿个大褂，在黄鹤楼上面的茶馆，搞了一个画在布条上的宣传画，上面画着日本大牙齿把东北给啃了。他在那里演讲：日本人欺负我们，我们应该奋起反抗，打回老家去！茶馆的老板给他沏茶喝，又给他蒸热腾腾的白馒头吃。老百姓、一般做生意的人照样也支持抗战。所以那时候抗日情绪普遍很高涨。

政治部第三厅是宣传厅，在武汉三镇搞了很多的活动。只要有什么纪念日，比如抗战一周年、鲁南大捷、平型关大捷等等，三厅都要组织各种各样的群众集会，进行抗战宣传。有时候郭沫若先生讲演。他很会讲话，很激动人心，很鼓舞人的。很多名人也在会上讲话，然后就是大家唱抗战歌曲。

除了歌咏，还有美术宣传。有一次，我看到在黄鹤楼靠着长江边这一大面墙上画了一幅特别大的抗战宣传画，画的是蒋介石骑着马，穿个披肩，拿着个刀，指挥大家打日本。那时候在三厅底下集中了很多画家，像李可染、张乐平等等。大家拿上稿子，拿上笔，就在那里画。在江上还没有上岸，就能看到这幅大画了。

三厅开始组织了几个演剧队。1938年8月，郭沫若说还要成立歌咏队。因为星海建议，只有演剧队不行，还要有歌咏队，歌咏队也能宣传抗战。成立歌咏队要找人啊，就到处招考。冼星海、张曙他们知道我们歌唱得很好，就让我们青救会唱歌的人，包括群声歌咏团、少年先锋队等唱歌的人，还有冼星海在汉口创建的星海歌咏队等一些歌咏团体的人去参加考试。那时候考试比较简单，一般嗓子好的都能进去。我通过了考试，加入了抗敌歌咏队。

我们这个队开始以歌咏为主，后来以抗敌歌咏队为基础编为抗敌演剧九队，才开始演剧。这个队的队长是徐桑楚。我随演剧九队工作了近百天。我们在武汉三镇，曾在剧院、中山公园、黄鹤楼上、码头上、轮渡上演唱抗战歌曲。那时演唱的歌曲，有星海作曲的《到敌人后方去》、《在太行山上》等。

1938 年 10 月下旬，武汉失守，我们就跟着三厅一起撤退，经过长沙。11 月中，长沙大火，我们一队、二队、八队、九队都参加了救火、救灾。年底，这几支演剧队即将开赴前线到各战区去服务。领导洪深看我们几个孩子年龄太小（那时我还不到 15 岁），就对我们说，你们三个小孩，年纪太小了，到前线怎么跑得动啊！你们到孩子剧团去吧。于是就把我调到孩子剧团。

我们先是随着演剧九队跟政治部三厅的田汉、洪深一起到了桂林。刚到那里，就遇到张曙被炸死了。我是 1938 年底在桂林参加孩子剧团的。因为我们在桂林主要是路过，时间很短，不久就转到四川去，所以我记不得孩子剧团在桂林演出了什么节目。

1939 年初，我们从广西到了四川。刚到重庆，孩子剧团就和中国电影制片厂合唱团等一起，在重庆靠江边的中山公园联合演出大合唱。我记得演出前邵力子还讲了话。因为台子上的人多，我们唱着唱着，临时搭的木头台子就塌了。但台子塌了我们还继续演唱。

孩子剧团在四川做各种各样的抗日宣传工作，演戏、唱歌、跳舞，写标语、写文章，也搞讲演，什么都干。在重庆时，孩子剧团已经发展到了 60 个人。我担任了孩子剧团的音乐组组长，后来当一般工作部部长。接替吴新稼当孩子剧团团长的是林犁田，我们都管他叫小林，没有人叫他团长。那时我们全团人员一律每月拿 14 块钱，团长也是一样的。另外发五毛零用钱，用于理发、买笔记本等。

孩子剧团以前的指挥是徐晴，后来她到育才学校去了，我接替她当了指挥。我指挥的都是一些抗日歌曲，如《大刀进行曲》、向隅的《红缨枪》（唱）："红缨枪，红缨枪，枪缨红似火，枪头放银光……"这是从陕北传过来的歌。我们唱的抗战歌曲多了。

到1940年秋天的时候，我开始指挥孩子剧团演唱《黄河大合唱》。当时重庆有一些进步的音乐刊物，如1939年李凌从延安到重庆后与赵沨创办的新音乐社出版了《新音乐月刊》，还有音乐学者缪天瑞等人办的音乐杂志《乐风》，都发表了很多抗战歌曲。《新音乐月刊》是一个月出一期，每次发表一首《黄河大合唱》里的歌曲。于是我们进城时买来这个刊物就开始排练。我在重庆第一次指挥孩子剧团的五六十个人演唱《黄河大合唱》的时候，伴奏用的什么乐器都有，有风琴、二胡、口琴、锣鼓。我们买不起蛇皮的二胡，用的都是五毛钱一个、用硬纸皮做的二胡。

《黄河大合唱》的首演是在驻有政治部各个厅的金刚坡下面的总务厅（第四厅）前面广场的土台子上。来听演唱的什么人都有，除了政治部的工作人员，有当地农民和附近的学生、教员。开始指挥《黄河大合唱》那年，我才17岁。《黄河大合唱》以后演唱了很多次，不光是在重庆，到下面巡回演出也唱过完整的《黄河大合唱》和选曲。我们几乎每场演出都唱。抗战时期，《黄河大合唱》在国统区到处都唱。我们有时演出《黄河大合唱》的时候，国民党军政人员就在台下听。重庆的宪兵队上操的时候也唱着《保卫黄河》（唱）："风在吼，马在叫……"我这里有一本书叫《孩子剧团唱过的歌》，我们那个时候唱的歌挺多的，大家都喜欢唱。

除了在重庆市，孩子剧团每年都出去到四川各地的中小城镇和乡下去演出五至九个月。我们分成了两队，第一年一个队走川西，一个队走川东；第二年一个队走川北，一个队走川南。两年中我们几乎把四川所有的县都走遍了。

在四川巡回宣传时，我分在第一队，队长是许立明；二队队长叫张莺。我们在第一队受到很多锻炼。我们去的地方很多，到处跑。沿着江这么走，每个地方都要待那么半个月。每天我们除了走路、睡觉，就是演出。孩子剧团到各地巡回演出都带着军委政治部的介绍信，上面盖着大印。那时候，抗日情绪高涨，有一些地方官员还是挺好的，挺有知识的。什么当县长的、当国民党县党部书记的人，一般都有抗日的概念。他们也常常举行抗日的讲演。有时也找我们一起搞，分小学班、中学班，搞讲演比赛。

那时候我们演出没有节目单，事先也没有发消息。我们第一队巡回宣传活动演过话剧、歌咏，还写壁报，搞街头宣传、街头展览。我们还组织当地的小孩一起唱歌，教他们演戏。我们唱了很多抗战歌曲，演了一些抗战戏，都是根据三厅给我们的、印好的材料演的。我参加过《放下你的鞭子》、《抗战儿童》的演出，其他记不得了。

我们的演出有舞蹈，还有民间的"打花棍"，北方叫"打霸王鞭"，南方叫"打莲湘"——就是用根竹子，弄上一些小铜钱，一打就响，用它打肩膀、打腿、打后背、打膝盖，边打、边舞、边唱。我们那时每到一个地方都收集民歌，然后就编抗日的新词。比如说有个"打莲湘"的曲子（唱）："正月里来是新春呐……"我们就把原来的曲调填上抗日的新词儿，什么"中国来了日本兵啊，强奸、抢掠，老百姓不能生存呐……"大家都非常喜欢"打莲湘"这种形式。

重庆那时有个胡然组织的抗敌歌咏团。胡然是三十年代上海音专的毕业生，抗战时期到了重庆。胡然是唱歌的，也会作曲，他领导的抗敌歌咏队都是成人，唱了很多抗敌歌曲。他们曾把一些歌改了词。比如，有个歌叫《玉门出塞》（唱）："左公柳拂玉门晓，塞上春光好……"是讲满清时左宗棠开发新疆，种了好多柳树，叫"左公柳"。这首歌的最后一句振奋起来，"莫让碧眼儿，射西域盘雕"。那时，"碧眼儿"是讲俄国人，俄国不是把新疆占领了很多吗？他们就把这句词改为"莫让木屐儿，射西域盘雕"。木屐不是日本人的鞋吗？木屐儿就是指日本人。

1940年，我们沿嘉陵江一直往北面走，从合川、武胜，一直往北面走，经过南充，到苍溪。这一路挺有意思，我们往川北走，一边宣传抗日，一边看。我们走的一些地方，如川北的苍溪是张国焘、徐向前领导的四方面军的根据地。我们在那里看到不少第二次国内革命战争时期留下的痕迹。苍溪县政府门口两个石柱子上面刻着当时苏维埃政府的标语，虽然标语被铲掉了，可是两个石柱上一边是镰刀，一边是斧头，没有被铲掉，那些偏僻地方的县长也不知道这是什么意思。我们还能看到一些石匠在地主庄园的墙基石头上刻着的、残留下来的红军的标语。由于孩子剧团受过共产党的教育，所以我们看了，心里明白这是当时四方面军的根据地，心里觉得特别暖和。我们沿江走时，有一次看到江边有一个小山洞上面有张布告，是一个营长悬赏三百块钱要买徐向前的头。另外，"攘外必先安内"这样一些国民党过去"剿共"、打内战的标语还在。

在深入基层的时候，我们除了了解民族矛盾，也了解了一些阶级矛盾。当然我们主要的任务是宣传抗日，那时候党的政策是阶级矛盾已经降为次要的了，主要矛盾是民族矛盾，不搞土地革命了，只搞二五减租。虽然我们看到老百姓对抗日战争都拥护，但也看到一些残留的社会阶级矛盾的表现。有一次，我们在川北的一个小县城，可能是蓬安吧，正好遇到赶集，他们叫赶场。我们在那里贴上一些宣传画、标语，正唱歌、演戏。忽然"呜——"警报来了。集市上人多呀，大家就躲，很多人躲到茶馆里了。有一个庄稼人要撒尿，就从茶馆里跑出去到对面厕所去。当时一个保长兼防空委员会的主任，就拿着 stick（拐杖）过去，（学四川口音）"你想当汉奸，你给鬼子的飞机打信号。""我没打信号啊。""你这个头上的白发，那么一晃，那个飞机就晓得，哦，这底下有人，就要给我们下炸弹。"这个庄户人当然不干了，俩人一争，保长用拐杖杵了一下，正好杵到老农的肚子下面，老农就一下子憋气休克了。当时在山区里面也没法急救啊，这个人就死掉了。他们是两个族的，庄稼人是一族的，地主是另外一族的。两个族有矛盾，趁着这个机会一边的族人就抬着这个佃户的尸首到县城里去告状。那时候还有城墙，县长就说不许进城，大家就只能把尸首放在城门口，再进去告状。过去那个衙门有好几进，最后才是公堂。等两边的人都说完了，县长说："等我们到后面商量一下再判。"这一商量，这边地主就给县长"塞包袱"，现在叫"给红包"，就是给钱嘛。我们都在场，就看这是怎么回事儿。过一会儿，县长出来说：这个庄稼人不懂事，文化低，害怕，鬼子的飞机来了，他慌张，这个保长就过去打他出来，结果他自己乱窜，撞到地主的拐杖上撞死了。

还有一件有意思的事。我们在万县的时候，住在县民众教育馆，附近有座基督教教堂。教堂的牧师对宣传抗战是很欢迎的，说我们是"主"派来的。有一天，我们到教堂里去看怎样祈祷，牧师很高兴。可我们并不是去向"主"祈祷的，牧师就说"主"是万物之神，人也是神造的。我们的团长小林回答他说，神是人造的。两个人就辩论起来，一个是根据《圣经》，一个是根据马克思。

那时候，我们孩子剧团接受了一些共产党的理论。孩子剧团的政治思想工作一开始就由政治部第三厅的中共特别支部领导，由冯乃超、光未然、刘季平负责，周恩来、郭沫若也亲自关怀我们的工作和学习。周恩来曾说，过去是颠沛流离，现在相对安定些了，要搞好学习。特支派了蔡家桂来当我们孩子剧团的指导员，直接负责我们的政治思想工作。蔡家桂大概也是我们的支部书记，他什么事都向三厅特支的书记冯乃超打电话请示汇报，所以我们就知道，他的上司是冯乃超。孩子剧团的很多活动，比如有时候演个新戏，排练新歌，冯乃超常常到我们住的地方来。他非常重视对我们这些娃娃们的教育，要求我们每年要拿出一半时间进行学习。在武汉和重庆时期，三厅都给孩子剧团安排过各种各样的学习课目，请了很多有名的专家来教我们。如冼星海和张曙教音乐，黄苗子和李可染教美术，戴爱莲和吴晓邦教舞蹈，洪深和辛汉文教戏剧。辛汉文在二三十年代搞化妆非常有名，他讲化妆课时，给我们展示怎么把一个人的半边脸化妆成好人，另半边脸化妆成坏人。

在四川，孩子剧团一般是春天、夏天到各地巡回演出、宣传，冬天集训学习——学政治，学专业，学文化，还定期听时事报告。我们上课的地方，就是孩子剧团在三厅的驻地——重庆郊区金刚坡下的三塘院子。为了学好文化课，孩子剧团按团员年龄的大小分成小同志班（8—10岁）和中同志班（11—15岁），分别进行授课。小班学算术、语文，中班学英文、物理等。文化课、专业课都有专门老师教。

记得教语文的是常任侠，教文学的是刘明凡。陈乃昌给我们讲国际时事，分析国际形势和战争局势，介绍苏联情况。何成湘讲历史唯物主义理论，曾给我们讲人类是怎样从猴子演变而来，课本是《社会科学二十讲》和艾思奇的《大众哲学》，告诉我们人是社会动物，不能脱离社会。有一次何成湘老师在上完课后说，别看希特勒打到苏联门口了，现在这么嚣张，他还没有我们小林聪明呢，因为小林懂得社会发展规律，希特勒不知道，最后一定会失败的。英文课由当时很著名的一位翻译家教，可我们的基础太差，班里学员的水平参差不齐，他教了几堂课实在没法教了，就对我们说：你们先学其他文化课，把基础打好，英文晚一些再学吧。还有一位女文学家曾克给我们讲自然科学，教我们很多天文知识：怎么认识大熊星座、仙后星座，怎么通过大熊星座找到北极星；还告诉我们尘埃的功能——可以反射光线，使得我们得以生活在阳光之中。

孩子剧团的学习很有特点，除了课堂上的学习，还组织各种各样的讨论会、辩论会、讲演会，讨论我们学习中遇到的问题，内容涉及到我们学习过的各个学科。比如我们曾根据所学的国际时事讨论世界大战问题，一拨人持这种观点，另一拨人又是那种观点，有点像现在辩论会上的甲乙双方。通过辩论这种方式，我们学到的知识得到了巩固，并有了运用的机会。这些学习给孩子剧团成员以后各方面的发展奠定了良好的基础。

在专业课上，我们学习音乐、戏剧、美术、舞蹈等课程，授课的都是著名艺术家。冯乃超曾对我们说，越是普及的东西，越是要有高超的技艺，我们要用艺术去唤起人民大众，艺术上、技术上的要求就应该更高一些。所以我们努力在艺术上提高自己。

1940年的一天，我和孩子剧团的许立明、于沪生到金刚坡下，与三厅的冯乃超、朱某（好像是郭沫若的秘书）等人与日本人反战同盟主席鹿地亘等人一起开同乐会，也就是现在的联欢会。开完同乐会后，大家照了一张合影。

我们孩子剧团宣传的方式比较多。那时有一个中苏文化协会，在重庆的一个山顶上。大概是在1940年底，我们曾参加了一次对苏广播。冯玉祥夫人李德全主持对苏广播，让我们去唱歌。跟我们一起广播的有育才学校音乐组的学生。头一天是预演。育才学校学生们唱歌声音很细，干干净净，非常柔和，天真烂漫。我们孩子剧团一上去呢，第一首歌是唱我们的团歌："嘿嘿！看我们一群小光棍。"底下哄堂大笑；然后第二句："嘿嘿！看我们一群小主人。"底下马上不笑了。一看这些孩子啊，生龙活虎，大家轰动了。我们的团歌是吴新稼编的词，另外一个小学音乐教员写的曲。我们上台是穿着草鞋，打着赤脚；育才学校的人上来是穿着袜子，穿着布鞋，风格完全不一样。

育才学校是怎么办起来的呢？是陶行知跟一个从法国回来投奔抗日的音乐家任光（就是《渔光曲》的作者），在武汉的时候一起访问了一个难童收容所，后来叫第一儿童保育院。一进门，就有小孩子的队伍唱着歌，欢迎这两个大人物：一个教育家，一个音乐家。唱完歌，任光就考那个打拍子的指挥，考他节奏"啪、啪、啪、啪"，让他再重复一遍；还考他音高。一看，这个孩子真不错。可是他有个缺陷，瘌痢头。陶行知说："像这样的孩子很有音乐天分，你们怎么不培养啊？"保育院的人说："怎么培养啊？我们这边所有好看的孩子都给有钱人领走了，剩下这些孩子都不好看。"陶行知听后非常感慨："那怎么行啊，有才能就应该培养。"所以他就办了育才学校。育才学校在重庆北碚草街一个叫古圣寺的庙里，办校很正规，音乐课视唱、练耳，有的还学拉提琴、弹钢琴。到一定时候就到城里来演出。

育才学校的基本功比我们好，他们唱歌用五线谱，我们用简谱；他们是 academic（"学院派"），我们是属于"救亡派"的。孩子剧团的孩子，虽然没有像育才学校的孩子那样经过正规的学校学习，可是我们跟群众结合得好，实践比较多，比较生动，在台上特别有自信，所以我们的演出，群众很欢迎。

1941 年"皖南事变"后，国共合作的情况发生了变化，整个形势变得残酷了。这一时期，我们在重庆演出过几个大戏，如《乐园进行曲》（石凌鹤编剧、导演，吴晓邦编舞）、《法西斯的丧钟响了》，还演出了《秃秃大王》。面对当时的反共高潮，我们孩子剧团也有一些激进的举动。《秃秃大王》是明显讽刺蒋介石的话剧，后来被迫改名为《猴儿大王》。这个剧虽然对鼓舞进步人士的士气和宣泄人民对国民党反动派的不满起到了积极的作用，但也给孩子剧团造成了被动。

不久，重庆卫戍司令部想要收编我们，国民党又派了三青团干部来强行接收孩子剧团。为了保存革命力量和储备文化干部，孩子剧团就在中共党组织的安排下解散了。团员都撤退，有的去延安，有的去上学。一些业务骨干被安排到各个专业院校去学习，如音乐学院、戏剧专科学校、工业技术院校。团长小林到了延安的鲁迅艺术学院学音乐。后来他的小提琴弦断了，还是我们在重庆买了新的琴弦，托周恩来的警卫给他带去延安的。

我被安排去投考当时设在重庆青木关的国立音乐院。分别前，冯乃超找我谈话，语重心长地对我说：严良堃，你去音乐学院好好地学习吧！你还记得你们学的英文课里的那篇课文吗？希腊神话中的英雄普罗米修斯，为了人类的光明到天神宙斯那里去盗取火种。现在处在战争时期，我们的革命根据地都设在偏僻的山区，可将来总要进入大城市，那时要全面建设新中国，需要科技、文化和艺术各种专门的人才，现在我们要通过国民党掌握的高等学校来培养我们将来需要的人才。你们现在去音乐院学习，就是像普罗米修斯那样为了人类的光明到国民党的高等院校那里去取"火"。这番话实际上是贯彻了南方局领导周恩来同志的意图。周副主席说过，要用国民党的学校来为我们培养人才，他还定下"勤业、勤学、勤交友"的方针。按照这个方针，冯乃超对我们说：到了学校以后，不要太锋芒毕露，首先要勤奋学习，先把学习搞好，和同学的关系搞好，等到时机成熟就可以发挥更大的作用。冯乃超还安排了专门同志与散在各地的孩子们保持联系。

我在青木关音乐院学习时，我们曾唱过《歌八百壮士》、《中国人》、《为了祖国的缘故》等很多抗战歌曲，还演唱过《黄河大合唱》，是由我指挥的。国民政府军事委员会副委员长冯玉祥当时住在青木关附近。大概在1944—1945年的一天，我们曾

唱《黄河大合唱》招待冯玉祥。还有一次我们在青木关民众教
育馆给当地群众演唱《黄河大合唱》，冯玉祥也来看，然后他还

1940 年 2 月严良堃（左一）在重庆校场口指挥孩子剧团演唱

唱了一首过去他爸爸教他的歌（唱）："爸爸呀，山上去砍柴……"他在部队里经常自己作词，让他的士兵唱。后来，1946年1月5日音乐院在重庆城里演出，纪念冼星海的逝世，我指挥了《黄河大合唱》，周恩来、董必武、叶剑英、叶挺、郭沫若、孙科、李公仆等好多人来了，在台下听。四周都是特务。在音乐院，我和一些学生成立了"山歌社"，我们常到民间去采风，收集一些民歌，还举办过民歌演唱会。当年我曾在音乐院学作曲，但不记得写过哪些歌曲了。

在青木关音乐院时，我跟地下党有联系。我因为是文化工作委员会派去的，就常常回文工会，讲讲我们的情况，问问那边有什么新的消息。有时进城跟原来孩子剧团的人联系。音乐院里还有一些进步学生，如朱石林、储声虹等。我们有时进城去拿《解放日报》的号外，到后山上大家一起偷偷地看；也常跑新华日报社，有工作人员告诉我们解放区的消息。组织上曾提醒我们，国民党有时搞红旗政策，有的特务表现得比你还左，打入进步同学组织，了解情况。

"八·一五"抗战胜利那天，音乐院还在放暑假。我们在宿舍里听到胜利了，高兴得不得了。男学生在宿舍里，把旧衣服、臭袜子烧了，说这些东西用不着了。晚上，大家点起篝火，搞晚会，一起唱歌。音乐院老师夏之秋还拿个小号吹《中国不会亡》。

抗战胜利了，我们以为一切太平了，地下党就告诉我们不要被胜利冲昏头脑。

我在国立音乐院毕业后，1947年到了香港。那时，国民党的统治快要不行了，于是在国统区疯狂地迫害进步知识分子，因此有一大批文化人士聚集到了香港，郭沫若、夏衍、欧阳予倩、吴祖光、白杨、马思聪、李凌、赵沨、方成、丁聪、王琦、廖冰兄等。我也因为在音乐院参加学生运动上了国民党的黑名单，辗转去了香港。

当时接替夏衍任中共华南分局文委书记、主管党在香港的文化工作的冯乃超等人，在香港团结了很多知名的作家、戏剧家、音乐家、美术家、表演艺术家，帮助他们了解党。港英当局虽然不像国民党统治当局那样控制严苛，但在香港这个英国的殖民地，共产党的活动还是受到限制。然而，地下党在香港创办了若干报纸，如《华商报》、《文汇报》和《正报》等，并办了好多文艺团体，有歌咏队、剧社、学校。其中有由《新音乐》杂志的创办者和主编李凌和赵沨开办和领导的专门音乐学校——中华音乐院，我就在那儿工作。

1948 年在香港，我们上演了解放区创作的歌剧《白毛女》，这是件非常有意义、很了不起的事情。参加演出的有中华音乐院、建国剧社、中原剧社。这些剧社里很多人都是过去抗敌演剧队的成员。导演团是李门、王逸、李凌。主要演员有李露玲（喜儿）、方莹（杨白劳）等。我们的乐队是非常有意思的"混合乐队"：有西洋乐器钢琴、小提琴、大提琴，也有中国乐器二胡、笛子。我弹钢琴，李凌拉小提琴，漫画家丁聪会吹笛子，夏衍就请他来吹笛子，就这么凑成一个乐队。我们每个周末演出，在九龙普庆戏院连续演了两个月。这次演出在香港很轰动，每次第一幕演完亮灯后，都能看见观众还在擦眼泪。当时郭沫若和冯乃超写了文章评论这次演出。记得冯先生的文章写得很实事求是，他说，《白毛女》从延安的山沟里一直演到大城市香港，受到广大观众的喜爱，说明这个作品的成功。虽然它在创作和表演方面还有一些不足，只可以算作一个实验品，却代表了中国新歌剧的方向。

演出快两个月时，从解放区来了一位搞文艺的同志，他看了我们的演出后，感觉不太满意，说：《白毛女》是反映农民的歌剧，怎么可以用大提琴、钢琴这些洋乐器？当年在解放区演出就不用洋乐器，用的是洋铁桶做的低音二胡；还有，那位演杨白劳的怎么用洋嗓子唱？其实，扮演杨白劳的演员是原来演剧队的，并不是什么"洋嗓子"，也就稍微用了一点共鸣。可那位同志批评我们是穿着农民的衣服唱西洋歌剧咏叹调！

我们听了很不服气，开座谈会的时候就辩论起来。我们认为演中国作品当然可以用西洋乐器。我在音乐院学过提琴、钢琴，二胡也拉得不错，就当场用二胡拉一段舒曼的《梦幻曲》和巴赫的《独弦操》，问他这是中国的还是西洋的？并说不能因为用了二胡，舒曼和巴赫就变成了中国的"王曼"、"张赫"，他们仍是奥地利和德国的音乐嘛！然后我又用小提琴拉陕北秧歌《夫妻识字》，这乐器是西方的，但拉出来的曲子是地道的陕北眉户调。我们还在报纸上写文章讨论。但即使我们说得有道理，最后还是输了。当时地下党一位文艺工作领导人在《群众》杂志上发表了一篇上万字的文章，给这次争论下了结论：演出中国革命的、农民的音乐用不用西洋乐器，要从表现革命内容出发，不能搞民族虚无主义。

发生这件事有一定的时代背景。当时中国受苏联影响很大，1948 年苏联音乐界在日丹诺夫的领导下批判肖斯塔柯维奇、普罗科菲耶夫、夏巴林等有名的大音乐家，他们的作品被说成是形式主义、民族虚无主义，反民族、反大众的；说他们不搞苏联自己的东西，不要革命群众听懂。批到后来，这些大作曲家都投降了。这一批判也影响到了中国音乐界。当时的倾向是政治标准第一。我们在香港也学习了这些文件，连马思聪这样的大音乐家也要参加学习。但他搞不大懂，私下跟我们说："作曲家如果顾忌这么多，还能作曲吗？"我们这些在革命队伍中培养出来的人都比较单纯，虽然在讨论问题时敢于说出自己的主见，但更遵守"个人服从组织、下级服从上级"的纪律，被几顶帽子一扣，我们就都不敢再继续辩论了。既然党组织下了结论，我们就服从吧。结果，我们几个在音乐学院里学过西方音乐的都有点灰心丧气，学的这些东西没有用啊！于是就把提琴卖了，买了二胡准备回解放区。冯乃超先生当时没有讲话，但有一次我去看他时，他对我说："我那里有一张苏联的唱片，你拿去听吧。"我回去一听，呵，这些唱片中不仅有俄罗斯民族音乐，也有西方音乐，其中有俄罗斯民乐队演奏的俄国音乐家格林卡的《鲁斯兰与柳德米拉》序曲。这首乐曲原是交响乐队演奏的，改编为民乐队演奏。冯先生虽然没有正面发表意见，其中的含义是同意乐器是工具的论点，鼓励我们还要有信心，学习了西方音乐并非就没有用处。

大约在1948年，冯先生同我进行了一次长谈。其间，他告诉我，你们在香港的这批人，是为新中国建设储备的专门人才。后来我才知道，是中共南方局让他负责把这些人才从内地转移到香港的。在中国解放前夕，冯先生又负责安排把在香港储备的一大批人才陆续送回了大陆。我是在1949年初由他安排到华北的。临行前，他对我说，现在我们快要进城了。过去为了夺取政权而打仗，需要的是军事人才，而取得政权后，就需要建设方面的专家了。新中国建设不仅需要懂政治、懂经济的干部，还需要大量科技、文化方面的人才。你就是我们新中国音乐方面的专门人才，不要辜负党的期望。冯先生这番话给我很大的振奋。不久我便踏上了解放区的土地，决心用自己"偷"来的音乐技术之火，全心全意地为新中国的文化建设服务。

（2001年12月17日、2010年12月31日、2014年4月23日严良堃口述，李丹阳、刘建一采访，张援、郭聿林整理，李丹阳综合。2014年9月，经严良堃审定。）